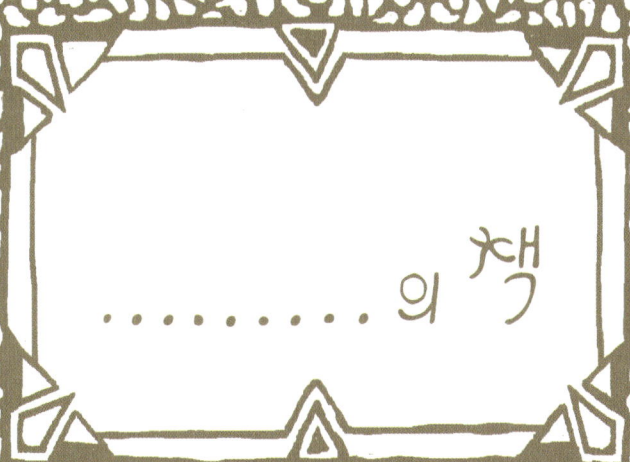

우주

— 아무것도 '없음'에서 뭔가 '생겨남'의 비밀 —

세상을 더 넓게, 더 깊이!
세상의 모든 지식을 내 친구처럼 가깝게 만나 보세요.

무엇을 믿길 원하는지, 자유롭게 결정하고
스스로 알아내게끔 격려해 주셨던 부모님을 위하여 _얀 파울 스휘턴

천문학에 대한 그의 지식이 마침내
처음으로 쓸모를 찾은, 내 동생 스티븐을 위하여 _플로르 리더르

일러두기

- 과학 용어는 초등, 중등 교과서를 기준으로 하고 교과서에 나오지 않는 용어는 신뢰도와 상용도를 기준으로 표기하였습니다.
- 인명과 지명, 생물종의 이름은 국립국어원의 외래어 표기법을 따르되 관용적인 표기와 동떨어진 경우는 관례를 따랐습니다.
- 별자리나 천체 이름은 라틴어 표기를 기준으로 하고 몇 단어는 영어명을 병기하였습니다.
- 본문 * 표기 내용은 편집자와 감수자 주입니다.

우주

— 아무것도 '없음'에서 뭔가 '생겨남'의 비밀 —

얀 파울 스휘턴 글 | 플로르 리더르 그림
이유림 옮김 | 정창훈 감수

논장

얀 파울 스휘턴 글
과학을 보다 쉽게, 독자의 눈높이에 맞춘 재기 발랄한 내용으로 인기가 높은 논픽션 작가입니다. 1970년에 네덜란드 플리싱언에서 태어나 위트레흐트 대학에서 언론정보학을 공부했습니다. 과학, 자연, 역사 분야를 주로 다루면서 40권이 넘는 논픽션 책을 냈습니다. 2008년에 《암스테르담의 아이들》, 2014년에 《진화 - 살아 있는 모든 것들의 수수께끼》로 네덜란드 최고의 아동도서상인 황금연필상을 두 번 받았습니다. 《진화 - 살아 있는 모든 것들의 수수께끼》, 《인간 - 너와 그 속에 사는 수많은 이들의 기적》, 《우주 - 아무것도 '없음'에서 뭔가 '생겨남'의 비밀》 3부작이 세계적인 베스트셀러가 되어 많은 사랑을 받습니다.

플로르 리더르 그림
아이디어와 재능이 넘치는 그림 작가입니다. 1985년 네덜란드 즈볼러에서 태어나 미술을 전공했습니다. 신문, 잡지, 책에 다양한 일러스트 작업을 하며, 손으로 그린 다음 디지털 기기로 마무리하는 방식을 주로 씁니다. "금세공인 할아버지, 가구 제작자인 아버지, 공예 교사인 어머니를 둔 창의적인 가족 출신"이라고 자신을 소개하며 건축, 식물, 오래된 지도, 자연이 영감의 원천이라고 합니다. 데생과 디자인에 훨씬 많은 신경을 써야 하는 어린이책에 애정이 각별합니다. 2014년에 《진화 - 살아 있는 모든 것들의 수수께끼》로 황금붓상을 받았습니다.

이유림 옮김
경희대학교와 같은 대학 대학원에서 철학을, 베를린에서 영화학을 공부하고, 좋은 어린이책을 소개하는 전문 번역가로 활동합니다. 《바람 저편 행복한 섬》, 《잊을 수 없는 외투》, 《어느 독일인 이야기》 등 여러 책을 옮겼습니다.

정창훈 감수
서울대학교에서 천문학을 공부했습니다. 어린이와 청소년을 위한 과학 전문 작가로 활동하며 전문적인 과학을 보다 친근하게 대중적으로 확장하기 위해 노력합니다. 《궁금했어, 빛》, 《생명의 별 태양》, 《태양계 여행 안내서》 등 여러 책을 썼습니다.

지식은 내 친구 023
우주 - 아무것도 '없음'에서 뭔가 '생겨남'의 비밀

초판 1쇄 2024년 2월 15일
글 얀 파울 스휘턴 | **그림** 플로르 리더르 | **옮김** 이유림 | **감수** 정창훈
펴낸이 박강희 | **펴낸곳** 논장 | **편집** 이나영, 김순미 | **디자인** 장윤정
등록 제10-172호 · 1987년 12월 18일 | **주소** 10881 경기도 파주시 회동길 329
전화 031-955-9164 | **전송** 031-955-9166 | **ISBN** 978-89-8414-525-2 73440

Het mysterie van niks
en oneindig veel snot
ⓒ 2018 text Jan Paul Schutten
ⓒ 2018 illustrations Floor Rieder
Originally published under the title Het mysterie van niks by Uitgeverij J.H. Gottmer/H.J.W Becht BV,
Haarlem, The Netherlands; a division of Gottmer Uitgeversgroep BV
Korean translation copyright ⓒ Nonjnag Publishing Co, 2024
This Korean edition was published by arrangement with Uitgeverij J.H. Gottmer through Sibylle Books Literary Agency, Seoul.

이 책의 한국어판 저작권은 시빌에이전시를 통해 Gottmer출판사와 독점 계약한 논장에 있습니다.
저작권법에 의해 한국 내에서 보호를 받는 저작물이므로 무단 전재 및 복제를 금합니다.

· 책값은 뒤표지에 있습니다.
· 잘못 만들어진 책은 구입하신 서점에서 바꾸어 드립니다.

제품명 도서 | **제조자명** 논장 | **제조국명** 대한민국 | **사용연령** 8세 이상 | **제조연월일** 2024년 2월 15일 | **전화** 031-955-9164 | **주소** 10881 경기도 파주시 회동길 329
· KC 마크는 이 제품이 공통안전기준에 적합함을 의미합니다. ⚠ 주의 종이에 베이거나 긁히지 않도록 조심하세요.

목차

짧은 서문······ 11
이 책을 불태우면 안 되는 세 가지 이유 12
　끝없이 많은 우리 13
　비밀을 밝혀 보세요 13
523가지 주목할 만한 정보 14

1부:
시간 여행 17
다음 화장실까지는 38만 km 20
　우주에 남겨진 발자국 21
　눈이 항상 시간 여행을 하는 이유 21
　망원경으로 스타워즈 보기 21
4500년 된 불꽃 22
　거울로 절도 사건을 해결하는 방법 23
　1조분의 1의 1만분의 1광년 길이의 신발 끈 23
1000억 개의 태양에 맞먹는 빛을 내는 폭발 24
　마법 수정 구슬을 통해서 보는 우주 24
　지구의 탄생 25
핫케이크 위의 탄소 원자 12개, 수소 원자 22개,
산소 원자 11개 26
　치아 버터를 바른 머리카락 빵 27
　왜 여러분이 종이 한 장과 비슷해 보일까요 27
10만 개의 분자가 나란히 28
　산소 입방체 29
작은 것들의 세계 30
시간을 거슬러 약 134억 년 전으로 34
　현자의 돌 34
　별에서 온 그대 35
　펄펄 끓어오르는 뜨거운 팥죽 35

2부:
동그란 우주 37
커다란 것들의 세계 41
은하 둘, 충돌 하나 46

블루베리 케이크 우주 46
10보다 큰 5 더하기 5 47
6,000,000,000,000,000,000,000,000kg의 지구 48
　왜 지구에서 떨어지지 않을까 49
　볼링공 태양과 구슬 행성 49
아무도 모르는 '우주의 25%' 50
　이건 기적이야! 50
　여러분 머릿속 보이지 않는 물질 50
　어둡지 않은 암흑 물질 51
우주에 있는 거의 모든 것을 결정하는 네 가지 힘 52
　못으로 자석 만들기 52
　종잇조각으로 어떻게 폭탄을 만들까 53
　풍선으로 어떻게 청소기를 만들까 53
우리 우주는 어떻게 끝날까 54
　우주는 점점 커질까, 아니면 작아질까? 55
왜 우주의 약 95%가 거대한 수수께끼일까 56
　어두운 블루베리 케이크 57
　그래도 우리는 운이 아주 좋아요 57
멍청한 질문 하나와 영리한 질문 하나 58
　빛의 정체는 전자기파 59
　모든 것은 빛난다! 59
서로 다른 빛의 종류 60
　보이지 않는 전자기파들 61
　몸을 뚫고 지나가는 빛 61
　전파로 보기 61
초속 7만 5000km로 날아가는 그로버 62
　마이크로파로 찍은 사진 62
　아기 우주의 그림 63
2.725K만큼 더 따뜻한 우주 64
　얼룩이 없다면 치즈도 없다! 65
　상상할 수도 없는 우주의 탄생 65
우주의 탄생 0.000000000000000000000000000000
0000000001초 후 66
　짧은 순간, 작은 크기, 높은 온도 67

5

입자와 반입자의 불편한 만남 67
아홉 가지 중요한 질문 68
    첫 번째 별 69
    당연히 피자! 69

3부:
알베르트 아인슈타인과 독창적인 생각 73
왜 초속 35만 km의 속도로 우주를 날아갈 수 없을까 76
    빛이 아주 느리다면 어떨까? 77
    아인슈타인의 꿀밤 77
$E=mc^2$ 78
    우리 몸은 거대한 에너지원일까? 79
이걸 읽는 동안에도 태양은 200억 kg 가벼워진다! 80
    왜 움직이면 따뜻해질까 81
    삐뽀 삐뽀 삐뽀! 81
    우주의 첫 입자는 어떻게 생겨났을까 81
시속 200만 km의 속도로 우주를 돌아다니기 82
    누구도 멈춰 있지 않아, 지금 이 순간에도 83
    경고! 83
시속 100km의 속도로 가만히 서 있기 84
짧아지는 길이, 느려지는 시간 86
나이 차이가 30년 나는 쌍둥이(네, 그럴 수도 있어요!) 88
    무거울수록 느려지는 시간 89
    시공간 89
중력과 관성력, 구별할 수 없어! 90
    왜 자동차가 급정거를 하면 몸이 앞으로 쏠릴까 90
    왜 우주 공간의 시간은 지구의 시간보다 빠르게 흐를까 91
평평한 우주, 구부러진 우주 92
    우리 우주, 물결이 일렁이는 크림수프 93
이 책에서 두 번째로 불편한 부분 94
    위와 아래, 왼쪽과 오른쪽, 앞과 뒤, 그리고 거시기와 그게 뭐였더라! 94
    3차원 그림 더미 95
북극에서 30km 북쪽으로? 96
    우리 우주 주위에는 무엇이 있을까? 97
초속 700m의 속도로 자전거 타기 98
    미안해요, 아인슈타인! 98
    벌레 구멍 속 시간 여행 98

영원히 젊게 99
경고 하나 더! 99

4부:
기발하고 터무니없는 실험과 기이한 발견 101
1+1=3 104
    입자는 사춘기 청소년 105
    소리를 붙잡고 빛을 상자 속에 넣기 105
두 개의 터널 양쪽을 동시에 달리는 자동차 106
    자기 자신과 부딪치기 107
    기이함 정도 '중급' 107
100광년을 순식간에 뛰어넘기 108
    빛보다 더 빨리 109
    기이함이 정상일 때 진짜 기이함 109
27km 길이의 실험실 110
    두 부류의 천재들 111
    작은 입자들을 위한 커다란 실험실 111
이 책에서 가장 중요한 한 문장 112
    너에게 질량을 주노라! 113
    우리는 정말 무엇으로 이루어져 있을까 113
안 물었고 안 궁금한 두 가지 질문 114
    우주의 모양 114
    한 방향으로 곧장 나아가면? 115
    우주는 왜 이처럼 고르게 따뜻할까? 115
100조 마르크 지폐 116
    구부러진 것을 어떻게 똑바로 펼까 116
    얼어붙은 콜라 117
    끌어당기지 않고 밀어내는 중력 117
진공에서 태어난 우주 118
    진공에서 나온 에너지 118
    양자 요동에 대한 조사 발표 119
    아무것도 없지만 특별한 것 119
20개의 차원으로 이루어진 세계 120
    모든 것을 아우를 만물 이론 121
    여러분은 고무줄로 이루어져 있나요? 121
    모든 기본 상수를 위한 공식 121
4차원을 이루는 하나의 선 122
    보이지 않는 차원 123

양자 중력 ... 123
0.000000000000000000001m까지 정확하게 측정하는 장치 ... 124
    이봐, 모두 포기한 기계 하나 만들어 보자고! ... 124
    42년 동안 수십억 달러를 쓰고 난 뒤…… ... 125
2015년 9월 14일 ... 126
    우주 엿듣기 ... 126
    뿌우우웅 ... 126

5부:
누가 우리 우주를 만들었을까요? ... 129
아, 고무 오리! ... 132
    인생에는 어떤 의미가 있을까? ... 133
    창조주는 남성일까, 아니면 여성일까? ... 133
혹이 세 개 달린 낙타 ... 134
    왜 세상에 고통이 있을까? ... 135
    선한 창조주를 믿지 않을 이유 ... 135
강아지와 깃털들 ... 136
    모든 것에는 이유가 있다! ... 137
    가장 간단한 답이 대부분 옳다 ... 137
    왜 그냥 아무것도 없지 않고 뭔가 존재할까? ... 137
아인슈타인에 맞선 작가 100명 ... 138
    창조주의 기적? ... 139
    나쁜 이유 100개보다는 좋은 이유 하나 ... 139
    모기는 더 적고 미어캣이 더 많다면 ... 139
증조부모 여덟, 고조부모 열여섯, 현조부모 서른둘…… ... 140
    만약에 달이 없었다면 ... 141
    얼음은 왜 물 위에 뜰까? ... 141
    세상이 아예 없다면 ... 141
입자 10억 개와 반입자 9억 9999만 9999개 ... 142
    창조주가 있다는 가장 강력한 근거 ... 143
    고철 더미에서 만든 비행기 ... 143
로또에 1000번 당첨되기 ... 144
    중학교 물리 실험실의 우주 ... 144
    우리 우주를 벗어날 수 있을까? ... 145
    다중 우주를 얼마나 진지하게 받아들여야 할까? ... 145
무한히 많은 콧물 ... 146
    영원한 빙고 ... 147

모래 속 아리아나 그란데 ... 147
    하나가 아닌 여러분 ... 147
3.3333333333333333…… ... 148
    열아홉 걸음 속의 무한 ... 149
    당황스러운 무한 ... 149
    우리가 이해하지 못하면 그 뒤에 신이 있다 ... 149
남은 생애 세 시간 ... 150
    인생은 컴퓨터 게임일까? ... 151
    보는 것이 다는 아니라고? ... 151
긴급 조언: 기분을 망치지 않으려면 이 내용은 읽지 마세요…… ... 152
    아주 불편한 우주 ... 152
    거대한 찢어 내기 ... 153
    새로운 공룡 시대 ... 153
마지막 조언: 언제나 계속 의심하세요 ... 154
정말 고마워요! ... 156
감수의 말 ... 158
찾아보기 ... 160

짧은 서문……

- 짧은 서문…… -

이 책을 불태우면 안 되는 세 가지 이유

살면서 여러분은 분명 그림처럼 아름다운 노을을 본 적이 있을 거예요. 수없이 많은 별들이 다이아몬드처럼 반짝이는 밤하늘도요. 높은 산이나 빌딩 꼭대기에서 바다나 숲, 또 다른 산의 멋진 경치를 보며 감탄한 적도 있겠지요. 그럴 때 태양과 별과 지구는 어떻게 생겨났을까 하는 순수한 의문이 들지 않았나요? 우주는 어떻게 생겨났지? 왜 우주에는 뭔가 있을까? 아무것도 없는 게 훨씬 더 합리적이지 않을까? 이 모든 게 어디서 툭 튀어나왔을까? 우주에는 늘 뭔가 있었을까, 아니면 아무것도 없었던 때도 있었을까? 만약 아무것도 없었다면 아무것도 없는 것에서 어떻게 무엇인가 나올 수 있었지? 혹은 우주에 언제나 뭔가 있었다면 그건 어디서 왔을까? 창조주가 우주를 만들었을까? 그러면 창조주는 언제나 있었을까? '언제나'는 얼마나 오래전까지 거슬러 올라가야 할까? 끝없는 무한 다음에는 무엇이 올까? 무한 곱하기 무한은 그냥 무한보다 클까? 만약 내가 나를 삼킨다면 나는 두 배로 커질까, 아니면 아예 사라져 버릴까?

여러분은 운이 아주 좋아요! 이 책은 바로 그런 질문들을 다루거든요. 다만 문제는, 따지고 보면 사소한 문제지만, 그래도 일단 말을 하면…… 흠흠, 솔직히 이 질문들에는 대부분 해답이 없다는 거예요. 만약 그 해답을 다 안다면, 난 지금쯤 열대의 섬에서 칵테일을 홀짝이면서 그물 침대에 누워 있겠죠. 세상에서 가장 어려운 문제들을 풀었으니 당연히 돈을 많이 벌고 유명해져서요.

끝없이 많은 우리

답이 없다고 해서 실망했나요? 앗, 그렇다고 이 책에 불을 붙이진 마세요. 그래도 확실한 게 있으니까요. 우리는 우주 탄생이라는 수수께끼의 해답에 아주 가까이 다가갈 거랍니다. 얼마나 가까이 가냐고요? 우주가 막 시작되고 1조분의 1의 1조분의 1의 백만분의 1초까지 거슬러 올라갈 거예요. 이 정도면 엄청나게 가까운 셈이지요? 더욱 멋진 일은 우주의 기원을 찾으면서 물리학과 천문학의 세계로 깊이 들어가는 거예요. 시간 여행과 블랙홀, 암흑 물질과 소립자 등으로 가득한 세계로요. 소립자는 여러분과 지구를 꿰뚫고 지나갈 수도 있고, 동시에 왼쪽과 오른쪽으로 돌 수도 있답니다.*(이게 가능하다고요?) 이 세계는 끝없이 많은 우주에 끝없이 많은 여러분과 끝없이 많은 내가 살 수도 있는 놀라운 세계이기도 해요.(정말이에요!) 작은 것 가운데 가장 작은 것부터 큰 것 가운데 가장 큰 것까지 아우르는 세계, 이 모든 질문에 깊이 빠졌던 뛰어난 사상가와 학자로 가득한 세계이지요. 이 책을 다 읽고 나면 세상이 어떻게 돌아가는지 조금 더 알 수 있을 거예요. 그러니까 성냥은 멀리 치워요. 몇 페이지만 더 읽으면 여러분은 화들짝 놀라 지금 앉아 있는 의자에서 떨어질 테니까요.

비밀을 밝혀 보세요

놀라운 게 또 있어요! 이런 수수께끼를 풀 때 머리가 터지도록 곰곰이 생각하지 않아도 된다는 거예요. 올바른 질문을 던지는 게 훨씬 중요하거든요. 그러니까 답이 나올 가능성이 큰 질문요. 누가 알아요? 여러분에게 엄청 중요한 질문이 떠오를지! 그럼 과학자들이 그 질문을 출발점 삼아 우주의 흥미로운 수수께끼를 풀어 나갈 수도 있어요.(여러분이 직접 그 일을 할지도 모르고요!)

마지막으로 중요한 것. 이 책을 다 읽고 나면 모든 것이 어디서 오는지 잘 안다고 주장하는 사람을 만나도 무조건 믿지는 않게 될 거예요. 그 사람이 열대의 섬에서 칵테일을 홀짝이며 그물 침대에 누워 있지 않다면 말이죠.

*소립자 스핀의 두 가지 상태가 동시에 중첩되어 있는 '양자 중첩' 현상을 말한다.

― 짧은 서문…… ―

523가지 주목할 만한 정보

경고를 하나 더 할게요. 여러분은 정말 깜짝 놀랄 거예요. 책 한 권 안에 알아 둘 만한 것들이 믿을 수 없을 만큼 많이 나오거든요. 가끔은 어지러워질 정도로요. 내가 직접 세어 봤는데 이 책에는 알아 둘 만한 놀라운 정보가 무려 523가지나 나와요. 아, 겁먹지는 말아요. 여러분 머리가 팡 터지지는 않을 테니까. 미리 실험해 봤는데 지금까지 어떤 사람도 머리가 터지지는 않았어요.

— 523가지 주목할 만한 정보 —

정보 중에는 꽤 어려운 것도 있어요. 아주 뛰어난 과학자조차 이해하기 쉽지 않은 것들이지요. 하지만 오히려 여러분에게는 별로 어렵지 않을지도 몰라요. 그건 내가 확실히 알아요. 이런 책을 부모님과 함께 읽기도 할 텐데, 어른들은 뜻밖에도 여러분만큼 빨리 이해하지 못할 수도 있어요. 그런 어른들에게 조언을 하자면, 처음엔 이해 못해도 그냥 죽 읽어 나가세요. 한 문장씩 꾸준히 읽다 보면 차츰 잘 이해할 수 있어요. 사실 모든 것을 다 이해할 필요도 없지요. 아무리 뛰어난 천재도 모든 것을 당장 이해하지는 못해요.

15

― 1부 ―

시간 여행

1부

우주가 어떻게 시작되었는지 알고 싶다면 시간을 거슬러 올라가야 해요. 거의 140억 년에 가까운 시간을요. 시간 여행 이야기만 나오면 그런 건 불가능하다고 호들갑을 떠는 사람들도 있지만, 사실 시간 여행은 간단해요. 여러분도 날마다 시간 여행을 하고 있지요. 물론 우리의 시간 여행은 SF 영화에 나오는 시간 여행과는 다르답니다. 어떻게 다르냐고요? 그냥 시간 여행을 떠난다고 생각만 하면 되는 거예요. 머릿속으로요. 그럼 한번 시간을 멀리 거슬러 올라가 볼까요? 아아아아아아주우우우우 멀리까지요.

'천릿길도 한 걸음부터'라는 현명한 속담이 있어요. 우리도 이렇게 첫걸음을 내디뎌 봐요. 딱 1초밖에 걸리지 않는, 아주 작은 걸음. 어디로 향하는지 아직 말해 줄 순 없어요. 어쨌든 수영복을 챙길 필요도 없고 나중에 집까지 데려다주지도 않을 거예요. 숫자를 거꾸로 세면서 출발합니다. 셋, 둘, 하나, 출발! ★번쩍★

- 1부 -

다음 화장실까지는 38만 km

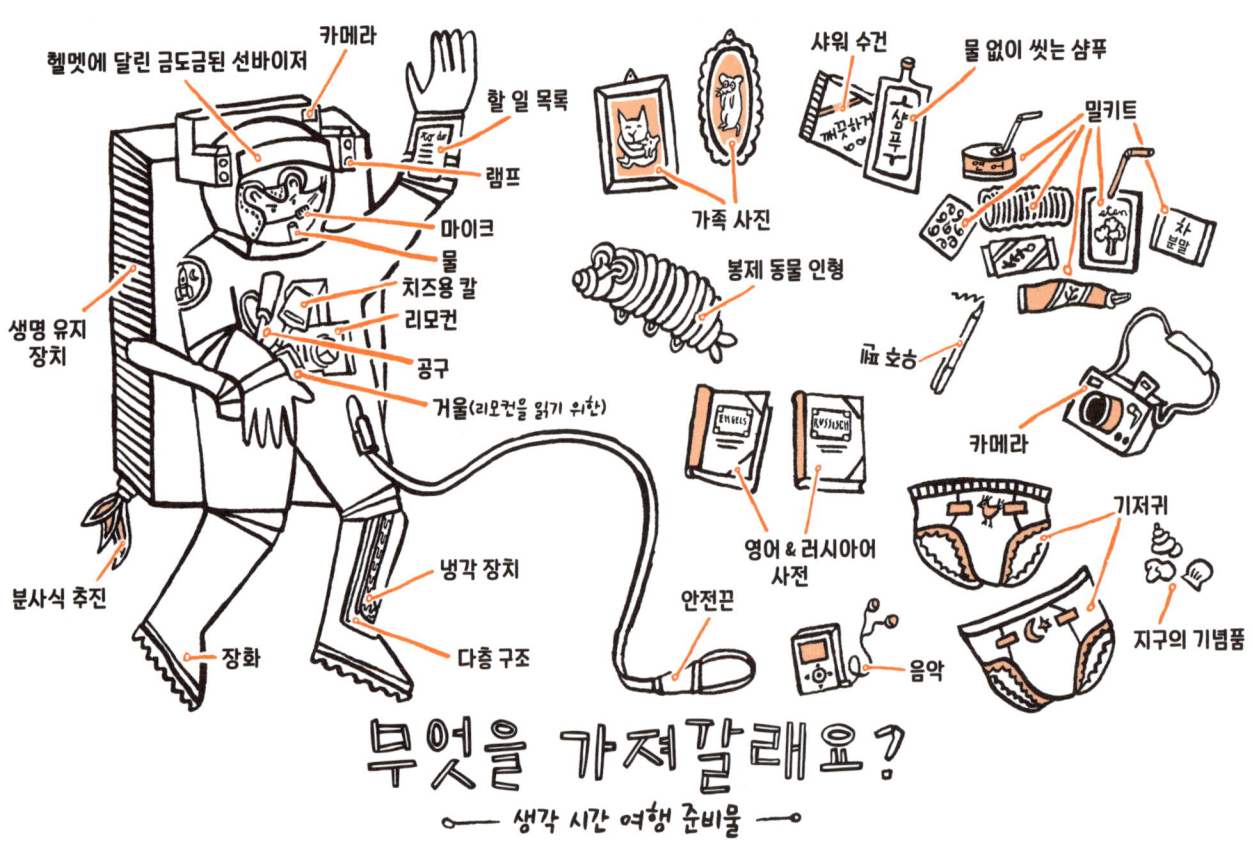

좋아요, 목적지예요. 1초 만에 38만 km 떨어진 곳에 도착했어요. 여기가 어딜까요?

우선 안전 수칙 몇 가지를 알려 드릴게요. 절대로 우주복을 벗으면 안 돼요. 우주복은 태양의 치명적 열기와, 또 그만큼이나 위험한 그늘 속 혹독한 냉기로부터 여러분을 지켜 주니까요. 이곳에는 산소도 없고 기압도 없어요. 다행히 우주복이 그 두 가지를 해결해 주어요. 산소가 없으면 숨을 쉴 수가 없고, 기압이 없다면 기압에 익숙해진 우리 폐가 부풀어 오르다 못해 터져 버릴 텐데요. 헬멧에 달린 햇빛 차단용 선바이저를 내리세요. 그래야 햇빛에 눈이 멀지 않아요. 자, 이제 조심조심 걸어요. 여러분 몸은 지구에서보다 6배나 가벼워서 그냥 걷다가는 펄쩍펄쩍 뛰어오를 거예요. 발에 걸려 넘어지기 십상이므로 보폭을 줄여서 종종걸음을 하세요. 수영장 안의 텔레토비처럼 뒤뚱거리기는 해도 고꾸라지지는 않을 거예요.

참! 한 가지 더. 좀 민망하지만 기저귀를 차야 해요. 가장 가까운 화장실이 38만 km나 떨어져 있거든요. 위로가 될지는 모르겠지만, 지금까지 여기 왔던 사람들은 모두 기저귀를 찼답니다. 물론 기저귀를 찼다고 하면 그리 근사하게 들리지 않아서 우주를 여행하는 사람들은 흡수 바지라고 부르죠. 그런데 기껏 기저귀 이야기나 하려고 여기까지 온 건 아니잖아요. 지금 우리는 머릿속으로 시간 여행 실험을 하고 있어요. 그리고 우리는 벌써 1초 전으로 시간을 거슬러 여행했어요.

우주에 남겨진 발자국

다행이에요. 여기에는 휘날리는 먼지가 없거든요. 물론 운석이 떨어진다면 상황이 달라지겠지만요. 주위에는 공기도 없고 수증기도 없어요. 그래서 저 멀리 떨어진 산이 아주 선명하게 보이고 더 가까이 느껴져요. 머리 위 하늘은 칠흑같이 까맣고 주위의 암석과 언덕은 옅은 금빛을 띤 은회색이에요. 우주복을 뚫고 들어오는 소리가 없어서 숨소리와 심장 박동 소리가 어느 때보다 잘 들려요.

땅은 설탕 가루로 만들어진 것처럼 보여요. 햇빛을 받아서 다이아몬드처럼 반짝여요. 저길 봐요, 발자국이 있어요! 저 멀리 회색 깃발이 펄럭이고…… 뭐, 펄럭이는 것은 아니지요. 여긴 바람 한 점 없으니까. 예전에 미국에서 보낸 우주 비행사들이 꼬깃꼬깃 구겨진 성조기를 세워 놨어요. 햇빛에 색이 바랬네요. 하늘을 올려다보면 지구에서 보는 것과 똑같은 별자리가 보일 거예요. 큰곰자리, 오리온자리, 카시오페이아자리……. 지평선 저 멀리 빛나는 푸른 공이 보이나요? 지구예요. 눈치챘나요? 이곳은 바로 달이에요. 여러분은 지금 달 위에 서 있답니다.

눈이 항상 시간 여행을 하는 이유

이제 가장 좋은 망원경보다 성능이 수백 배는 더 좋은 슈퍼 망원경을 들고 있다고 상상해 봐요. 그 망원경으로 지구를 바라보고 학교 운동장에 있는 친구들을 봐요. 친구들도 그걸 알고 손을 흔들어요. 여러분은 친구들이 '바로 지금' 무엇을 하는지 정확하게 본다고 생각하지요? 아니, 그렇지 않아요. 여러분은 친구들을 1초 지난 후에야 본답니다! 그러니까 여러분의 눈은 1초 전으로 거슬러 올라가는 시간 여행을 한 셈이에요. 빛은 1초에 약 30만 km의 속도로 날아가요. 여러분은 지구에서 약 38만 5000km 떨어진 곳에 있기 때문에 지구에서 일어나는 모든 일을 조금 늦게 볼 수밖에 없어요. 그래도 달은 지구에서 가장 가까운 천체예요. 태양은 달보다 훨씬 더 멀어서 지구에서 태양까지의 거리는 약 1억 5000만 km나 되지요. 햇빛이 태양을 떠나 지구에 도착할 때까지 무려 8분이나 걸린답니다.

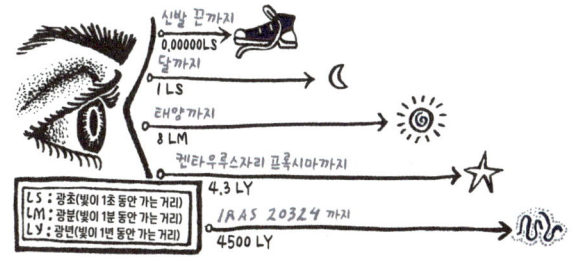

망원경으로 스타워즈 보기

사실 여러분이 보는 것은 모두 과거예요. 지금 읽는 이 문장도 30억분의 1초*라는 시간이 지난 다음에 보는 거예요. 우주를 보는 사람은 말 그대로 눈으로 시간 여행을 한답니다. 때로는 달처럼 1초가 걸리기도 하고 때로는 태양이나 화성, 금성처럼 몇 분이 걸리기도 해요. 어떤 별은 몇 년이 걸리기도 하지요. 놀랍게도 대부분 그보다 훨씬 더 오래 걸려요. 우리 태양에서 가장 가까운 별(항성)인 켄타우루스자리의 프록시마도 그 빛이 지구에 다다를 때까지 4년 하고도 몇 달이 더 걸릴 만큼 멀어요. 어떤 별은 어찌나 멀리 떨어져 있는지 그 빛이 아직 우리한테 다다르지도 않았어요. 빛은 무척이나 빠른 속도로 달리는데도요. 실제로 빛은 세상에서 가장 빠르답니다.

영화〈스타워즈〉시리즈가 어떻게 시작하는지 기억하나요? "먼 옛날 은하계 저편……." 루크 스카이워커와 다스 베이더의 이야기가 정말 일어났고, 아주아주 좋은 망원경이 있다면 굳이 영화관에 갈 필요가 없어요. 우주에서 일어나는 '스타워즈'를 라이브로 볼 수 있을 테니까요.

좋아요! 달을 찾아간 우리 여행이 제대로 된 시간 여행은 아니었어요. 방금 전 일어난 일을 되돌아보는 정도지요. 초고속 시간 여행은 아직 불가능해요. 하지만 다행히도 우리의 '생각 시간 여행' 실험에선 모든 게 가능해요.

이제 우리는 '생각 달 여행'과 똑같은 방식으로 시간을 거슬러 올라갈 거예요. 그런데 우주의 시작점에 도달하려면 1초 전으로 되돌아가는 것으로는 부족해요. 훨씬 더 오랜 시간을 건너뛰어야 해요. 준비됐나요? 그럼 다시 출발! ★번쩍★

*눈과 책과의 거리를 10cm라고 가정하고 빛의 속도인 초속 30만 km로 나눈 수치.

- 1부 -

4500년 된 불꽃

이제 도착했어요. 여기는 새로운 경유지예요. 선바이저를 내려 쓰고 주위를 둘러보세요. 전에 이런 풍경을 본 적이 있나요? 단연코 없을걸요. 화려한 색의 거대한 구름이 보여요. 여러 가지 색으로 빛나요. 저녁노을처럼 아름다운데 무지갯빛 색깔이 다 들어 있어요. 마치 공중에서 터지는 불꽃 바로 앞에 둥둥 떠 있는 것 같아요. 여기 이 색깔들은 폭죽의 불꽃처럼 금방 사라지지 않고 계속 아름답게 빛나요. 지구에서 폭죽이 터질 때 알록달록한 빛이 나오는 건 폭죽 속에 든 금속 원소마다 다른 색의 빛을 내기 때문이에요. 이곳의 여러 색깔의 빛은 폭발한 별에서 흩어진 기체로부터 나온답니다. 수소에서는 청자색 빛이 나오고 헬륨에서는 주황색 빛이 나와요. 질소에서는 보라색 빛, 산소에서는 청록색 빛, 네온에서는 밝은 빨간색 빛이 나오지요. 이 기체들은 언젠가는 둥글게 뭉쳐 새로운 별과 행성을 이룰 거예요.

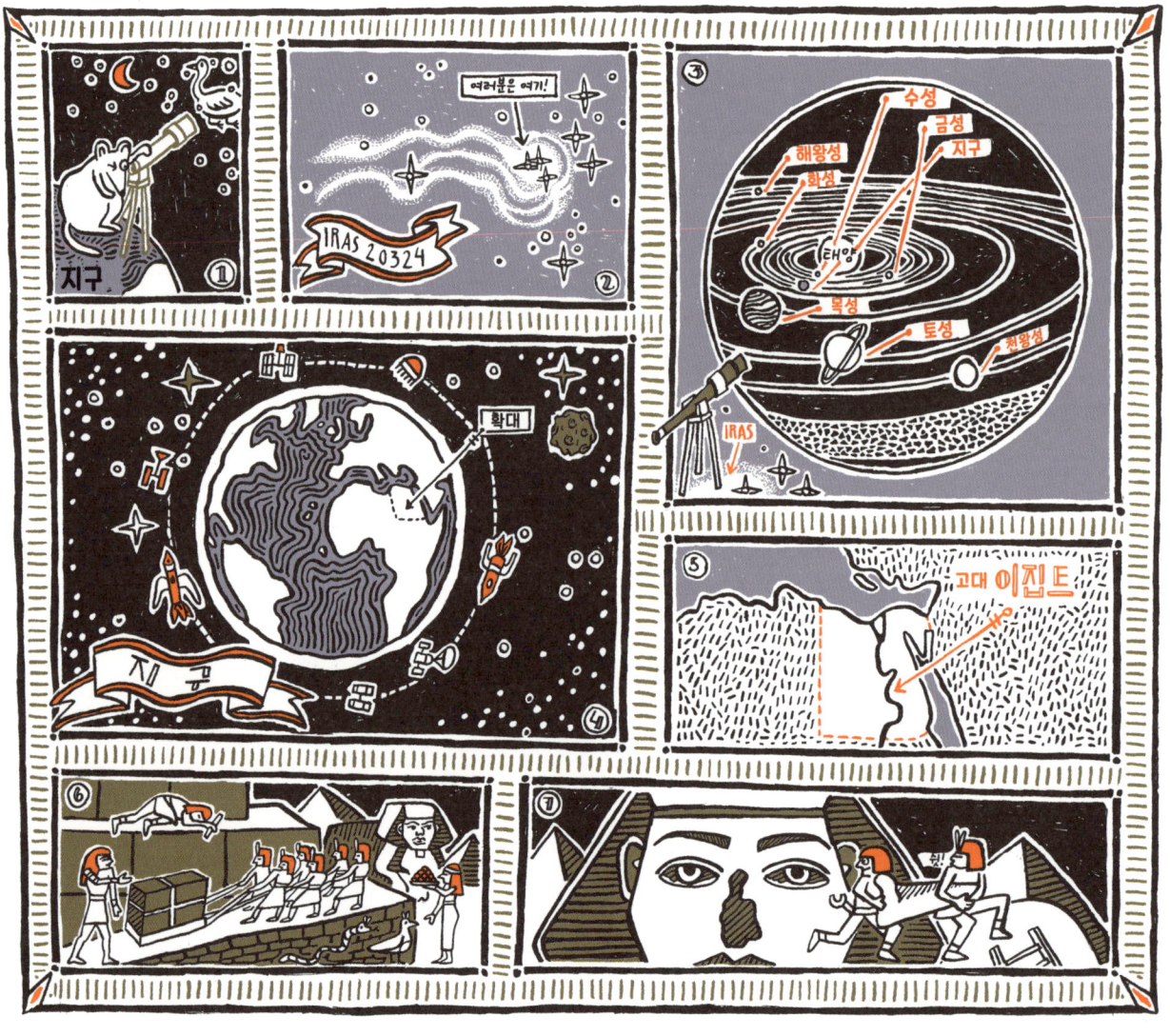

여기가 어디냐고요? 여러분은 IRAS 20324 성운 앞에 둥둥 떠 있어요. 지구에서 이곳을 보려면 망원경을 백조자리 방향으로 향해야 해요. 지금은 여러분이 이 성운 앞에서 지구를 향하고 있어요. 물론 여기에서도 성능 좋은 슈퍼 망원경을 들고 있지요. 망원경 배율을 조금씩 높여 봐요. 아마도 예전에 보던 하늘과 다를 거예요. 여기선 모든 별과 별자리의 모양이 달라지니까요. 잠깐만요, 저기 행성 몇 개를 거느린 별이 보이지요? 그 행성들 중에는 고리를 두른 것도 있고 밝은 파란색으로 보이는 것도 있어요. 토성과 지구를 거느린 태양이 틀림없어요.

거울로 절도 사건을 해결하는 방법

푸른 행성, 지구를 향해 망원경 초점을 맞추세요. 남아메리카와 아프리카가 보여요. 아프리카 북부를 더 확대해 보세요. 나일강이 흐르는 이집트와 지중해가 눈에 들어올 거예요. 더 확대하면 오밀조밀한 여러 개의 점들을 볼 수 있어요. 언뜻 보면 무슨 벌레 같은데 자세히 들여다보니 사람이네요. 대부분 벌거벗은 채 허리춤에 천 조각만 둘렀어요. 화려한 옷을 입고 눈에 확 띄는 모자를 쓴 사람도 있어요. 뭘 하는 걸까요? 아, 이제 다 보여요. 그 유명한 기자의 피라미드를 짓고 있어요. 가까운 곳에 피라미드 두 개가 이미 세워져 있고 저 뒤에 스핑크스도 보여요. IRAS 20324가 지구에서 너무 멀리 떨어져 있어서 4500년 전 지구의 모습이 보이는 거예요. 여러분의 친구들이 요즘 어떻게 지내는지 알고 싶나요? 안타깝지만 그럴 수는 없어요. 아무리 원해도 이곳에서는 지금 막 지구에서 일어나는 일을 절대로 볼 수 없답니다.

지구에서 저 멀리 우주를 보는 것은 우주의 과거를 보는 거나 같아요. 마찬가지로 아주 멀리 떨어진 행성에서 보는 지구는 옛날의 지구랍니다. 태양계 밖 아주 멀리 떨어진 우주 공간에 지구를 향해 거울을 세워 놓았다고 상상해 보세요. 우리가 지구에서 망원경으로 이 거울을 들여다본다면 오래전 지구를 볼 수 있어요. 앗, 그러면 이런 방식으로 과거에 일어난 충격적인 범죄를 풀 수도 있지 않을까요? 아니면 내가 빨간불이 아닌 파란불일 때 횡단보도를 건넜다고 경찰관 아저씨한테 보여 줄 수도 있지 않을까요? 하지만 이런 장치를 지금 만들기 시작한다고 해도 수십 년은 지나야 쓸 수 있어요. 거울을 아주 멀리 보내야 하는데 우리가 쏘아 올리는 우주 비행선은 그리 빠르지 않으니까요. 게다가 이 거울을 설치하는 일도 쉽지 않아요. 그래도 만약 거울이 설치된다면, 아마도 해마다 조금씩 시간을 더 거슬러 올라간 장면을 볼 수 있겠죠. 우주가 팽창함에 따라 이 거울도 지구에서 조금씩 더 멀어질 테니까요.(우주가 팽창한다는 내용은 나중에 설명할게요.) 여러분이 무엇을 보겠다고 정확하게 결정하는 것은, 그러니까 무척 어려운 일이에요. 게다가 이런 일을 하려면 돈이 굉장히 많이 들어요. 그거 알아요? 어쩌면 이건 아주 멍청하다 못해 심지어 거의 불가능한 계획이라는 거 말이에요.

1조분의 1의 1만분의 1광년 길이의 신발 끈

그나저나 우리는 시간 여행으로 그리 먼 곳까지 오지 못했어요. 4500년을 거슬러 온 것도 대단하지만 약 140억 년을 더 거슬러 올라가야 하거든요! 성운 IRAS 20324는 우리한테서 43,000,000,000,000,000km나 떨어져 있지만 전체 우주의 크기를 생각하면 바로 길모퉁이에 있는 거나 다름없답니다. 우주에서 거리를 이야기할 때 왜 km 단위를 쓰지 않는지 이제 알겠지요. 광년으로 표시하는 게 훨씬 쉽잖아요. 1광년은 빛이 1년 동안 달리는 거리예요. 약 9조 5000억 km이지요. 성운 IRAS 20324는 우리한테서 4500광년 떨어져 있어요. 이렇듯 거리를 광년으로 표시하면 0을 많이 절약할 수 있어요. 물론 짧은 거리일 땐 사정이 달라요. 예를 들어 신발 끈의 길이를 광년으로 적는다면 그리 실용적이지 않지요. 신발 끈의 길이가 1m일 때, 광년으로 환산하면 약 1조분의 1의 1만분의 1광년이 될 테니까요.

이제 아주 제대로 멀리 가 볼게요. IRAS 20324와 지구 사이의 거리인 4500광년보다 훨씬 더 멀리.

1000억 개의 태양에 맞먹는 빛을 내는 폭발

이제 IRAS 20324에서 방향을 꺾어서 멀리 날아가 볼까요. 마치 레이저 불빛이 가득한 터널을 통과하듯 별과 성단, 은하가 여러분을 휙휙 스쳐 지나가요. 지금 본 게 뭔지 알아내려고 하는데 갑자기 속도가 더 빨라졌어요. 주위에 있는 모든 것들이 어찌나 빨리 움직이는지 아무것도 분간할 수 없어요. 다시 날아가는 느낌이 들다가 몇 초 뒤 멈췄어요. 이제 주위를 둘러봐요. 이곳 우주는 조금 이상해 보여요. 이런 건 단 한 번도 본 적이 없어요. 여러분 바로 앞에 별이 보이나요? 태양보다 몇 배는 클걸요. 더욱 놀라운 것은 맨눈으로 은하를 수십 개나 볼 수 있다는 사실이에요. 지구에서는 그럴 수 없어요. 이곳에서는 모든 것이 아주 가깝게 보여요. 약간 으스스하기도 해요. 이곳은 위험할까요? 외계인이 타고 온 우주 비행선이 가까이 있지 않나 주위를 둘러보지만 그 어디에도 생명의 흔적은 없어요.

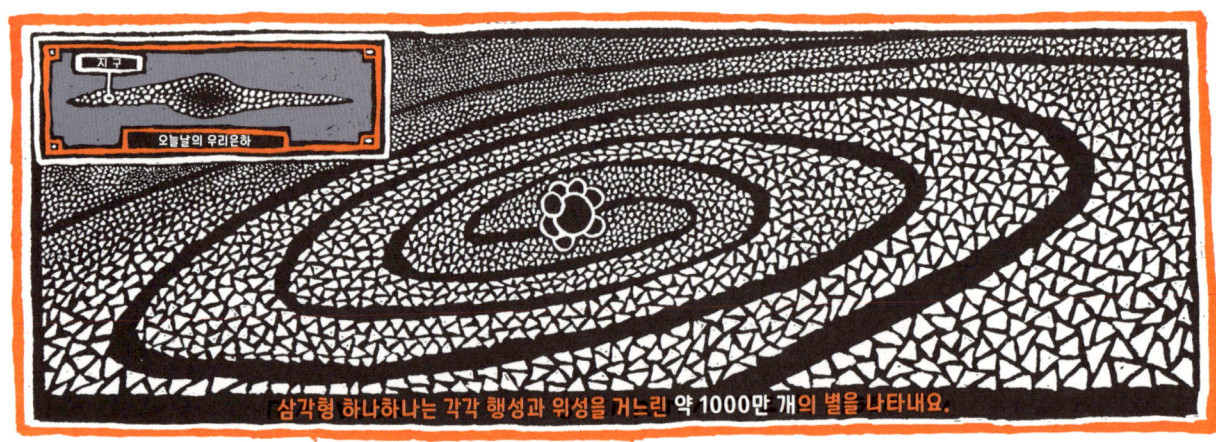

삼각형 하나하나는 각각 행성과 위성을 거느린 약 1000만 개의 별을 나타내요.

마법 수정 구슬을 통해서 보는 우주

여러분은 방금 지난번과는 완전히 다른 생각 시간 여행을 했어요. 시간을 정말 멀리, 약 50억 년이나 거슬러 왔지요. 하지만 지구에서 거리상 50억 광년 멀어진 게 아니라 아직도 우리은하* 안이에요. 약 50억 년 전의 '어린 우리은하' 말이에요. 우리은하 어디쯤이냐고요? 그건 몰라요! 시간 여행 출발지였던 오늘날의 우리은하에는 약 2000억 개의 별이 있다고 알려졌는데, 지금 시간 여행 속 이 어린 우리은하 안에는 지구에서 보던 그 별들이 보이지 않아요. 또 어린 우리은하는 젊은 우리은하보다 훨씬 더 작아요. 앞으로 다른 은하 몇 개를 더 집어삼켜야 좀 더 성숙한, 젊은 우리은하가 될 수 있지요. 게다가 앞으로 50억 년 동안 수없이 많은 별이 새로 태어나야 해요. 그 별 가운데 하나가 태양이에요. 아직 태양은 물론 화성이나 금성, 지구 같은 행성도 태어나지 않았어요. 따라서 망원경도 별 도움이 안 돼요. 차라리 미래를 들여다보는 마법 수정 구슬이 필요할 거예요.

지금 여러분 앞에 있는 별에는 이름이 없어요. 우리는 그 별에 대해 그리 많이 알지도 못해요. 글쎄, 이렇다니까요! 상상 속에서 놀라운 시간 여행을 몇 번이나 했는데 고르고 골라서 이 지루한 별에 도착하다니. 그래도 이 별이 존재한다는 사실에 기뻐하세요. 이 별, 그리고 몇 개의 다른 별로부터 태양과 지구가 생겨났으니까요. 이 별은 지금 폭발하기 직전이에요.

우선 이 별의 중심핵은 확 쪼그라들어요. 하지만 나머지 바깥 부분은 커져요. 태양이 여러 개 들어갈 만한, 이 거대한 빛의 공은 점점 더 부풀어요. 그런 뒤에 좀 줄어들었다가 다시 부풀고 또 줄어들었다가 부풀고, 한동안

*현재 우리가 살고 있는 태양계를 포함하는 은하.

이런 일을 반복한답니다. 마치 자기가 원하는 게 뭔지 이 별도 모르는 것 같아요. 태양보다 수백 배나 부풀어 오른 이 별을 적색 초거성이라고 불러요. 적색 초거성의 운명은 아주 극적이에요. 엄청난 폭발을 일으킨 후 몇 달 동안 수천억 개의 태양을 합친 것만큼 빛나거든요.

지구의 탄생

엄청난 폭발을 일으키며 빛나는 별을 초신성이라고 불러요. 우주에서 볼 수 있는 가장 멋진 장관이지요. 초신성이 폭발할 때 별의 중심핵은 날아가지 않고 거기 남아요. 엄청난 압력에 짓눌려 밀도가 아주 높아져서요. 이렇게 초신성 폭발 후 남겨진 별의 중심핵을 중성자별이라

고 불러요. 중성자별의 밀도는 아주 높아서 지름은 잘해야 약 30km 정도지만 질량은 태양에 맞먹을 정도예요. 중성자별의 물질을 한 찻숟가락만 떠도 몇 조 kg은 나갈 거예요. 이 별은 이제 자신의 축을 중심 삼아 놀라운 속도로 빙글빙글 돌아요. 이렇게 무거운데 1초에 약 300번이나 돈다니까요. 한때 이 별이 뿜어냈던 엄청난 빛은 이제 거의 남지 않았어요. 하지만 치명적인 방사선이 나온답니다. 얼른 여기서 벗어나야겠어요!

초신성이 폭발할 때, 중심핵이 아닌 바깥 부분은 우주 공간으로 흩뿌려져요. 초신성처럼 폭발하는 여러 개의 별들로부터 흩뿌려진 물질은 일정한 공간에 모여 커다란 기체 구름을 이루는데, 이 기체 구름을 성운이라고 불러요. 수천, 수백만 년이 지나는 동안 성운 여기저기에 짙은 덩어리들이 뭉쳐져요. 성운을 이루던 물질이 서로 끌어당기니까요. 이 덩어리들은 자신의 축을 중심으로 회전 그네처럼 빙글빙글 돌아요. 그러면 끝에 매달린 의자가 바깥쪽으로 펼쳐지는 것처럼 성운 속 덩어리도 돌면서 바깥으로 펼쳐지며 팬케이크처럼 납작해져요. 그런데 그 중심에 밀도가 높고 아주 큰 공이 만들어졌어요. 점점 단단하게 뭉쳐지면서 뜨겁게 달아오르는 이 공을 원시별이라고 불러요. 어렴풋이 빛을 내는 이 원시별이 바로 어린 태양이에요. 그즈음 태양 주변에서도 여러 개의 작은 공들이 뭉쳐졌어요. 스스로 빛을 내지 못하는 이 작은 공들이 행성이고, 그중의 하나가 바로 지구예요.

지금 여러분은 생각 시간 여행을 통해 지구가 태어나는 걸 목격했어요. 그걸 놓치고 싶진 않았지요? 이 정도면 50억 년 전의 우주를 실속 있게 잘 다닌 셈이에요. 하지만 가야 할 길이 아직 90억 년이나 남았어요. 서둘러요! 우주를 이루는 작은 입자들에 대해 더 알아보자고요.

핫케이크 위의 탄소 원자 12개, 수소 원자 22개, 산소 원자 11개

아마 지금쯤 여러분한테 궁금한 게 생겼을 거예요. 도대체 태양보다 더 큰 별이 어떻게 도시만 한 크기의 공으로 찌부러질 수 있어요? 그럼 커다란 산도 테니스공만 하게 찌부러질 수 있겠네요? 대답은 그렇다는 거예요. 그런 일이 어떻게 가능한지 이해하려면 모든 것이 무엇으로 만들어졌는지부터 알아야 해요. 여기서 '모든 것'이란 별과 행성에서부터 산, 낙타, 견과류가 들어간 초콜릿, 견과류가 들어가지 않은 초콜릿, 정원의 장식용 작은 인형, 도배용 풀, 서커스의 어릿광대, 식탁 위 브로콜리에 이르기까지, 그야말로 우주 속의 모든 물질을 뜻하는 거예요.

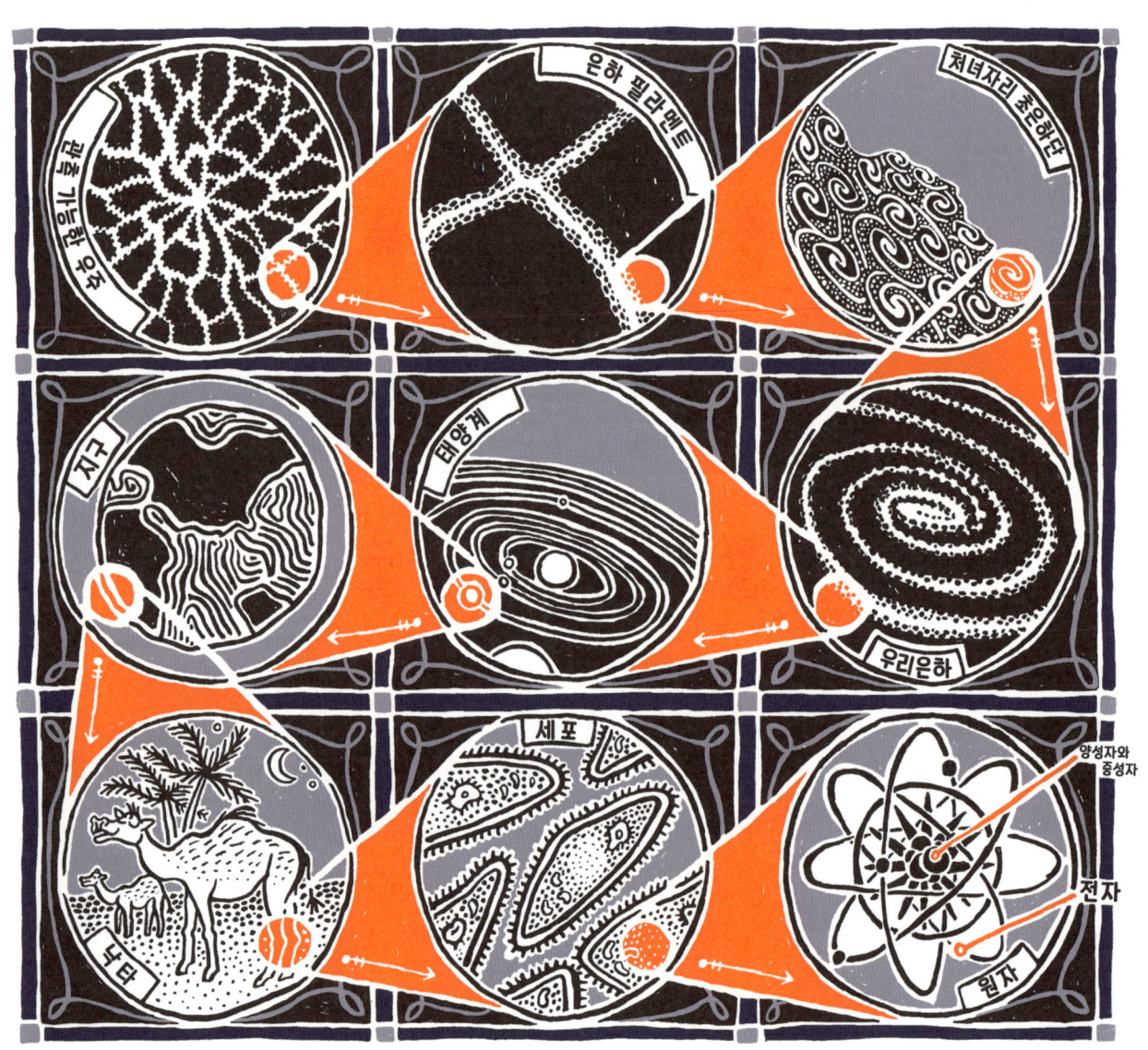

치아 버터를 바른 머리카락 빵

여러분은 분명 우리가 볼 수 있는 모든 것이 원자로 이루어졌고, 원자가 모여 분자를 이룬다는 사실을 알 거예요. 그런데 고대 그리스 사람들이 예수가 태어나기 수백 년 전에 이미 원자의 정체를 발견했다는 사실도 알고 있나요? 현미경의 도움도 받지 않고 그냥 곰곰이 생각만 해서요! 네, 사실이에요. 고대 그리스 사람들은 오직 인간의 이성만을 사용했어요. 그때는 현미경 같은 도구가 없었죠. 물론 원자는 어찌나 작은지 현미경으로도 볼 수 없지만 말이에요. 사실 고대 그리스 사람들이 원자를 생각해 낸 과정은 아주 간단해요. 여러분도 생각해 낼 수 있었을 걸요! 다음 내용을 곰곰이 생각해 보세요.

여러분은 한때 아기였지만 이제는 좀 더 컸어요. 뼈가 자라고 근육은 탄탄해지고 머리숱도 많아졌어요. 이렇게 자라난 부분들은 어디에서 왔을까요? 당연히 여러분이 먹는 음식에서 왔지요. 그런데 여러분, 치아 버터를 바른 머리카락 빵을 먹어 봤나요? 아니, 그런 걸 먹은 적은 없을 거예요. 보통 머리카락이나 뼈나 이를 '직접' 먹지는 않아요. 그러니까 우리가 먹는 음식 속에는 몸의 새로운 부분을 만들기 위해 레고 블록처럼 나누어졌다가 다시 합쳐지는 아주 작은 조각들이 있어야 해요. 고대 그리스 사람들은 이 조각을 '아토모스'라고 불렀는데, '더 이상 작게 나눌 수 없다.'는 뜻이에요. 여기에서 원자를 뜻하는 단어 '아톰'이 나왔어요. 수소 원자, 산소 원자, 탄소 원자, 철 원자 등등, 원자의 종류는 100가지도 넘어요.

왜 여러분이 종이 한 장과 비슷해 보일까요

'나누어질 수 없는' 원자도 사실 나누어질 수 있어요. 주위에서 원자가 나누어지는 걸 쉽게 볼 수는 없지만요. 원자가 서로 결합하는 것은 쉽게 볼 수 있어요. 여러 개의 원자가 모여서 분자를 이루잖아요. 예를 들어 물 분자는 물 원자가 아니라 수소 원자 두 개와 산소 원자 하나로 이루어졌어요. 산소는 두 개의 산소 원자가 결합해 있을 때 비로소 산소처럼 행동한답니다. 핫케이크 위의 설탕, 그러니까 설탕 분자는 탄소 원자 12개, 수소 원자 22개, 산소 원자 11개로 이루어져요. 이런 식으로 원자를 끝없이 조합해서 다양한 분자를 만들어 낼 수 있어요. 수백만 개의 원자로 이루어진 분자도 있답니다!

이 책의 종이는 종이 분자로 이루어져 있지 않아요. 종이 분자는 세상에 없으니까요. 종이는 종이를 만드는 여러 가지 분자로 이루어져 있답니다. 이 분자들은 주로 탄소 원자, 수소 원자, 산소 원자를 포함하고 있어요. 이 원자들을 다 뜯어내서 다른 방식으로 결합하면 설탕을 만들 수도 있어요. 어떤 종류의 목재든 이 세 가지 원자로 구성되어 있어요. 여러분도 똑같아요. 탄소 원자, 산소 원자, 수소 원자에 약간의 질소 원자와 칼슘 원자 그리고 한 움큼의 몇 가지 물질만 있으면 콩깍지 속 콩처럼 여러분이랑 똑같은 제 2의 여러분을 만들 수 있어요.

우리는 원자들이 모여 이루는 물질의 세계에는 꽤 익숙해요. 벽돌이나 진흙, 널빤지, 털실이나 무명실로 여러 물건을 쉽게 만들고, 밀가루나 버터, 달걀로 음식도 만들지요. 하지만 원자들이 어떻게 결합하여 우리 주변의 모든 것을 이루는지 상상하는 건 쉽지 않아요.
원자의 세계는 완전히 다르거든요.

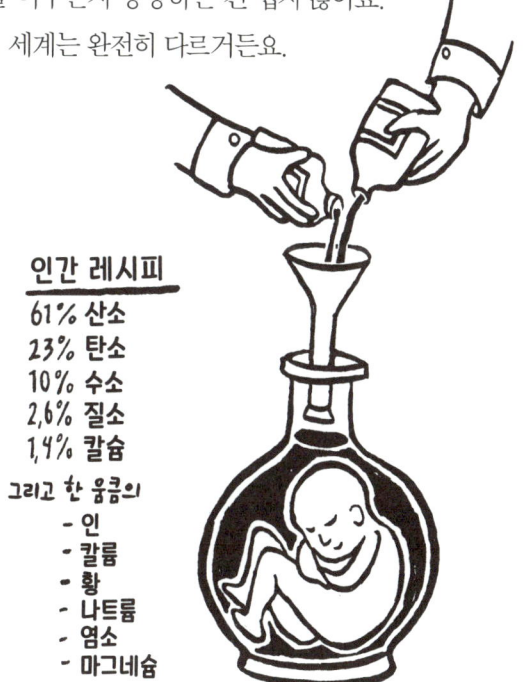

- 1부 -

10만 개의 분자가 나란히

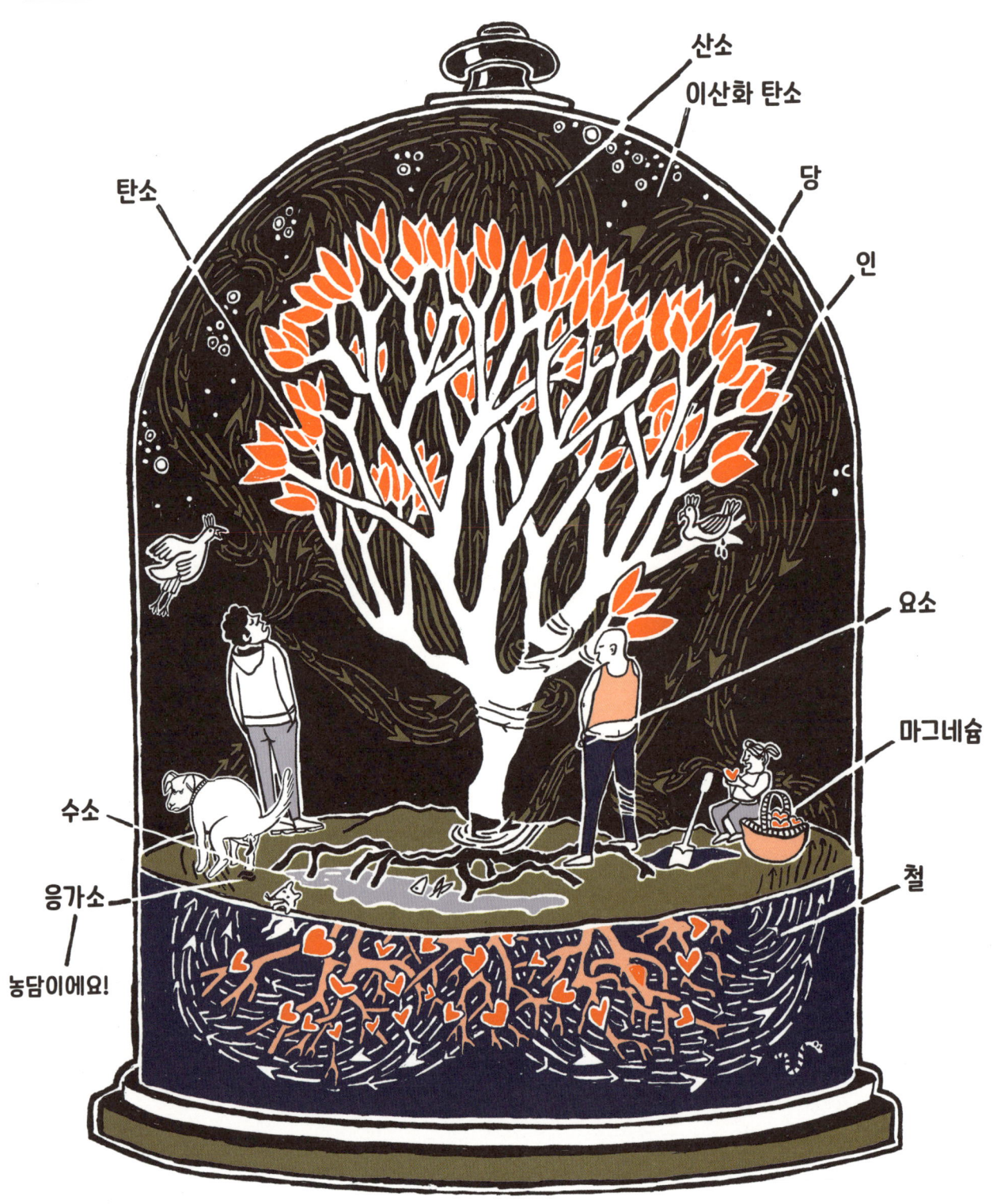

키가 몇 m나 되는 커다란 나무의 줄기와 가지와 잎이 어디에서 오는지 생각해 본 적이 있나요? 흙에서 올까요? 나무가 빨아들이는 물에서 올까요? 나중에 줄기와 가지가 되는 입자가 이미 거기에 다 들어 있을까요? 아니면 뿌리가 온갖 물질을 땅에서 바로 끌어들일까요? 이 책이 놓인 나무 탁자는 근본적으로 지구에서 왔을까요? 그럴듯한 설명인 것 같지만 사실은 조금 달라요.

나무가 자라려면 공기 중에 있는 이산화 탄소 분자가 필요해요. 이산화 탄소 분자는 탄소와 산소 원자로 이루어져 있지요. 거의 눈치채지 못하지만 우리 모두는 공기 속 온갖 분자들을 끊임없이 들이마시고 내뱉는답니다.

나뭇잎은 물과 햇빛을 이용해 이산화 탄소를 당 분자로 바꿔요. 이 당 분자가 목재로 쓰이는 나무로 바뀌지요. 그러니까 우리 폐에 들어 있던 공기(이산화 탄소)로부터 탁자나 야구 방망이의 재료인 나무가 만들어진다는 말이에요. 나뭇잎은 이산화 탄소를 받아들여 당 분자를 만든 다음 산소를 내보내는데 여러분은 그걸 다시 들이마셔요. 결합하고 분해하고 다시 결합하고 분해하고……. 마치 고급 사용자용 레고 블록 같아요.

산소 입방체

분자는 너무 작아서 아주 정교한 도구가 있어야 볼 수 있어요. 세상에서 성능이 가장 좋은 현미경으로요. 어찌나 작은지, 약 10만 개나 되는 분자를 나란히 늘어놓아야 겨우 두께 10분의 1mm의 머리카락을 빠듯하게 채울 수 있을 정도지요. 우리 주위에 가득한 분자는 기체와 고체와 액체라는 세 가지 상태로 존재해요. 물을 예로 볼까요. 스파게티를 삶을 때 냄비에서 뿜어져 나오는 수증기는 기체 상태의 물이에요. 수도꼭지에서 콸콸 쏟아지는 물은 액체 상태의 물이고, 겨울 스케이트장의 딱딱한 얼음은 고체 상태의 물이지요. 이 세 가지 모두 똑같은 물 분자로 이루어져 있어요. 물질(분자)은 온도가 낮을 때에는 고체 상태, 온도가 높을 때에는 기체 상태를 이뤄요. 그 사이에서는 액체 상태를 이룬답니다.

암석도 아주 높은 온도에서는 녹아서 용암이 돼요. 차갑게 식으면 다시 딱딱해지지요. 우리가 들이마시는 산소는 눈에 보이지 않는 기체예요. 하지만 산소도 아주 차갑게 식히면 액체가 되고, 엄청나게 낮은 온도에서는 주사위 모양의 입방체로 만들 수 있어요. 반대로 철이나 구리처럼 아주 단단한 금속도 기체로 바꿀 수 있어요. 물론 온도가 충분히 높아야 하지요. 여러분도 알고 있는 폭발하는 별, 즉 초신성에서도 고온의 금속 기체가 뿜어져 나와요. 네덜란드의 어떤 예술가는 배기가스를 유리창을 깰 만큼 딱딱한 자갈로 바꾸기도 했답니다.

좋아요. 다 읽어 볼 만하네요. 하지만 여러분은 아직 커다란 산이 어떻게 테니스공만 하게 찌부러질 수 있는지 이해할 수 없을걸요. 그건 다음 장에서 설명할게요.

우리의 생각과 감정은 어디서 올까요? 뇌에서 온다고요? 정말요? 그럼 뇌는 무엇으로 이루어져 있을까요? 원자로 이루어져 있잖아요. 사랑에 빠졌을 때 두근거리는 느낌, 아름다운 음악을 들을 때 돋는 소름, 배꼽 빠지게 웃다가 눈가에 차오르는 눈물, 어떤 문제를 풀 때 번뜩이는 아이디어…… 이 모든 생각과 감정은 수없이 많고 아주 작으면서 생명이 없는 입자의 조합에서 나와요.

……달, 자갈, 생선 샌드위치, 코르크 따개를 만든 것도 같은 입자예요. 수십억 년 전 어떤 별이 폭발할 때 쏟아져 나온 바로 그 입자요.

- 1부 -

작은 것들의 세계

자, 이제 본론으로 들어갈게요. 커다란 별이 어떻게 조그만 덩어리로 뭉칠 수 있을까요? 지금이야말로 원자를 아주 정밀하게 살펴볼 때예요.

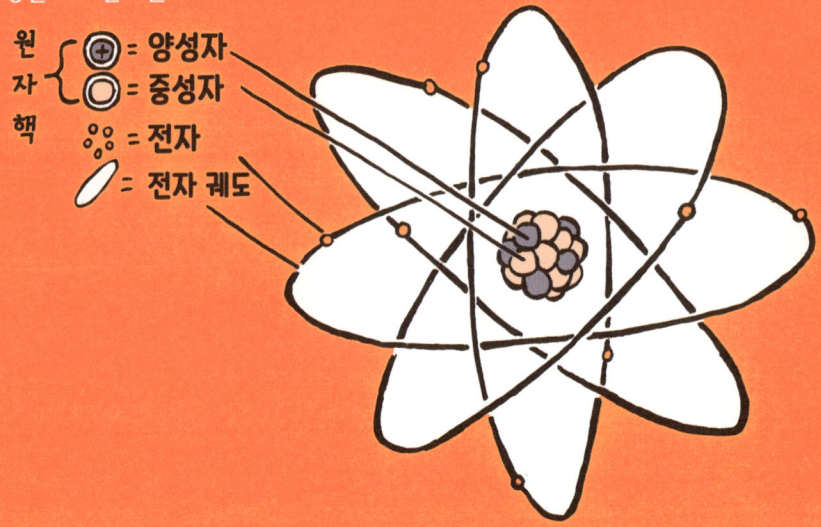

• 돌담, 바위, 철문…… 우리 주변의 물체는 견고해서 도저히 꿰뚫을 수 없는 것처럼 보여요. 하지만 사실은 이렇듯 단단한 물질도 거의 아무것도 아닌 것으로 이루어져 있어요. 분자 속의 원자 사이는 텅 비어 있거든요. 게다가 원자 자체도 거의 비어 있는 거나 다름없어요.

• 우리는 원자가 속이 꽉 들어찬 자그마한 공 같다고 생각해요. 마치 장난감 유리구슬처럼요. 그 말이 꼭 들어맞는 건 아니에요. 원자는 다시금 더 작은 것들로 이루어져 있거든요. 원자의 중심에는 하나 또는 여러 개의 **양성자**와 중성자로 이루어진 원자핵이 있어요. 그리고 **전자**가 그 주위를 돌고 있지요.

원자의 종류를 결정하는 것은 원자핵을 이루는 양성자의 개수예요. 예를 들어 수소의 원자핵에는 양성자가 딱 하나뿐이에요. 헬륨의 원자핵에는 양성자가 두 개 있고, 리튬의 원자핵에는 세 개 있어요. 오가네손이라는 원자에 이를 때까지 이렇게 계속 이어져요. 오가네손의 원자핵에는 양성자가 118개 있어요. 오가네손이란 단어를 처음 들어도 걱정할 것 없어요. 일상생활에서는 오가네손을 만날 일이 없으니까요!

어떤 원자의 원자핵 주위를 도는 전자의 개수는 거기 들어 있는 양성자의 개수와 같아요. 수소에는 전자가 하나, 헬륨에는 두 개, 리튬에는 세 개가 들어 있지요. 수소의 원자핵을 100조 배 확대해서 오렌지 크기로 만든다고 해 봐요. 그럼 전자는 5km 떨어진 곳에서 이 오렌지 주위를 돌고 있어요. 원자는 그만큼이나 텅 비어 있어요.

전자는 믿을 수 없을 만큼 작아요. 정말이지 상상할 수

도 없을 만큼 작지요. 하지만 나름대로 고집이 있는 것 같아요. 아무 궤도에나 자리를 잡지 않거든요. 그 이야기는 나중에 하고, 어쨌든 이 전자는 별난 녀석들이에요.

- 쓸데없이 왜 그렇게 빨리 돌죠? 전자는 원자핵 주위를 무턱대고 1초에 7000조 번이나 돈다니까요. 7000조라니! 7 다음에 0이 15번이나 나오는 숫자예요.

- 원자에는 다른 입자들이 더 들어 있어요. 예를 들어 **중성자** 같은 입자요. 중성자는 양성자와 함께 원자핵 속에 들어 있어요. 중성자는 양성자보다 아주 조금 더 무거운데 거의 같다고 생각해도 될 정도예요. 전자는 이 둘보다 훨씬 가벼워요. 양성자와 중성자의 질량은 전자의 약 2000배랍니다.

- 중성자는 때때로 **중성미자**와 헷갈리지만 이름만 비슷할 뿐 전혀 다른 입자예요. 중성미자는 반은 입자를, 반은 유령을 닮았어요. 지금 이 순간에도 태양에서 날아온 수많은 중성미자가 느끼지도 못하는 사이에 여러분을 뚫고 지나가니까요. 심지어 납으로 만든 1조 km 두께의 문도 뚫고 지나갈 수 있다고 해요. 그런 문이 실제로 있다면 말이에요.

- 양성자와 중성자는 더 작은 기본 입자*인 **쿼크**로 이루어져 있어요. 쿼크의 종류와 크기는 다양해요. 어쨌든 쿼크는 믿을 수 없을 만큼 작아요. 쿼크를 1조 배의 1조 배만큼 확대한다고 해도 그걸 포착할 수 없을 정도지요.

- 기본 입자에는 쿼크 말고도 **포톤**(광자), **W 보손, 글루온, 레몬**(앗, 레몬은 아니에요. 말이 빠져서 이빨이 헛나왔어요.) 등이 있어요. 다들 나름대로 역할과 기능을 가지고 있어요. 단지 어떤 기본 입자가 어떤 일을 하는지 우리가 아직 모를 뿐이지요.

이 기본 입자들도 더, 더 작은 입자로 이루어졌을까요? 어쩌면 그럴 수도 있겠지요. 그 이야기는 나중에 해요.

이제 어떻게 거대한 별이 아주 작게 찌부러질 수 있는지 이해할 수 있을 거예요. 별은 아주 작은 입자들로 이루어졌는데 그 사이의 공간은 무척이나 넓어요. 그래서 손 안의 스펀지처럼 꾹 짓눌려질 수 있는 거랍니다. 그것 참 별나다고 들리겠지만 전자와 광자 이야기가 나오면 더 기가 찰 거예요. 전자와 광자를 알고 나면 상상할 수 없을 만큼 작은 입자들이 왜 질량을 지니는지 알게 되겠지만요. 그건 알베르트 아인슈타인의 유명한 공식 $E=mc^2$과도 관련이 있어요. 하지만 우선 생각 시간 여행을 계속할게요.

이 작디작은 입자들이 얼마나 작은지 상상하기는 쉽지 않아요. 이렇게 설명하면 좀 도움이 될지도 모르겠네요. 우리가 망원경으로 볼 수 있는 우주 공간 속에는 지구 위에 있는 모든 모래알보다 더 많은 별이 있어요. 그리고 이 모래알 하나에는 우리가 볼 수 있는 우주의 모든 별보다 더 많은 분자가 있어요. 이 분자가 대부분 비어 있다는 사실을 생각하면 전자와 쿼크가 얼마나 작은지 어렴풋이 느낄 수 있을 거예요.

*다른 입자를 이루며 더 이상 나누어지지 않는다고 알려진 입자. 현재 주류 물리 이론인 표준 모형에서는 기본 입자를 17개로 설명하는데, 앞으로 더 늘어날 수 있다.

머리가 지끈지끈 아프면 메모를 해 보세요. 도움이 될 거예요!

강사: 얀 파울 스휘턴

작은 것들의 세계

전자
중성자
양성자
전자 궤도

단순한 원자 → **수소**
복잡한 원자 → **금**

원자에는 무엇이 들어 있을까요.
- 양성자 — ⊕ 양전하
- 중성자 — ⊘ 전하 없음
- 전자 — ⊖ 음전하

거기에 더해, 원자핵도 있어요.
더 작아질 (양성자+중성자) 수도 있나요? 네. **쿼크**

원자는 믿을 수 없을 만큼 텅 비었어요. 수소 원자의 양성자를 이 쥐의 크기로 확대한다고 상상해 봐요.

심지어 아주 복잡한 수정도

전자가 모기라면 양성자 쥐로부터 5km는 떨어진 주위에서 윙윙 날아다니는 셈이에요. 양성자와 전자 사이는 그만큼 넓어요.

돌아가! 절대 안 맞아

언제나 느긋하게!!

이 전자 모기는 무척이나 신경질적이에요. 1초에 핵 주위를 7천조 번이나 돌아요.

원자는 한없이 작다고 할 수 있어요. 그렇지만 믿을 수 없을 만큼 고집이 센 것 같아요. 자기보다 몇 배나 더 큰 구멍으로도 통과하지 못하거든요.

7,000,000,000,000,000

중성자는 종종 이름이 비슷한 **중성미자**랑 혼동돼요.

그들은 어디나 꿰뚫고 지나가지요. 우리가 미처 알아차리지 못해도 태양에서 나와 우리 한가운데를 그냥 꿰뚫고 지나가요.

지구

중성미자는 입자의 성질을 반쯤만 가지고 있어요.

태양

- 1부 -

시간을 거슬러 약 134억 년 전으로

그동안 생각 시간 여행을 통해 꽤 먼 곳까지 왔어요. 이제 머릿속 타임머신의 엔진을 꺼도 좋아요. 목적지에 도착했거든요. 약 134억 년 전 말이에요. 여기저기 안개구름이 깔린 것 같아요. 안개가 걷힌 곳은 유달리 환하고 별 몇 개가 보여요. 지구에서 보는 밤하늘과 어찌나 다른지 다른 우주라고 해도 믿을 지경이에요. 그런데 별 주위에 뭔가 빠진 것 같아요! 대체 뭘까요? 아, 맞아요, 행성이에요. 어디에서도 행성을 찾을 수 없어요. 그것 참 이상하네요. 입자 탐지기를 꺼내어 가까운 별들과 그 사이의 공간에 대 봐요. 더 이상한 일이 생겼어요. 입자 탐지기가 수소와 헬륨, 두 가지 원소만 인식해요. 다른 건 없어요. 탄소도 없고 산소도 없고 철도 없고 그야말로 아무것도 없어요! 그래서 화성이나 지구 같은 행성도 찾을 수 없는 거예요. 산이나 암석을 만들 수 있는 물질이 없으니까요. 이런 우주에선 물론 생명체도 있을 수 없겠지요.

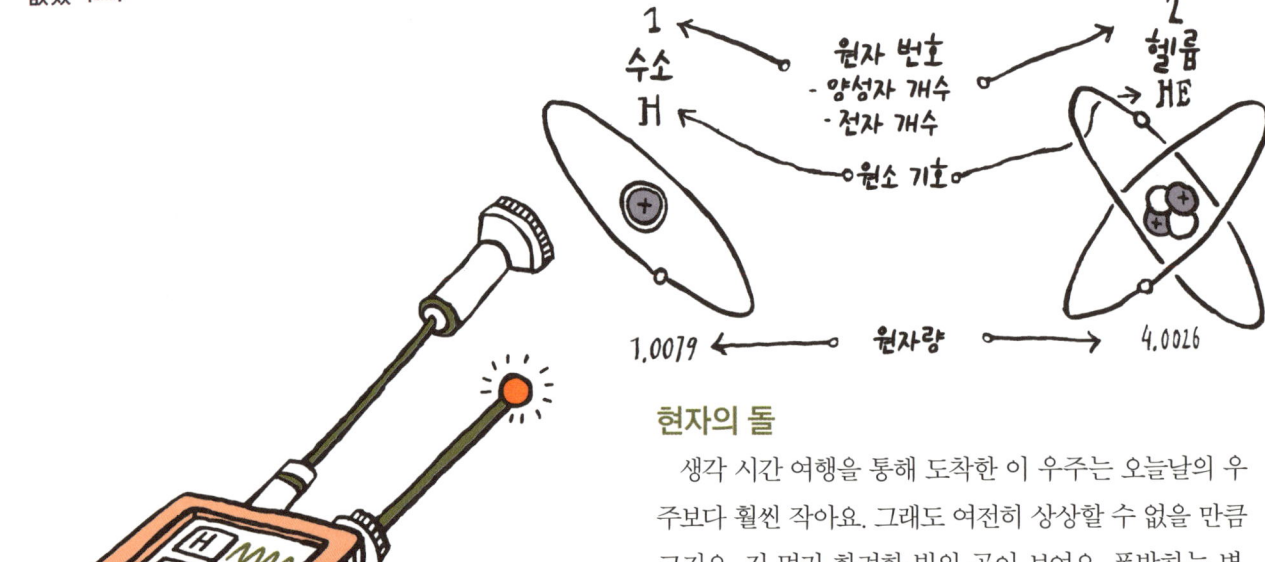

현자의 돌

생각 시간 여행을 통해 도착한 이 우주는 오늘날의 우주보다 훨씬 작아요. 그래도 여전히 상상할 수 없을 만큼 크지요. 저 멀리 화려한 빛의 공이 보여요. 폭발하는 별, 초신성이 틀림없어요. 아주 멀리 떨어져 있어서 다행이에요. 안 그럼 우리 눈이 멀었을 테니까요. 조금 더 가까운 곳에는 폭발하기 직전의 별도 있어요. 그쪽을 향해 날아간 다음 입자 탐지기를 대 보세요. 탐지기가 고장 났나? 이게 웬일이래요? 아니, 우주 비행선 안에 있는 컴퓨터 계기판에도 똑같은 정보가 뜬 거예요. 세상에, 어떻게 이런 일이! 바로 눈앞에서 기적이 일어나고 있어요. 이 별은 새로운 물질을 만들어 내는 '현자의 돌'인가 봐요!

현자의 돌은 연금술사들이 수백 년 동안 찾아 헤매던 바로 그 돌이에요. 흔한 물질에서 금을 만들어 내려고 노력했던 자연 철학자들, 연금술사들은 현자의 돌만 있으면 뭐든 만들어 낼 수 있다고 믿었어요. 소설 〈해리 포터〉 시리즈에도 나오잖아요. 거기선 '마법사의 돌'이라고 부르죠. 물론 현자의 돌은 상상의 산물일 뿐, 세상에 그런 건 없어요. 그런데 이 별에선 새로운 물질이 자꾸 생겨나요.

별에서 온 그대

온도가 아주 높은 별의 중심에서 입자들이 서로 결합하는 핵융합이 일어나고 있어요. 그 결과 더 많은 양성자를 가진 원자핵이 만들어져요. 이게 바로 새로운 물질이 만들어지는 방식이에요. 태양의 중심에서는 수소의 핵융합으로 헬륨이 끊임없이 만들어져요. 태양보다 무거운 별의 중심에서는 훨씬 더 다양한 물질이 만들어지고요. 온도가 태양보다 훨씬 더 높아서 헬륨의 원자핵도 핵융합을 일으킬 수 있으니까요. 이런 과정이 꼬리에 꼬리를 물고 일어나면서 리튬과 베릴륨, 붕소, 탄소, 산소, 철 같은 새로운 물질이 만들어진답니다! 이 모든 게 시간 여행 중인 여러분 눈앞의 별에서 일어나요. 뭐, 꼭 몇 분 사이에 일어나는 건 아니지만요. 여러분의 몸을 이루는 원자는 모두 수십억 년 전에 무거운 별이 초신성 폭발을 일으킬 때 나왔어요. 여러분은 말 그대로 별을 이루는 물질로 만들어졌어요! 절대 허풍이 아니에요. 여러분 피가 붉은 것은 별에서 만들어진 철이 들어 있기 때문이지요. 우리 몸과 주위의 다른 물질도 초신성에서 왔어요. 황에서 납까지, 금에서 은까지 모두 다 말이에요.

그나저나 이 현자의 돌, 초신성은 그다음에 어떻게 될까요? 초신성이 폭발하고 남은 중심핵은 엄청난 압력으로 찌부러지면서 중성자별이 된답니다. 그런데 중심핵의 질량이 아주 크면 중성자별에서 그치지 않고 한없이 찌부러져요. 말 그대로 작은 점이 될 때까지 찌부러지는 거지요. 엄청난 질량은 그대로인데 크기가 없는 이 작은 점에서는 중력이 무한대예요. 그래서 이 작은 점에서 빠져나올 수 있는 것은 아무것도 없어요. 빛마저도 빠져나올 수 없어요. 질량이 아주 큰 별이 한없이 찌부러져 만들어진 이 작은 점을 블랙홀이라고 불러요. 이 우주의 검은 구멍은 근처의 모든 것을 '완전히 먹어 치우며' 점점 무거워져요.

펄펄 끓어오르는 뜨거운 팥죽

블랙홀 안은 모든 것이 달라요. 섬뜩할 만큼요. 우주는 높이와 너비와 깊이로 이루어진 공간이에요. 그 속에서 시간은 오직 한 방향, 미래로만 갈 수 있다고 알려져 있지요. 즉, 우주는 높이와 너비와 깊이라는 공간의 3차원에 시간이라는 차원 하나가 더해져 4차원을 이루고 있어요. 블랙홀도 4차원으로 이루어져 있다고 해요. 그런데 블랙홀에 대해 아주 놀라운 가설을 주장하는 사람도 있어요. 시간의 3차원에 앞으로만 갈 수 있는 공간의 1차원이 더해진 4차원이라는 거예요. 대체 무슨 말인지 이해할 수 있나요? 글쎄, 나는 모르겠네요!

사실 우리는 시간을 더 거슬러 올라가야 하지만 문제가 있어요. 그럴수록 어두워지거든요. 빛을 내는 별이 없으니까요. 우주가 시작되고 38만 년이 지난 시간까지 거슬러 올라간다 해도 아무것도 볼 수 없어요. 이유는 다르지만 말이에요. 그 무렵의 우주는 하나의 커다랗고 '불투명한' 불덩이였거든요. 약 3000℃로 펄펄 끓는 수소와 헬륨의 팥죽 같았어요. 이때 수소와 헬륨은 원자를 이루지도 못했어요. 원자핵과 전자가 따로 돌아다녔지요. 시간을 거슬러 올라간다고 뭔가 명료해지진 않을 거예요. 그러니 여기서 생각 시간 여행을 마칠게요. 자, 이제 우주 비행선에서 내려요! 짐을 챙기고, 안전 수칙을 명심해요!

— 2부 —

동그란 우주

- 동그란 우주 -

커다란 것들의 세계

♀ 주의 기원을 어떻게 알아낼 수 있을까요? 1장에서 우리는 생각 시간 여행을 통해 우주가 탄생한 후 38만 년이 지났을 때의 우주까지 거슬러 갈 수 있었어요. 그럼 그 전의 일들은 어떻게 알아낼 수 있을까요? 그냥 빈틈없이 살펴보고 깊이 생각해 볼 수밖에 없어요. 주위를 둘러보세요. 우리 주위에 보이는 것들은 어디에서 왔을까요? 나무 탁자는 당연히 나무에서 왔어요. 나무는 다른 나무의 씨에서 자랐고요. 청바지를 만든 천은 목화에서 나왔고, 요구르트에 든 꿀은 화밀에서 왔어요. 잘 살펴보고 조금만 더 생각해 본다면 여러 가지 물건들이 어디에서 왔는지 알아낼 수 있어요. 우주에도 그게 통할까요?

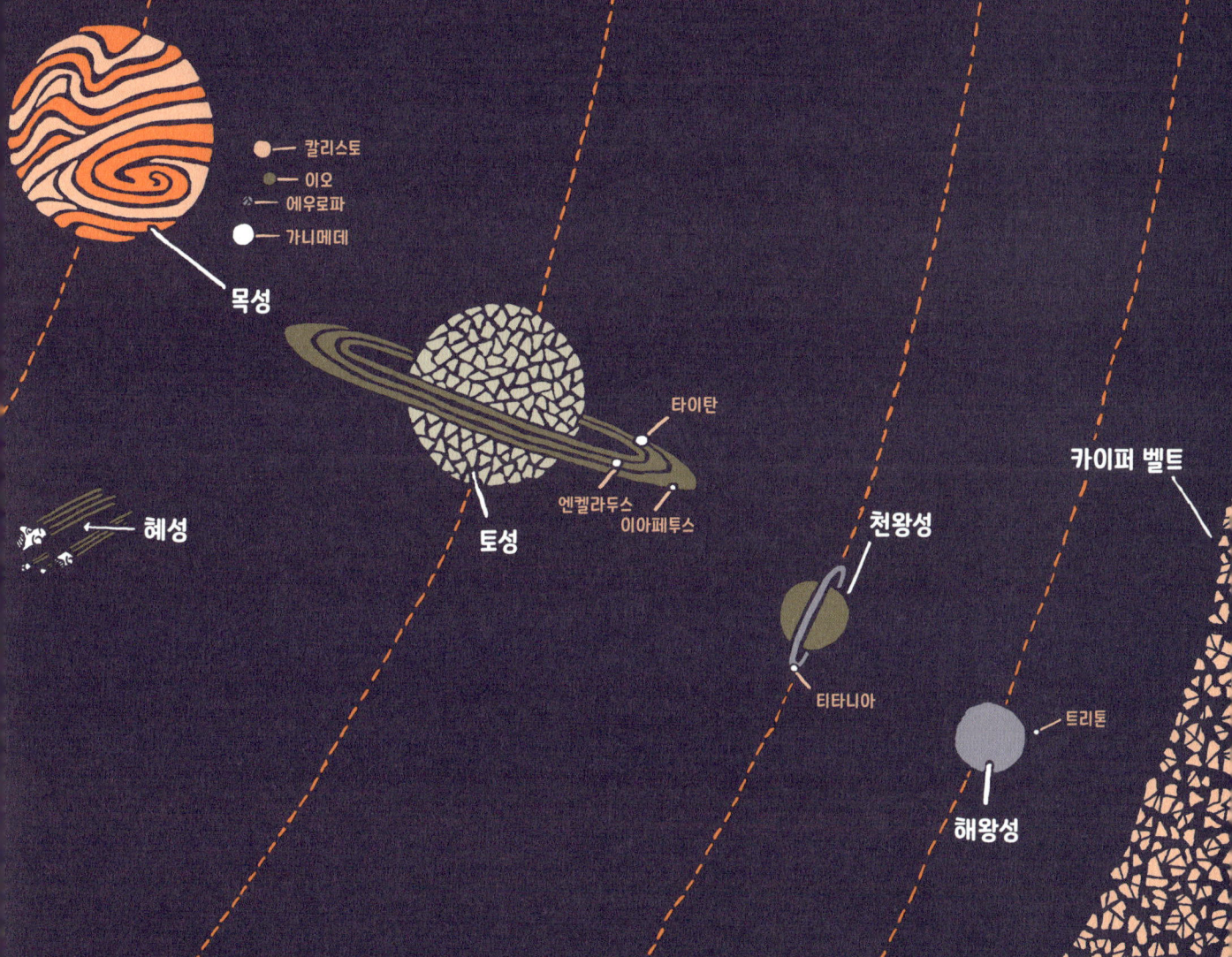

우리가 우주에서 가장 먼저 만나는 것은 지구의 위성인 **달**이에요. 위성은 행성 주위를 도는 천체예요. 태양계에서 위성이 없는 행성은 금성과 수성뿐이랍니다. 위성 여러 개를 거느린 행성도 있어요. 태양계에서 가장 흥미로운 위성은 아마 목성의 주위를 도는 에우로파(유로파)일걸요. 에우로파에는 산소도 조금 있고 액체 상태의 물도 있어요. 어쩌면 거기에 생명이 있을지도 몰라요.

행성 이야기가 나온 김에 덧붙이면 **행성**에는 두 종류가 있어요. 화성이나 수성, 지구처럼 암석으로 이루어진 행성이 있는가 하면, 목성이나 토성처럼 주로 기체로 이루어진 행성도 있지요. 우리는 이런 기체 행성에서는 절대 못 살아요. 우주 비행선을 타고 날아가 착륙하려고 하면 구름을 뚫고 펄펄 끓는 열탕* 속에 빠져 버릴 테니까요. 결국 훨씬 더 뜨겁고 딱딱한 핵에 부딪치고서야 멈추겠지요. 이미 다 타 버리지 않았다면요.

이어서 **태양**을 만날 수 있어요. 태양은 아주 중요해요. 태양이 없다면 지구는 생명이 없는 얼음 행성이 될 테니까요. 태양은 황색 왜성**에 속하는 보통 크기의 별이에요. 우주에는 작은 별도 많지만 엄청나게 큰 별도 있어요. 방패자리 UY도 아주 큰 별이에요. 이 별에 비하면 태양은 테니스공에 묻은 모래 한 알에 지나지 않아요. 참, 별 이름은 '별자리 이름'에 '고유 이름'을 덧붙이는데, '방패자리 UY'는 '방패자리에 있는 UY'라는 뜻이에요.

태양 주위에는 행성뿐 아니라 **왜행성**도 있어요. 명왕성은 가장 알려진 왜행성이지요. 오랫동안 행성이라고 여겼지만 행성이라면 중력이 충분해서 주변의 무거운 물체를 끌어당길 수 있어야 하는데, 명왕성은 그럴 만큼 무겁지 않았어요. 게다가 태양 주위에서 명왕성보다 더 큰 왜행성들이 발견되었어요. 명왕성이 행성이면 이 '작은 것'들도 모두 행성이라고 불러야겠죠. '무슨 행성이 이렇게 많아! 차라리 명왕성을 행성에서 빼는 게 낫겠어!' 그래서 명왕성은 행성의 자격을 잃었답니다.***

태양계가 생겨났을 때 행성과 위성을 만들고도 많은 물질이 남았어요. 그 물질들은 서로 뭉쳐 수많은 암석 덩어리를 이룬 채 아직 태양 주위를 돌고 있어요. 그중에는 지름이 1000km나 되는 것도 있지만 대부분은 조약돌보다 작고 먼지만 해요. 이 작은 조각들이 지구로 떨어질 때 지구 대기에 부딪쳐 불타면서 기다란 빛 자국을 남겨요. 바로 **유성**, 즉 별똥별이에요.

그밖에도 태양계 가장자리에는 눈과 먼지가 단단하게 뭉친 커다란 눈덩이들이 떠다녀요. 이 먼지투성이 눈덩이가 바로 **혜성**이에요. 혜성이 태양 근처까지 날아오면 햇볕에 데워진 혜성 표면에서 먼지와 기체가 줄기를 이루며 뿜어져 나오는데 이 줄기를 혜성의 꼬리라고 불러요. 옛날에는 혜성이 찾아오면 멸망의 징조라고 두려워했지만 아직 그런 일은 일어나지 않았어요.

이제 태양계에서 중요한 것들은 거의 다 봤어요. 하지만 아직 살펴볼 게 많아서 태양계 너머 더 멀리 나가야 해요. 태양 같은 **별**의 종류는 아주 다양해요. 그건 별이 태어나서 죽을 때까지 여러 단계를 거치기 때문이에요. 태양은 초신성의 잔해인 먼지와 기체 구름에서 태어났는데, 여기에서 태양 같은 별이 만들어지는 데는 수십만 년이 걸린답니다.

태양과 비슷한 크기의 별은 아주 천천히 타올라요. 그러다 마지막에는 거대한 **적색 거성**으로 부풀어요. 적색 거성은 어찌나 큰지 가까운 행성을 다 삼켜 버려요. 언젠가 태양도 수성과 금성을 삼켜 버릴 거예요. 어쩌면 지구도 그렇게 사라지겠지요. 그렇다고 미리 걱정으로 끙끙거릴 필요는 없어요. 50억 년 후에나 일어날 일이니까요. 그

행성 사이 간격의 실제 비율

*목성을 이루는 것은 수소 같은 기체이지만 내부로 들어갈수록 압력이 높아 액체 상태나 마찬가지이다.

때쯤 여러분의 후손들은 지구를 떠나 '뻐꾸기 7호 행성'으로 이주해서 행복하게 살고 있을걸요.

적색 거성의 다음 단계는 부풀었다 쪼그라들기를 반복하는 시기예요. 적색 거성은 이 단계를 거치며 바깥쪽 물질을 우주 공간으로 흩뿌려요. 바깥쪽 물질을 모두 잃고 남겨진 중심핵을 **백색 왜성**이라고 불러요. 백색 왜성은 지구만 한 크기인데도 꽤 무거워요. 밀도가 아주 높고 무척 뜨겁지요. 백색 왜성은 천천히 식어서 결국 **흑색 왜성**이 되는데, 완전히 식는 데 수십억 년의 수십억 배나 걸려요. 우주의 나이보다 더 오랜 시간이니, 우리 우주에는 아직 흑색 왜성이 없답니다.

크고 무거운 별은 태양보다 수명이 훨씬 짧아요. 이런 별은 태양의 '엄마 별'이에요. 태양은 이런 별이 **초신성** 폭발을 일으킬 때 흩뿌려진 먼지와 기체 구름에서 태어났으니까요. 오리온자리의 밝은 별 베텔게우스는 지구에서 약 640광년 떨어진 적색 초거성이에요. 오리온은 그리스 신화의 거인 사냥꾼인데, 베텔게우스는 오리온의 오른쪽 어깨에 해당하지요. 베텔게우스는 별의 생애 끝자락에 있어서 언제라도 폭발할 수 있어요. 아직 그 빛이 우리에게 닿지 않았을 뿐 벌써 오래전에 폭발했는지도 몰라요. 만약 그런 일이 일어난다면 지구 밤하늘에서는 몇 주 동안이나 보름달처럼 밝은 초신성을 볼 수 있을 거예요. 그런 다음 다시 정상으로 돌아오면…… 어쩌면 정상이 아니겠네요. 오리온은 어깨 하나를 잃었을 테니까요!

초신성의 겉껍질(바깥쪽 물질)은 대형 폭탄처럼 터져요. 초신성이 폭발하고 남은 물질(중심핵)은 **중성자별**이 되지요. 중성자별은 계속 찌부러지면서 자신의 축을 중심으로 빠르게 돌아요. 팔을 벌리고 빙글빙글 돌던 피겨 스케이팅 선수가 팔을 몸에 바싹 붙이면 어떻게 될까요? 회전 속도가 더 빨라져요. 중성자별에서도 비슷한 일이 일어나요. 계속 찌부러지면서 반지름이 줄기 때문에 회전 속도가 어마어마하게 빨라진답니다.

빠르게 회전하는 중성자별을 **펄서**라고 해요. 펄서는 양 극에서 아주 강력하고 위험한 전파를 뿜어내요. 그 모습은 아마 빙글빙글 도는 등대 불빛과 비슷할 거예요. 그런 펄서의 주위에서도 행성이 발견되었어요. 어떤 천문학자는 펄서의 행성에서 생명체가 살 수 있는 조건을 연구했다고 해요. 그에 따르면 일단 그 행성이 지구보다 훨씬 더 커야 하고 대기는 엄청나게 짙어야 해요. 강력한 전파를 붙잡아서 생명이 생겨날 수 있게끔 열과 빛으로 바꿔 주어야 하니까요. 우리은하에만 펄서가 20만 개나 있대요. 그러니 누가 알아요, 혹시 거기…….

가장 무거운 별들의 중심핵은 중성자별보다 더 심하게 찌부러져요. 당연히 중성자별보다 작지만 더 무겁지요. 바로 **블랙홀**이에요. 평범한 블랙홀의 크기는 기껏해야 수십 km인데 질량은 태양 두어 개에 해당해요. 그리고 블랙홀은? 네! 눈에 전혀 보이지 않아요! 우리는 블랙홀 주위의 물체를 통해서만 거기에 블랙홀이 있다는 걸 알 수 있어요. 태양이 보이지 않는다고 상상해 봐요. 그래도 우리는 태양 주위를 도는 행성의 궤도를 보고 그 중심에 무언가가 있다는 걸 확신할 수 있지요. 블랙홀도 마찬가지랍니다. 다만 블랙홀의 주위를 도는 것은 행성이 아니라 항성, 즉 별이에요.

은하 중에는 그 중심에 수억 개의 태양보다 더 무거운 블랙홀이 있는 것도 있어요. 그런 블랙홀은 주변의 많은 별, 기체와 물질을 집어삼킨 후 그중 일부를 엄청난 속도로 뱉어 낸답니다. 거의 빛의 속도로요. 그때 상상할 수 없을 만큼 많은 빛도 뿜어내는데 우리은하보다 수천 배

**왜성은 거성에 비해 반지름이 작고 광도가 낮은 별이다.   ***1930년에 발견된 명왕성은 태양계의 아홉 번째 행성이었다가 2006년 왜행성으로 분류되었다.

나 밝을 정도예요. 이런 은하를 **퀘이사**라고 불러요. 예전의 천문학자들은 퀘이사가 지구로부터 그리 멀지 않다고 생각했어요. 지구에서도 아주 밝게 보였으니까요. 하지만 퀘이사는 우리은하로부터 수억 광년에서 100억 광년 이상 떨어져 있어요. 퀘이사는 중심의 블랙홀을 엔진 삼아 엄청난 빛을 내기 때문에 그렇게 먼 거리에서도 밝게 빛날 수 있는 거랍니다.

우주에는 적색 왜성, 주황색 왜성, 청색 거성, 초거성 등 여러 종류의 별이 있어요. 왜성은 난쟁이별, 거성은 거인별이라고도 부르죠. 거인과 난쟁이 같은 동화 속 인물이 마법의 숲보다 은하에 더 많아요! 게다가 아직 만나지 못했지만 언젠가 생겨날지도 모르는 별도 있어요. 예를 들어 적색 왜성은 온도가 낮아지면 청색 왜성이 될 수도 있지요. 내가 천문학자라면 그런 별을 '스머프'라고 부를 거예요. 푸른색 피부의 꼬마 요정이요.

우리은하는 수많은 별들로 이루어진 **항성계**예요. 수천억 개의 별들이(더 많을 수도. 어떻게 헤아리겠어요!) 가운데가 불룩한 계란 프라이 모양을 이루고 있어요. 블랙홀이 숨겨진 중심에서는 별과 성운으로 이루어진 줄기가 소용돌이 모양으로 뻗어 나와요. 빛이 우리은하의 한쪽 끝에서 반대쪽 끝까지 날아가는 데 12만 년이나 걸리지요. 물론 항성계, 즉 은하가 우리은하 하나만은 아니에요. 우주에는 약 2조 개의 은하가 흩어져 있다고 해요.

이제 우주 공부가 끝났냐고요? 아니에요, 은하들이 우주 속에 어떻게 분포하는지 더 살펴봐야 해요. 제멋대로 흩어져 있을까요? 무리를 이룰까요? 그 두 가지 다일까요? 네, 어느 정도 그래요. 우주를 찍은 사진에는 **클러스터**라고 불리는 은하들의 집단을 확인할 수 있어요. 줄기나 덩어리 모양으로 보이기도 하고 다발 모양으로 보이기도 하거든요. 그리고 그 사이에는 아무것도 없어요.

- 동그란 우주 -

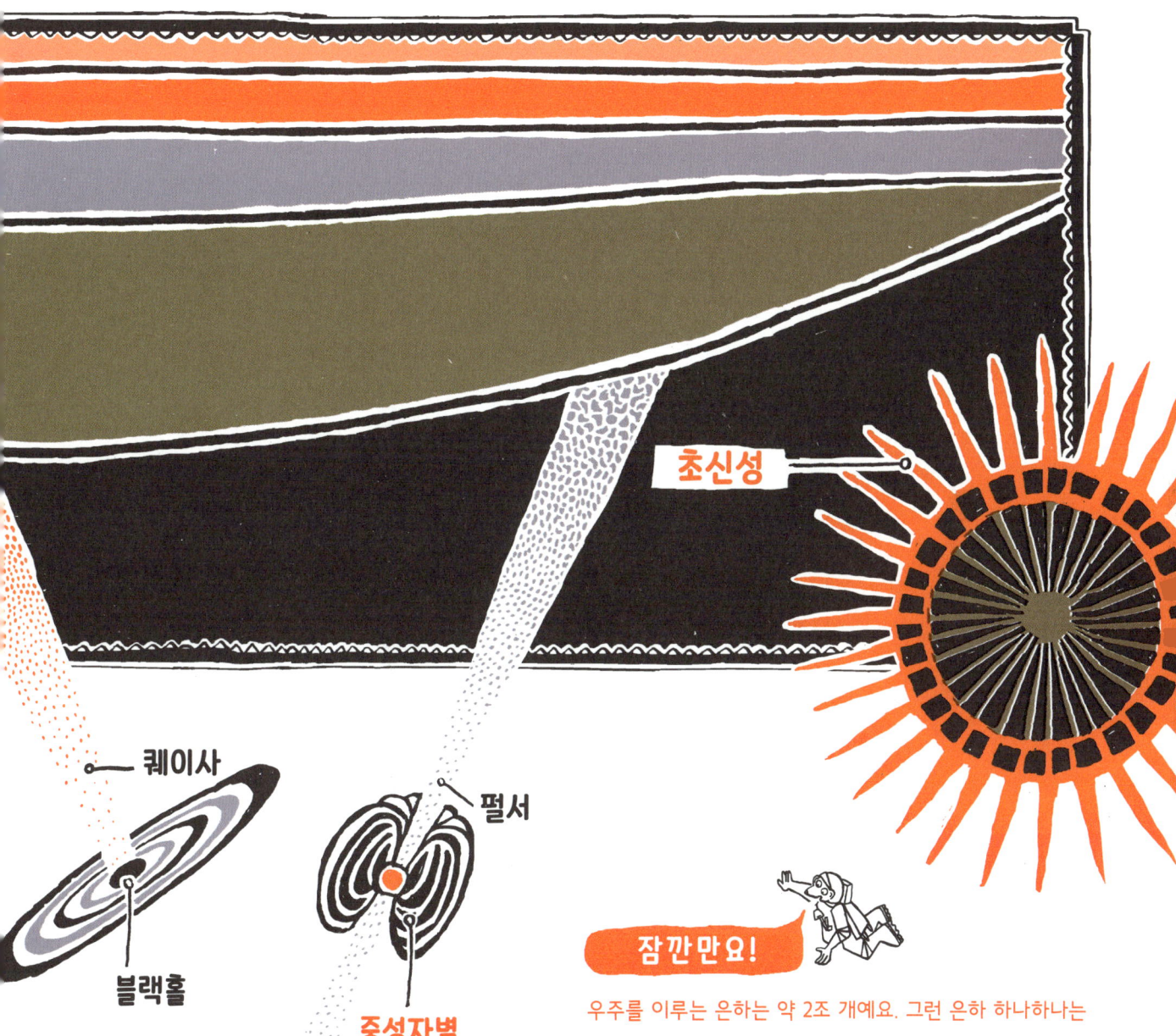

퀘이사
블랙홀
펄서
중성자별
초신성

잠깐만요!

우주를 이루는 은하는 약 2조 개예요. 그런 은하 하나하나는 수백억, 수천억 개의 별들로 이루어져 있어요. 그리고 그 별들 주위를 다시금 상상할 수 없을 만큼 많은 행성이 돌고 있어요. 행성들이 이렇게 많으면 아주 멀리 떨어진 별의 어떤 행성에서 생명체가 생겨났을 수도 있지 않을까요? 어쩌면 우리보다 훨씬 더 지적인 생명체 말이에요. 하지만 그런 외계 생명체가 있다 해도 우리와 접촉할 가능성은 아주 적어요. 우선 우리가 우주 비행선을 타고 거기까지 가는 데 수십억 년은 걸릴 거예요. 또 아주 먼 행성에 사는 외계인이 지금 우리를 발견하고 신호를 보낸다고 해도, 그 신호가 우리에게 도착할 때까지 수백 년은 걸릴 테니까요.

    은하가 계속해서 서로 멀어진다는 사실도 알아 둬야 해요. 은하는 대개 우리한테서 멀어져 가죠. 항성계는 우리은하, 은하수에서 멀어져 갈수록 더 빨리 움직이는 것 같아요. 마치 우리한테서 급히 떨어져야 한다는 듯.

    자, 이게 우리가 보는 **세상**, 즉 우리 **우주**예요. 그게 다냐고요? 우리가 모든 걸 알고 있냐고요? 아니요. 아닐 거예요. 어떤 게 더 있는지는 다음을 위해 남겨 둘게요.

- 2부 -

은하 둘, 충돌 하나

왜 모든 은하가 우리한테서 멀어질까요? 우리가 뭔가 잘못했을까요? 혹시 우리은하에서 냄새가 날까요? 글쎄, 분명 우리은하에도 고약한 냄새가 나는 곳이 몇 군데 있겠지만 그렇다고 그게 은하가 달아날 이유는 아니지요. 게다가 어떤 은하는 우리에게 다가오기도 한답니다. 심지어 그런 은하 중 하나인 안드로메다은하는 언젠가 우리은하와 충돌할 거예요. 수천억 개의 별을 가진 은하 두 개가 서로 충돌한다니, 얼마나 끔찍할까요? 사실 은하가 서로 충돌한다고 해서 별들이 직접 부딪치는 건 아니에요. 별들 사이의 거리가 아주 멀어서 은하는 텅 비어 있는 거나 마찬가지니까요. 하지만 서로 끌어당기는 힘, 즉 중력 때문에 많은 별과 행성의 궤도가 심하게 흐트러질 거예요. 그렇더라도 그건 수십억 년 후의 일이에요. 그 전에 크게 부푼 태양이 지구를 삼켜 버릴 수도 있어요…….

어디까지 이야기했지요? 아, 그렇지요. 은하는 대부분 우리한테서 멀리 달아나는 것처럼 보여요. '보인다'라는 말에 주목하세요. 실제로 은하들이 꼭 '우리은하를 중심'으로 멀어진다는 건 아니에요. 정확하게 말하면 은하들이 '서로' 멀어지고 있어요. 우리은하뿐만 아니라 다른 은하에서 보더라도 자신을 중심으로 다른 은하들이 멀어지고 있다는 거예요. 소용돌이은하나 솜브레로은하에서 본다고 해도 우리은하에서 볼 때처럼 다른 은하들이 멀어지고 있어요. 그러는 동안 우리 우주는 점점 커져요. 은하들 사이의 공간도 마찬가지예요.

블루베리 케이크 우주

우리 우주는 오븐 속에서 구워지는 블루베리 케이크랑 닮았어요. 케이크가 부풀어 오르는 동안 그 속에 든 블루베리들의 간격도 멀어지거든요. 물론 태양이나 지구가 그렇듯 블루베리 자체는 커지지 않아요. 또 우리은하의 크기도 언제나 거의 비슷해요. 다만 '블루베리들' 사이의 공간이 늘어날 뿐이지요. 여러분이 케이크 속 블루베리 한 알이라면 여러분한테서 가장 먼 블루베리가 가장 빠른 속도로 멀어질 거예요. 케이크 속 공간도 우리로부터 멀수록 그만큼 많이 부푸니까요. 여러분으로부터 아주 먼 은하 중에는 빛보다 빠르게 멀어지는 것도 있어요. 아직은 그 은하를 볼 수 있을지 모르지만 앞으로는 볼 수 없을 거예요. 우리가 '지금' 보는 그 은하는 '그 은하의 속도가 아직 빛보다 빠르기 전'에 그 은하에서 나온 빛일 수도 있기 때문이지요. 물론 그 은하가 빛보다 빠르

게 멀어진 '이후'에 나온 빛은 우리에게 도달하지 않을 거고, 따라서 그런 은하는 이미 볼 수 없고 앞으로도 영영 볼 수 없답니다.

하지만…… 어떤 것도 빛보다 빠를 수 없다는데…… 어떻게 이 은하들은 빛보다 더 빠르게 우리한테서 멀어질 수 있나요? 언뜻 모순처럼 들리겠지만 그렇지 않아요. 우주 공간 속에서 빛보다 빨리 이동하는 은하는 없어요. 우리은하는 물론 아주 먼 은하도 말이에요. 다만 공간 그 자체가 늘어날 뿐이에요. 공간이 어마어마하게 부풀면서 은하들을 점점 더 멀리 떼어 놓는답니다. 그럼 공간 속 두 점 사이의 거리는, 그 점들이 빛보다 빠르게 날아다니지 않더라도, 빛의 속도보다 더 빨리 늘어날 수 있어요.

10보다 큰 5 더하기 5

계속 늘어나는 거대한 고무줄 위를 걷는다고 상상해 보세요. 한 시간에 5km의 속도로요. 누군가 반대 방향으로 걸어요. 역시 한 시간에 5km의 속도로요. 그럼 두 사람은 한 시간에 10km보다 더 빠르게 멀어져요. 고무줄이 늘어나는 만큼 두 사람 사이의 거리가 더 늘어나니까요. 두 사람이 서로 멀어질수록 고무줄의 역할은 더 중요해져요.

너무 어렵거나 재미없다고요? 괜찮아요. 별로 중요하지 않아요. 공간 속에서 그 어떤 것도 빛보다 더 빨리 움직일 수 없다는 사실만 기억하세요. 이게 중요해요. 그 이야기는 나중에 하도록 해요.

- 2부 -

6,000,000,000,000,000,000,000,000kg의 지구

좋아요. 지난번 우주여행에서 무엇을 배웠나요? 꽤 많은 것을 배웠을 거예요. 우주의 물체들은 확실히 빙글빙글 도는 걸 좋아해요. 달은 지구 주위를 돌고 달과 지구는 함께 태양 주위를 돌아요. 또 태양은 우리은하의 중심 주위를 돌지요. 우리은하를 이루는 물질도 은하의 중심 주위를 빙글빙글 돌아요. 한편 별과 은하는 혼자 있는 것을 좋아하지 않고 대개 무리를 지어요. 비록 서로 수십억 km나 떨어져 있지만요. 또 행성은 거의 별 주위에서 발견된답니다. 무거운 물체일수록 끌어당기는 힘이 강해요. 블랙홀이나 커다란 별이 끌어당기는 힘은 어마어마하지요. 그러니까 서로를 향해 움직이게 만들고 주위를 돌게 만드는 힘이 있는 게 틀림없어요. 여러분도 분명 그 힘에 대해 들어 봤을 거예요. 그건 바로 중력이에요.

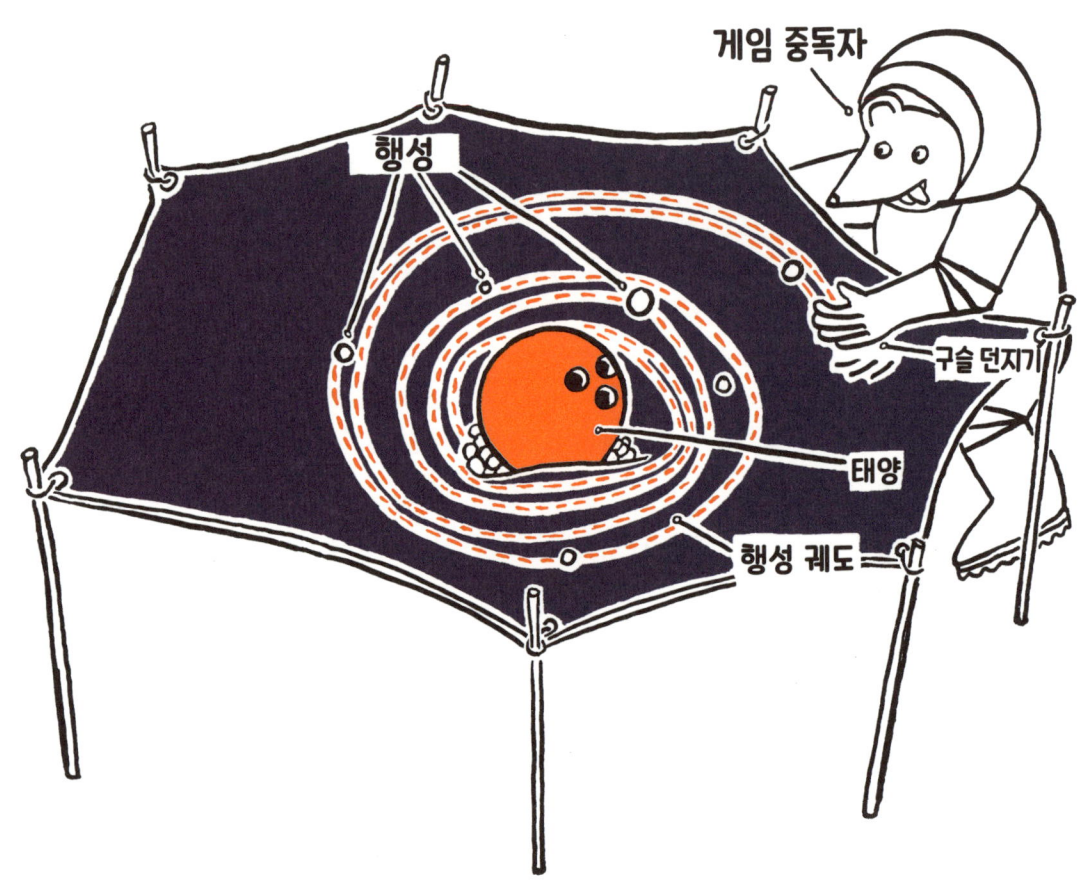

왜 지구에서 떨어지지 않을까

축구공을 뻥 찼어요. 하늘 높이 올라가던 축구공은 다시 땅에 떨어져요. 중력 때문에 위로 올라가는 동안 점점 느려지다가 멈추고, 마침내 아래쪽으로 떨어지는 거예요. 중력이 없다고 상상해 봐요. 여러분이 한번 뛰어오르면 지구를 벗어나 우주로 날아갈걸요. 학교 가기 싫을 땐 좋지만 금세 곤란해져요. 높이 올라갈수록 산소가 희박해지니까요. 10km 높이에 이르면 기온도 -60℃ 밑으로 떨어지고요. 더 말할 것도 없어요. 고마워요, 중력!

중력은 눈에 보이지 않는 자석의 힘(자기력)이라고 생각하는 사람이 많아요. 하지만 중력과 자기력은 달라요. 우선 자기력은 중력보다 훨씬 더 강해요. 자석을 쇠못 위에 가져가면 쇠못은 공중으로 뛰어올라 자석에 척 달라붙어요. 1kg도 안 되는 자석의 자기력이 6조 kg의 1조 배나 되는 지구의 중력을 이긴 거예요! 또 자석은 다른 자석을 끌어당길 뿐만 아니라 밀어내기도 해요. 중력은 늘 끌어당길 뿐 절대 밀어내지 않지요. 중력에는 또 특별한 게 있어요. 지구와 축구공을 예로 들면, 지구가 축구공을 끌어당길 뿐만 아니라 축구공도 지구를 끌어당겨요! 질량을 가진 물체는 질량을 가진 다른 물체에 영향을 미쳐요. 중력이라는 힘으로 서로 끌어당겨요.

볼링공 태양과 구슬 행성

넓은 침대보의 가장자리 몇 곳을 기둥에 묶어서 팽팽하게 펼쳐 놓았다고 상상해 보세요. 침대보 한가운데에 볼링공을 놓으면 볼링공 때문에 침대보에 웅덩이가 생겨요. 여기에 작은 구슬 하나를 굴려 보세요. 구슬은 빙글빙글 돌면서 볼링공 웅덩이 쪽으로 굴러갈 거예요. 중력도 그렇게 작용해요. 볼링공이 구슬이 굴러가는 침대보 표면을 구부러뜨리는 것처럼 중력은 공간을 구부러뜨리지요. 구슬의 속도는 침대보와 공기랑 마찰을 일으키면서 점점 줄어요. 만약 침대보도 공기도 없이 구슬과 볼링공이 구부러

진 공간에 둥둥 떠 있다면 어떨까요? 그럼 아무 마찰도 없으니까 구슬은 자기 속도를 유지하면서 볼링공 주위를 빙글빙글 돌 거예요. 속도가 빠를수록 구슬이 도는 궤도는 더 커지고 속도가 느릴수록 구슬이 볼링공에 이끌려 가까워질 가능성이 더 커져요.

우리은하의 별 대부분은 은하 중심 주위를 같은 방향으로 돌아요. 처음부터 그런 건 아니었어요. 우주 공간에 크고 무거운 볼링공이 떠 있다고 상상해 보세요. 볼링공 주위의 궤도 양쪽 방향으로 많은 구슬을 던지면 어떤 일이 일어날까요? 반대 방향의 구슬들끼리 서로 부딪치겠지요. 구슬을 그냥 막 던진다면 어느 한 방향으로 도는 구슬이 더 많을 거예요. 왼쪽 방향의 구슬이 훨씬 많다고 생각해 볼까요? 구슬들은 서로 부딪치며 방향을 바꿔요. 대부분의 구슬이 왼쪽 방향으로 돈다고 했으니 오른쪽 방향으로 돌던 구슬도 조금씩 왼쪽 방향으로 휩쓸리겠지요. 서로 부딪치지 않아도 마찬가지예요. 구슬 사이의 중력 때문에 결국 모든 구슬이 왼쪽 방향으로 돌게 된답니다. 은하의 별들이 같은 방향으로 도는 이유도 마찬가지예요. 그래도 가끔 반대 방향으로 도는 별이 있어요. 다른 은하에서 튕겨 나와 새로운 은하로 들어온 별 중에 그런 별이 있어요.

- 2부 -

아무도 모르는 '우주의 25%'

은하는 팬케이크처럼 납작한 원반 모양이에요. 은하가 납작한 이유는 1부에서 회전 그네의 원리를 통해 알아보았어요. 회전 그네가 빨리 돌수록 좌석은 중심에서 멀어지고, 좌석을 연결한 사슬은 수평을 이루잖아요. 은하 안쪽의 별들은 중심 주위를 작은 원을 그리며 돌고, 은하 가장자리의 별들은 큰 원을 그리며 돌아요. 당연해요. 가장자리의 별이 원을 그리려면 훨씬 더 먼 거리를 지나야 하니까요. 여기까지 알았으면 3부로 넘어가도 충분하지 않냐고요? 천만의 말씀, 우주에는 아직 뭔가 껄끄러운 게 있어요.

이건 기적이야!

여러분은 지금 눈이 핑핑 돌 만큼 빠르게 돌아가는 회전 그네에 타고 있어요. 갑자기 어떤 악당이 나타나 사슬을 뚝 끊는다면 어떻게 될까요? 무시무시한 속도로 궤도를 벗어나 먼 곳에 쿵 떨어지겠죠. 아얏! 그런데 사슬이 끊어졌어도 아무 일 없듯 신나게 회전 그네를 탈 수 있다고 생각해 봐요. 그럴 수는 없다고요? 회전하는 은하에서 그런 기적이 일어났어요! 가장 먼 가장자리의 별들은 원심력이 엄청나서 원래 은하 밖으로 튕겨 나가야 해요. 은하 중심의 중력을 계산해 보면 가장자리의 별을 붙들어 두기에는 턱없이 부족하거든요. 천문학자들이 아무리 여러 번 계산해 봐도 어떻게 별이 튕겨 나가지 않고 머물 수 있는지 그 이유를 알 수 없었어요! 이 문제를 해결할 수 있는 방법은 딱 하나뿐이었어요. 은하의 실제 중력이 은하를 이루는 모든 별과 행성의 중력보다 더 크다고 생각하는 거죠. 하지만 어떻게 그럴 수가 있을까요?

여러분 머릿속 보이지 않는 물질

별이 '튕겨 나가지 않는' 현상을 설명하는 가장 논리적인 방법은 우주에 중력을 만드는 '어떤 물질'이 더 있어야 한다는 거예요. 우리가 볼 수도 없고 알아챌 수도 없지만 어디에나 있는 새로운 물질 말이에요. 우리은하는 물론이고 어쩌면 길거리와 집에도 있을지 몰라요. 여러분 방과 침대에도 있고요. 여러분 머릿속에도 있을까요? 맙소사! 더 끔찍한 건 이 보이지 않는 물질이 아주 적기는커녕 어마어마하게 많다는 사실이에요. 천문학자들은 이 물질이 눈에 보이는 물질보다 더 많대요! 자그마치 우주의 4분의 1이 이 보이지 않는 물질로 이루어져 있다는 거예요. 눈에 보이는 물질보다 약 다섯 배나 많지요.* 그럼 나머지 70%는 무엇으로 이루어져 있을까요? 그보다 더 이상한 것으로 이루어져 있어요. 그 이야기는 다음에 할게요.

*인간의 눈으로 관측할 수 있는 우주의 물질은 대략 5% 정도이고 보이지 않는 물질은 25%라고 한다.

피자의 인력

지구의 인력

달의 인력

어둡지 않은 암흑 물질

투명 물질, 유리 물질, 유령 물질, 마법 물질, '엄청 작은' 물질, '나도 몰라' 물질……. 보이지 않는 물질을 이렇게 부를 수도 있을 거예요. 천문학자들은 그걸 암흑 물질이라고 불러요. 글쎄, 아주 그럴듯한 이름은 아니네요. 이 보이지 않는 물질이 정말 어둡다면 빛을 차단하므로 어쨌든 그걸 볼 수 있을 테니까요. 그림자처럼 말이에요. 하지만 암흑 물질은 그리 어둡지 않아요. 무엇으로 이루어졌냐고요? 그건 아무도 몰라요. 어쩌면 암흑 물질은 '없는 것 같으면서도 있는' 중성미자처럼 지극히 가볍고 작은 입자일지도 몰라요. 암흑 물질이란 게 없다고 믿는 천문학자들도 있어요. 하지만 회전 그네의 수수께끼 말고도, 보이지 않는 물질 바로 암흑 물질이 이미 우주를 채우고 있다는 걸 알려 주는 아주 강력한 증거가 더 있어요.

잠깐만요!

왜 우리가 천문학자들을 믿어야 할까요? 그들은 어떻게 이 모든 것을 확신할까요? 글쎄요, 천문학자가 아주 똑똑하다는 건 허풍이 아니에요. 2014년 11월 12일 유럽우주기구(ESA)의 과학자들이 어떤 혜성에 작은 탐사 로봇을 착륙시켰어요. 필레라는 이름의 이 탐사 로봇은 64억 km를 날아가야 했어요. 필레는 무려 10년 남짓의 우주여행 끝에 그 먼 거리를 날아가 목표 지점에 정확히 착륙했어요. 우주 공간에서 시속 5만 5000km의 엄청난 속도로 날아가는 폭 4km의 작은 혜성 추류모프-게라시멘코에 말이에요.

어때요. 수십억 km 떨어진 곳에서 시속 5만 5000km의 속도로 날아가는 4km 폭의 작은 혜성에 탐사 로봇을 정확하게 착륙시킬 수 있는 사람이라면, 충분한 지식과 경험을 가진 믿을 만한 사람이라고 생각할 수 있지 않을까요.

– 2부 –

우주에 있는 거의 모든 것을 결정하는 네 가지 힘

암흑 물질은 관측할 수도 없고 측정할 수도 없어요. 우리가 알고 있는 입자와는 전혀 다르게 행동하기 때문이지요. 우주의 모든 입자에는 중력, 전자기력, 강한 핵력, 약한 핵력이라는 네 가지의 근본적인 힘이 작용한다고 해요. 그런데 암흑 물질은 다른 힘은 모두 무시하고 중력에만 이끌려요. 암흑 물질을 찾을 때 자석은 도움이 되지 않는다는 말이에요. 그건 생각할수록 놀라운 일이랍니다. 세상 모든 것에 가장 많이 관여하는 힘을 하나만 꼽으라면 그게 바로 전자기력이거든요! 전자기력은 전기력과 자기력을 뜻하는데 두 힘은 관련이 깊어요. 그건 간단한 실험으로 쉽게 알 수 있어요.

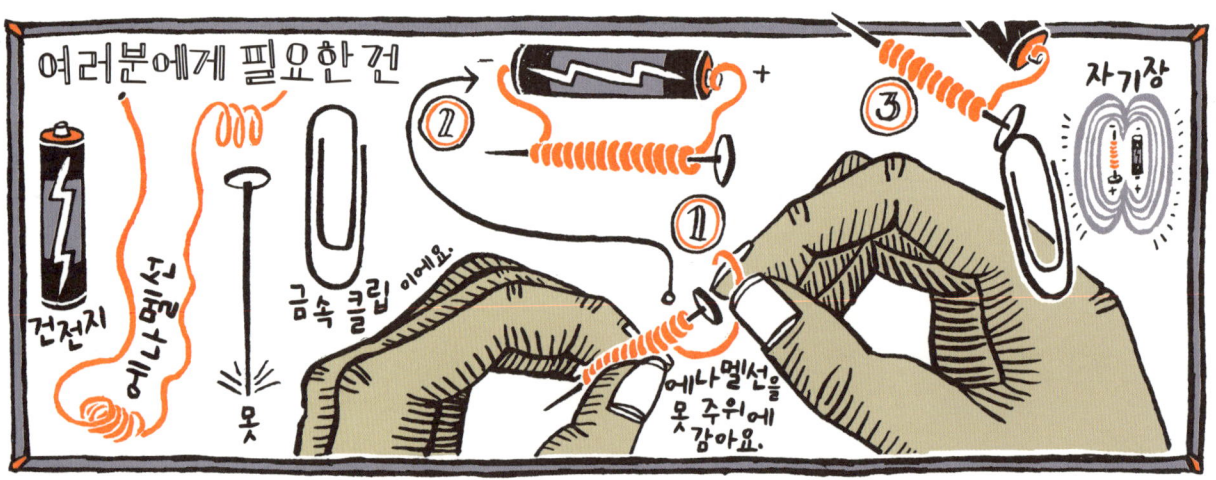

못으로 자석 만들기

못에 에나멜선을 촘촘히 감아요. 에나멜선의 한쪽 끝은 못의 머리 쪽에서 뻗어 나오고, 다른 쪽은 뾰족한 못 끝에서 뻗어 나와야 해요. 에나멜선의 한쪽 끝은 건전지의 음극에 붙이고, 다른 쪽 끝은 양극에 붙여요. 짜잔! 못이 자석으로 변했어요. 금속 클립이 못에 달라붙는지 확인해 보세요. 전기로 자석을 만들 수 있는 것처럼 자석으로 전기를 만들 수도 있어요. 자전거용 소형 발전기를 생각해 봐요. 발전기 안에 들어 있는 자석이 돌아가면 전기가 만들어져요. 자, 봐요! 자전거 헤드라이트에 불빛이 들어왔어요.

전자기력은 우리 주변에 보이는 모든 것에 들어 있어요. 특히 원자에서 아주아주 중요한 역할을 해요. 전자는 음전하를 띠고 양성자는 양전하를 띠어요. 다른 부호의 전하를 가진 전자와 양성자는 서로 끌어당겨요. 반대로 같은 부호의 전하를 가진 입자는 서로 밀어낸답니다. 양성자는 서로 밀어낸다면서 어떻게 원자핵에는 양성자 여러 개가 모여 있는 걸까요? 그건 '강한 핵력'이라는 힘이 양성자를 서로 묶어 주기 때문이에요. 중력과 전자기력, 강한 핵력 말고도 네 번째 힘인 '약한 핵력'도 있어요. 지금은 훨씬 더 흥미진진한 전자기력 이야기를 들려줄게요.

종잇조각으로 어떻게 폭탄을 만들까

입자들 사이의 전자기력 덕분에 여러분은 의자에서 미끄러지지 않을 수 있고, 의자가 바닥으로 가라앉지 않을 수 있으며, 발밑의 바닥이 무너지지 않을 수 있어요. 모든 것이 제자리에 탄탄하게 머물 수 있다는 거예요. 그건 전자기력이 어마어마하게 세야 한다는 뜻이고 실제로도 그래요. 얼마나 세냐고요? 전자와 양성자 사이의 전자기력은 그 둘 사이의 중력에 무려 100만 배를 여섯 번 곱한 것보다 1000배나 더 세답니다. 이 두 힘이 팔씨름을 한다면 과연 누가 이길지, 알아맞히기는 식은 죽 먹기지요.

전자기력이 얼마나 센지 실감할 수 있는 '생각 실험'을 하나 해 볼까요. **빠바방!** 이 단어만 한 종잇조각이 있어요.(길이는 약 2cm이고 폭은 약 0.5cm예요.) 이 종잇조각 속에 든 양성자와 전자가 어느 날 갑자기 서로 끌어당기는 대신 서로 밀어내기로 결정했어요. 그 결과는 대폭발이에요! 폭발이 얼마나 클까요? 딱총의 화약만큼? 아니, 더 커요. 그럼 포탄만큼? 아니, 훨씬 더 커요. 그럼 원자 폭탄만큼? 아니, 더 크다니까요. 그럼 원자 폭탄 천 개만큼? 물론 더 커요. 좋아요, 그럼 스타워즈에 나오는 '데스 스타'가 일으키는 폭발만큼 큰가요? 레이저 한 방으로 행성을 멸망시키는 폭발 말이에요. 딩동댕! 이 작은 종잇조각이 지구 전체를 폭파시키는 데 충분한 에너지를 낸답니다.

풍선으로 어떻게 청소기를 만들까

잠깐만요! 우리 주위의 모든 것에 전자기력이 들어 있다면 왜 모든 것이 전기를 띠지 않은 거죠? 답은 간단해요. 원자에는 같은 개수의 양성자와 전자가 들어 있어요. 그래서 마치 전하가 없는 것처럼 균형이 맞는 거예요. 전기는 두 곳에 있는 전자의 개수가 다를 때 생겨요. 그런 곳에는 전기적 긴장이 생기지요. 이때 전자들이 많은 곳에서 적은 곳으로 움직이면서 전기가 흘러요. 이 전기를 이용해서 전구를 밝히고, 진공 청소기로 먼지를 빨아들이며, 텔레비전으로 영상을 볼 수 있는 거랍니다. 아, 풍선이랑 털스웨터도 전기를 만들 수 있어요. 풍선을 털스웨터에 문지르면 약간의 전자가 털스웨터에서 풍선으로 옮겨 가요. 그럼 풍선에 전자, 즉 음전하가 많아져서 머리카락이나 종잇조각처럼 가벼운 물건을 끌어당겨요.

중력과 전자기력, 강한 핵력, 약한 핵력은 우주의 모든 것에 작용하는 네 가지 기본적인 힘이에요. 그 모든 것, 그러니까 보통 물질, 암흑 물질 그리고 '그 밖의 것'으로 이루어진 우주 말이에요. 이제 그 가운데 마지막, 즉 그 밖의 것에 대해서 이야기해야 할 차례예요. 그 밖의 것은 우주의 70%를 차지할 뿐 아니라 아주 특이하거든요. 어찌나 어려운지, 네덜란드어로 된 노래 가사를 거꾸로 듣고 이해하는 게 훨씬 더 쉬울 정도랍니다. 그 밖의 것이 사실 물질이 아니라 하나의 힘이라는 사실만 해도…….

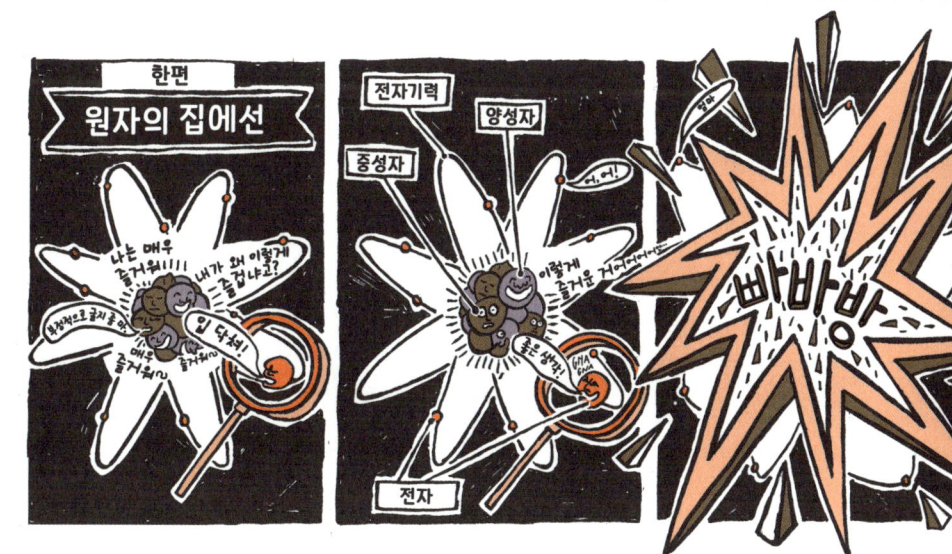

– 2부 –

우리 우주는 어떻게 끝날까

곧 '그 밖의 것', 즉 비밀스러운 힘에 대해서 이야기할 거예요. 그 전에 중력에 대해 조금 더 알아볼게요. 지구에 사는 우리는 중력에 익숙해요. 공을 하늘 높이 차올리면 점점 느려지다가 다시 땅으로 떨어져요. 아주 자연스러운 일이지요. 공중으로 쏘아 올린 총알도 마찬가지예요. 중력은 참 고마워요. 중력이 없으면 공이 우주로 날아가 버리잖아요. 하지만 중력이 성가실 때도 있어요. 예를 들어 우주 비행선을 발사하는 건 중력 때문에 아주 힘들어져요. 첫째, 우주 비행선이 지구를 벗어나려면 중력 때문에 엄청난 속도를 내야 해요. 둘째, 엄청난 속도를 내려면 그만큼 많은 연료를 써야 해요. 그래야 간신히 우주로 나아갈 수 있어요. 셋째, 엄청난 연료의 무게 때문에 로켓 엔진도 아주 강력해야 해요. 그렇지 않으면 우주 비행선의 처지도 공과 다를 바 없어요. 지구로 다시 떨어지고 말겠지요.

과학자들은 연료를 덜 쓰면서도 우주 비행선을 먼 곳까지 보낼 수 있는 묘수를 찾아냈어요. 중력을 이용하는 거예요! 지구가 아니라 다른 무거운 천체의 중력 말이에요. 먼저 달을 향해 우주 비행선을 발사해요. 그럼 당연히 달이 우주 비행선을 끌어당기겠지요. 달을 지난 우주 비행선은 태양의 중력을 이용해 계속 날아가고 그 다음에는 목성의 중력을 이용해요. 우주 비행선은 이런 과정을 되풀이하며 정확히 목적지를 향한답니다. 이런 방법이 통하려면 각 천체들의 위치를 정확하게 알아야 해요. 과학자들에게 이쯤은 식은 죽 먹기예요. 자, 목성까지 공을 한번 차 볼까요? 머릿속으로 말이에요. 공이 어마어마하게 튼튼하고 무시무시하게 빨라야 하겠죠.

우주는 점점 커질까, 아니면 작아질까?

이제 여러분은 비밀스러운 힘을 이해하는 데 필요한 건 모두 알고 있어요. 우주 속 은하도 지구의 공과 같은 중력의 영향을 받고 같은 방식으로 움직여요. 은하들은 서로 빠른 속도로 멀어지지만 중력 때문에 결국 느려질 거예요. 하늘 높이 차올린 공처럼 말이에요. 하지만 은하와 공이 아주 똑같지는 않아요. 은하들의 앞날에는 세 가지 가능성이 있어요.

첫 번째 가능성이 가장 그럴듯해요:

하늘 높이 차올린 공은 결국 땅에 떨어져요. 중력이 이기는 거지요. 은하들에게도 그런 일이 일어날 수 있어요. 먼 훗날 우주가 쪼그라들면서 모든 은하들이 사이좋은 이웃처럼 가까워지는 거예요. 사이좋은 것도 지나치면 큰일이에요. 모든 게 서로 충돌하고 말 테니까요.

두 번째 가능성은 좀 나아 보여요:

이제 슈퍼맨한테 공을 대신 차 달라고 부탁해 볼까요. 슈퍼맨이 어찌나 세게 찼는지 공은 지구를 벗어나 점점 더 멀리 날아가요. 하지만 공의 속도는 조금씩 느려지고 결국 더 멀리 날아가지는 못해요. 공은 지구 주위의 위성처럼 둥둥 떠다녀요. 은하들에게 이런 일이 일어난다면 은하들도 계속 멀어질 거예요. 그러다 은하의 속도는 결국 0에 가까워져요. 그럼 우주는 그 상태에 영원히 머문답니다.

세 번째 가능성은 아주 오싹해요:

다시 슈퍼맨한테 공을 더 세게 차 달라고 부탁해 봐요. 속도가 중력을 이길 만큼 말이에요. 그럼 그 공은 영영 다시 볼 수 없어요. 속도는 줄어들지만 공은 우리한테서 계속 멀어지거든요. 이런 경우 은하의 속도가 너무 빨라서 중력도 어쩔 수 없어요. 은하들의 속도가 줄어드는데도 은하는 우리한테서 계속 멀어지니까 우주는 점점 더 커질 수밖에 없어요.

우리가 받아들일 수 있는 가능성은 이 세 가지 중에서 어떤 것일까요? 우리 우주에는 어떤 게 들어맞을까요? 천문학자들이 오랜 고민 끝에 내린 결론은 바로……

두두두두둥……

긴장감이 돌고……

숨도 멈추고……

흥분에 또 흥분……

아, 네, 얼른 대답해 주세요!

짠! 저 세 가지 가운데 어느 것도 아니랍니다. 네? 그럼 어떡해요? 처음에는 우주의 팽창 속도가 확 줄어들었어요. 첫 번째 가능성처럼 말이에요. 중력이 서서히 이기는 것처럼 보였지요. 그런데 우주의 밀도가 점점 낮아지는 것 같더니 다시 팽창 속도가 빨라졌어요. 그 후 거의 모든 은하들은 우리한테서 점점 더 빨리 멀어지고 있어요. 아무도 그걸 예측하지 못했어요. 아무리 곰곰 생각해 봐도 도대체 그럴 리가 없거든요. 아무래도 우주의 팽창 속도를 높이는 어떤 비밀스러운 힘이 있는 게 분명해요.

– 2부 –

왜 우주의 약 95%가 거대한 수수께끼일까

은하가 계속해서 멀어진다는 건 논리적으로 불가능해 보여요. 하늘 높이 찬 공이 느려졌다가 다시 점점 빨라질 수는 없잖아요. 공에 작은 비밀 엔진이 달렸거나 눈에 보이지 않는 힘이 계속 밀어내는 게 아니라면요. 그런데 우리 우주에서 바로 그런 일이 일어나고 있답니다. 엔진의 힘으로 달아나는 은하를 본 적이 있나요? 못 봤을걸요. 나도 못 봤어요. 엔진의 힘이 아니라면 우주에는 모든 것을 밀어내는 어떤 비밀스러운 힘이 있는 게 분명해요. 게다가 그 힘이 그리 적은 것도 아니에요. 계산에 따르면 우주의 거의 70%를 이런 힘이 차지하고 있어요.

어두운 블루베리 케이크

천문학자들은 암흑이라는 단어를 참 좋아하나 봐요. 이 설명할 수 없는 힘을 암흑 에너지라고 부르거든요. 암흑 에너지도 암흑 물질처럼 완전히 어둡지는 않지만 눈에 전혀 보이지 않아요. 암흑 에너지의 역할은 암흑 물질과 정반대예요. 암흑 물질은 모든 것을 끌어당기지만 암흑 에너지는 모든 것을 밀어내거든요. 현재로서는 암흑 에너지가 이기고 있어요. 우리 우주가 암흑 에너지 때문에 팽창한다는 말이에요. 여러분이나 지구, 은하가 확 커진다는 게 아니에요. 은하 사이의 공간이 커지면서 우주 전체가 커지는 거죠. 블루베리 케이크 기억하나요? 케이크 속 블루베리가 커지는 게 아니라 케이크 전체가 커진다고 했지요.

그나저나 암흑 에너지란 무엇일까요? 무엇으로 이루어져 있을까요? 그리고 어디에서 왔을까요? 아무도 몰라요. 단지 우리는 에너지가 뭔지는 당연히 알고 있어요. 물체는 에너지 덕분에 데워지고 빛을 내며 움직일 수 있어요. 전기나 연료, 햇빛 같은 에너지가 그런 일들을 해요. 그런데 암흑 에너지는 주로 어떤 물체를 떠미는 것처럼 보여요. 우리가 암흑 에너지에 대해 알고 있는 건 오직 그 사실뿐, 나머지는 거대한 수수께끼랍니다. 나 참! 마침내 우주에 대해서 뭔가 알아냈다고 생각했더니, 우주의 95% 이상이 전혀 설명할 수 없는 에너지와 물질로 이루어져 있다니요!

그래도 우리는 운이 아주 좋아요

아직 우리는 운이 좋은 편이에요! 수십억 년 걸려 지구에 도착한 빛을 볼 수 있잖아요. 미래의 천문학자들은 자기가 사는 은하를 보고 그게 다라고 생각할걸요. 더 먼 미래엔 별을 아예 보지 못할 수도 있거든요. 완전히 캄캄한 하늘만 보겠지요. 그들은 우주가 어떻게 생겨났는지 절대 알 수 없을 거예요. 물론 이 책을 읽는다면 달라지겠죠.(그러니 먼 훗날을 위해 이 책을 잘 보관해 두세요!) 어쩌면 우리는 모든 걸 볼 수 있는 딱 알맞은 시기에 살고 있는지도 몰라요. 아직 시간을 한참 거슬러 올라가서 살펴보고 우주에서 어떤 일이 일어나는지 연구할 수 있잖아요. 아니면 혹시, 지금 우리의 질문에 답할 수 있는 중요한 것들이 이미 우리 시야에서 모두 사라졌을까요?

미래의 우주가 텅 비고 어두울 거라는 전망은 그리 유쾌하게 들리지 않네요. 여러분은 모든 게 어떤 식으로 흘러가는지 이 책의 끝부분에서 읽을 수 있겠지요. 하지만 우선 지금은 덜 슬픈 이야기부터 하는 게 좋겠어요. 뭔가 더 가볍고 더 밝은 것, 빛 말이에요!

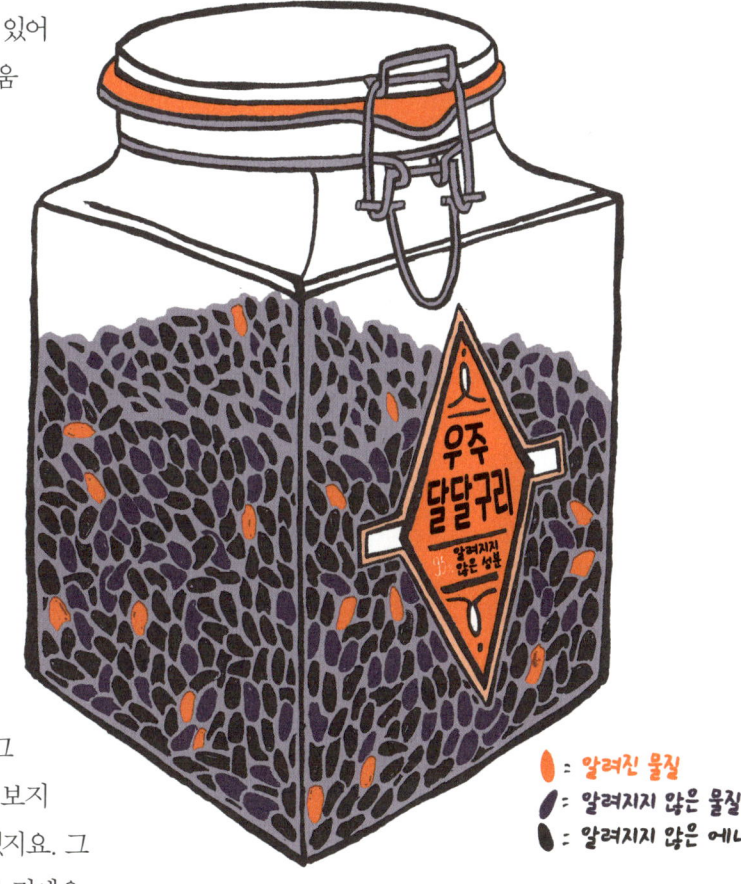

- 2부 -

멍청한 질문 하나와 영리한 질문 하나

아마 이런 말을 들어 봤을걸요. '멍청한 질문이란 없다, 멍청한 대답이 있을 뿐.' 물론 헛소리예요. 당연히 멍청한 질문이 있어요. 예를 들어 볼까요? "해골을 인공호흡으로 되살릴 수 있을까?" 자, 이 질문은 멍청한 질문일까요, 아닐까요? 맞아요. 멍청하지요. 그런데 멍청한 것 같으면서도 전혀 멍청하지 않은 질문이 있어요. 그런 질문 가운데 하나가 "빛은 무엇일까?"예요. 우리는 모두 빛이 무엇인지 어느 정도는 알아요. 하지만 정확하게 알지는 못해요. 빛은 어디에서 왔을까? 어떻게 생겨날까? 무엇으로 이루어져 있을까? 다시 말해 '빛의 진짜 정체는 무엇일까?'에 대해서요.

빛의 정체는 전자기파

예전의 위대한 과학자들에게도 빛은 아주 중요한 연구 과제였어요. 물론 과학자들의 답변도 무척 놀라웠지요. 빛에 관한 책이 아주 많이 쓰였고 흥미진진한 연구 논문도 많았어요. 빛에 관한 연구 성과를 찔끔찔끔 소개하면 괜히 애만 탈 테니 아예 결론부터 말할게요. '빛은 전자기파예요.' 이제 빛에 관해 이것저것 읽을 필요 없어요. 그저 전자기파가 무엇인지, 그것만 알면 돼요.

'전자기'란 용어는 빛이 전자와 관련이 있다는 걸 암시해요. 전자는 우리 주위의 물질을 이루는 원자 속에도 들어 있지요. 원자를 가열하거나 원자에 다른 전자를 충돌시키면 원자 속 전자가 에너지를 흡수해요. 그럼 전자는 더 높은 궤도로 올라간답니다. 원자핵 주위를 도는 전자의 원이 더 커지는 셈이에요.

에너지를 흡수하면서 높은 궤도에서 돌던 전자는 낮은 궤도로 떨어지면서 에너지를 방출하기도 해요.

그 에너지가 바로 빛이에요. 나중에 자세히 설명하겠지만 빛은 입자와 파동의 성질을 동시에 가지고 있어요. 과학자들은 빛의 입자를 광자(포톤)라고 부르고, 빛의 파동을 전자기파라고 불러요. 이제 왜 '빛은 전자기파'인지 알 수 있겠지요? 우리는 때때로 전자기파를 빛으로 보거나 따뜻함으로 느낄 수 있어요. 햇빛이 비칠 때를 떠올리면 금방 알아챌 수 있어요.

모든 것은 빛난다!

에너지만 충분하다면 모든 것이 빛을 낼 수 있어요. 활활 타오르는 나무도 빛을 내요. 뜨겁게 달아오른 금속도 빛을 내지요. 돌도 뜨거운 용암으로 녹으면서 빛을 내요. 원자의 종류에 따라 내는 빛도 조금씩 달라요. 탄소 원자가 내는 빛은 수소 원자나 철 원자가 내는 빛과 다르게 보인답니다.

천문학자들은 별빛을 조사해서 그 빛이 어떤 원자에서 나오는지 정확히 알아낼 수 있어요. 그 별이 아무리 멀리 떨어져 있어도요. 행성도 마찬가지예요. 천문학자들은 그런 방법으로 지구의 생명체와 비슷한 생명체가 살지도 모르는 곳을 찾고 있어요.

- 2부 -

서로 다른 빛의 종류

빛은 전자기파라고 했어요. 전자기파 중에서 우리가 볼 수 있는 빨강, 주황, 노랑, 초록, 파랑, 남색, 보라의 무지갯빛을 가시광선이라고 불러요. 흔히 가시광선을 그냥 빛이라고 말할 때도 있어요. 넓은 뜻의 빛은 전자기파이지만 좁은 뜻의 빛은 가시광선인 셈이지요. 앞으로 빛이라는 용어가 나올 때 어떤 뜻인지 헷갈리지 마세요. 전자기파의 종류는 에너지에 따라 달라져요. 또 전자기파의 에너지는 파장이 짧을수록 커요. 따라서 전자기파의 종류는 파장에 따라 나뉜다고 볼 수 있어요. 가시광선 중에서는 빨간색 빛의 파장이 가장 길고, 보라색 빛의 파장이 가장 짧아요. 에너지가 적은 전자기파의 파장은 수천 km에 이르는가 하면, 에너지가 많은 전자기파의 파장은 1000조분의 1mm에 이를 정도로 아주 짧답니다.

보이지 않는 전자기파들

적외선은 빨간색 빛보다 에너지가 적은 전자기파예요. 우리는 적외선을 보지 못하지만 뱀 같은 동물은 볼 수 있어요. 뱀은 우리가 텔레비전 채널을 이리저리 바꿀 때 리모컨에서 나오는 적외선을 다 본답니다. 빨간색 빛보다 에너지가 적은 전자기파가 있듯이 보라색 빛보다 에너지가 많은 전자기파도 있어요. 바로 자외선이에요. 우리는 자외선도 볼 수 없지만 새와 꿀벌, 설치류는 자외선을 볼 수 있어요. 태양에서 날아오는 자외선 때문에 피부가 그을리기도 하고 화상을 입기도 해요. 우리가 자외선을 볼 수 있다면 해변에서 선크림을 좀 더 꼼꼼히 바르겠지요.

우리가 볼 수 있는 빛, 즉 가시광선은 전체 전자기파에서 아주 적은 부분을 차지해요. 휴대 전화와 텔레비전, 라디오, 전자레인지를 쓰는 동안 우리는 눈에 보이지 않는 전자기파에 둘러싸여 있어요. 전자레인지는 적외선보다 에너지가 적은 마이크로파를 이용하는 조리 기구예요. 무선 랜도 마이크로파를 이용해요. 그렇다고 무선 랜 때문에 뇌가 익지는 않으니 쓸데없는 걱정은 하지 마세요. 마이크로파는 에너지가 너무 적어서 그럴 수 없거든요. 라디오파는 마이크로파보다 에너지가 더 적은 전자기파예요. 시력이 아주 좋다면 라디오 방송을 들을 뿐 아니라 볼 수도 있을걸요. 라디오 방송은 라디오파를 이용하니까요. 물론 라디오파를 볼 수 있다는 건 말도 안 된답니다. 이제 자동차가 전선 근처를 지날 때 왜 라디오에서 잡음이 나는지 이해할 수 있을 거예요. 전선에 흐르는 전류가 공중에서 날아오는 전파 신호에 영향을 주기 때문이에요.

몸을 뚫고 지나가는 빛

뢴트겐선이라고도 불리는 엑스선은 자외선보다 에너지가 많은 전자기파예요. 엑스선은 얼마나 강력한지 우리 몸의 일부를 뚫고 지나간답니다. 하지만 뼈나 치아처럼 단단한 부분은 엑스선이 뚫고 지나갈 수 없어요. 그래서 엑스선으로 사진을 찍으면 우리 몸의 뼈와 치아를 살펴볼 수 있지요. 감마선은 엑스선보다 에너지가 더 많은 전자기파예요. 몸 전체를 그냥 뚫고 지나가는 감마선은 SF 소설에 자주 등장해요. 듣기만 해도 충격적이고 무척 위험하지요. 유명한 SF 영화의 주인공인 헐크도 원래 평범한 사람이었어요. 하지만 아주 강력한 감마선을 쐬고 괴력을 가진 헐크로 다시 태어났답니다.

전파로 보기

이제 여러분은 빛과 전자기파가 무언지 꽤 많이 알게 되었어요. 물론 가장 중요한 건 아직 알 수 없겠지만요. 분명한 건 엑스선과 전파, 마이크로파, 적외선 같은 보이지 않는 빛이 아주 많다는 거예요. 이런 빛들은 가시광선처럼 우주 어느 곳에서나 관측할 수 있어요.

전자기파는 어디에나 있어요. 어떤 전자기파는 우주가 생겨났을 때부터 있었지요. 그런 전자기파를 관측하면 우주에 대한 새로운 자료를 엄청나게 많이 얻을 수 있어요. 그게 바로 광학 망원경 말고도 엑스선 망원경이나 마이크로파 망원경, 전파 망원경, 적외선 망원경으로 우주를 탐사하는 이유예요. 그런 망원경들은 우주 탄생 초기까지 우리를 안내할 수 있답니다.

초속 7만 5000km로 날아가는 그로버

미국 어린이 TV 프로그램 세서미 스트리트의 인기 캐릭터인 그로버를 광속의 약 4분의 1로 우주를 향해 쏜다면 다른 캐릭터인 엘모가 날아가는 것처럼 보일 거예요. 그로버는 파란색, 엘모는 빨간색인데 말이에요. 이건 세서미 스트리트에 나온 내용이 아니라 순수한 과학이랍니다. 앞 장에서 알아본 것처럼 빛은 전자기파, 즉 파동이에요. 파동의 파장은 에너지가 높을수록 짧아요. 에너지가 높은 파란색 빛의 파장은 에너지가 낮은 빨간색 빛의 파장보다 짧지요. 그런데 어떤 별이 빠른 속도로 멀어질 때 그 별에서 나온 빛의 파장은 약간 길어져요. 속도가 빠를수록 파장은 더 길어지지요. 파장이 길어질수록 빛이 더 빨갛게 보인답니다. 먼 은하가 우리로부터 빠르게 멀어지고 있다는 사실도 그런 방법으로 알아냈어요. 파란색 그로버도 아주 빠르게 멀어진다면 당연히 빨간색 엘모처럼 보인답니다.

마이크로파로 찍은 사진

아주 오래전 우주 자체에서 나온 빛에도 똑같은 원리가 적용되지만 좀 달라요. 그 빛은 우리한테 도달할 때까지 아주 먼 거리를 날아왔어요. 그러는 동안 우주는 팽창했고 그 빛의 파장도 덩달아 길어졌지요. 파장이 길어지면서 빨간색 쪽으로 가까워지다가 어찌나 많이 길어졌는지 나중에는 눈부실 만큼 밝았던 그 빛이 눈에 보이지 않는 빛으로 바뀌었어요. 하지만 특수 망원경을 이용하면 파장이 길어져서 눈에 보이지 않는 빛을 관측할 수 있어요. 그게 바로 아주 오래전의 우주를 사진으로 찍는 방식이랍니다.

언뜻 듣기에는 쉽지만 그리 간단하지는 않아요. 태양이나 다른 별, 초신성 주위에서는 이런 약한 빛을 관측하기 쉽지 않거든요. 헤비메탈 콘서트에서 바늘 떨어지는 소리를 들으려는 것과 다름없어요. 너무 많은 빛을 내뿜는 행성이나 블랙홀, 성운 주위에서도 마찬가지예요. 심지어 우주의 먼지구름조차 사진 찍는 걸 방해한답니다. 다행히 우주 공간은 휑하니 비어서 거추장스러운 게 거의 없어요. 천문학자들은 그런 우주 공간에 마이크로파 망원경을 설치했어요. 아주 어려운 작업이어서 사진을 찍기까지 몇 년이나 걸렸지요. 하지만 마침내 성공했어요! 옆에 그 사진을 그림으로 그려 놨어요.

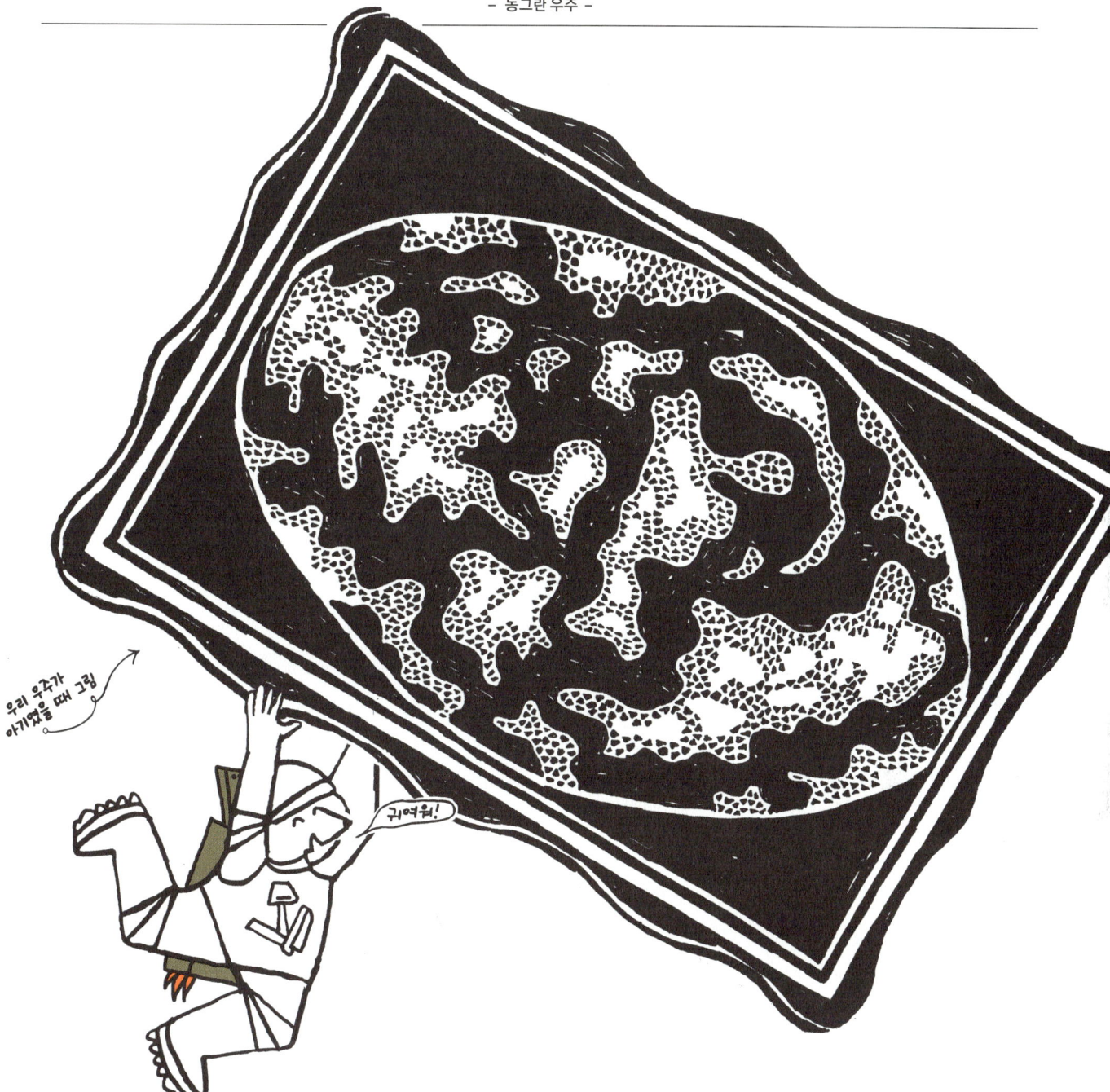

아기 우주의 그림

이게 뭔가요? 뭐가 보이나요? 이건 우리 우주가 아기일 때 모습이에요. 물론 여러분이 아기일 때만큼 귀엽지는 않지만 그래도 아주 특별한 거랍니다. 거의 138억 년 전의 세상을 보여 주거든요. 지난번 생각 시간 여행을 기억하나요? 그때 펄펄 끓어오르는 팥죽 같은 불덩이에 도착했잖아요. 이게 바로 그거예요. 다 잊어버렸을지도 모르니까 다시 말해 줄게요. 우주가 태어난 지 약 38만 년이 지났을 때, 우주의 모든 것은 약 3000℃의 수소와 헬륨으로 범벅인 죽 같았어요. 여러분은 여기서 바로 그 우주를 보고 있어요. 더 정확하게 말하자면, 끓어오르는 듯 뜨겁고 눈부실 정도로 밝은 그 옛날의 우주에서 생겨나 아직까지 남아 있는 빛의 에너지를 보고 있는 거지요. 이 미약한 빛은 여전히 사방에서 날아온답니다.

- 2부 -

2.725K만큼 더 따뜻한 우주

아기 우주 사진은 약 138억 년 전, 우주에 얼마나 많은 에너지가 있었는지, 또 모든 물질이 우주에 어떻게 흩어져 있었는지 정확하게 보여 줘요. 에너지가 많았던 그 무렵의 우주에는 빛이 가득했어요. 그 후 우주는 아주 커졌고 차갑게 식었지요. 하지만 오래전에 나타났던 그 빛은 아직 우주 구석구석을 채우고 있어요. 더구나 그 빛이 퍼뜨린 열 덕분에 우주 공간의 온도는 2.725K 더 높아요. 사실 우주의 텅 빈 공간은 세상에서 가장 낮은 온도인 0K여야 해요.* 그곳에는 열을 내는 것이 없으니까요. 그런데 우주의 어떤 곳에서도 0K인 곳은 나타나지 않아요. 어디나 2.725K만큼 따뜻해요. 우주는 활활 타오르던 벽난로가 꺼진 방과 같아요. 벽난로의 불이 꺼져도 방 안에 아직 잔열이 남아 있어요. 우주도 마찬가지예요.

*K는 절대 온도 단위이다. 절대 온도는 자연에서 존재할 수 있는 가장 낮은 온도를 0K로 정의한 온도이며, 섭씨온도로 약 -273℃에 해당한다.

다만 여기저기 수백만분의 1K쯤 더 따뜻하거나 더 차가운 곳이 있어요. 그게 바로 아기 우주 그림에서 보이는 얼룩이에요. 밝을수록 더 차갑고 어두울수록 더 따뜻하지요. 그러니까 그림에서는 사실 빛만 보이는 거예요. 첫눈에는 그리 대단치 않아 보이지만 사실 정말 대단한 거랍니다! 이 얼룩 때문에 모든 별과 행성 그리고 여러분과 내가 생겨났으니까요. 만약 이 사진이 얼룩 하나 없이 균일했다면 거기선 아무것도 생겨날 수 없었을 거예요.

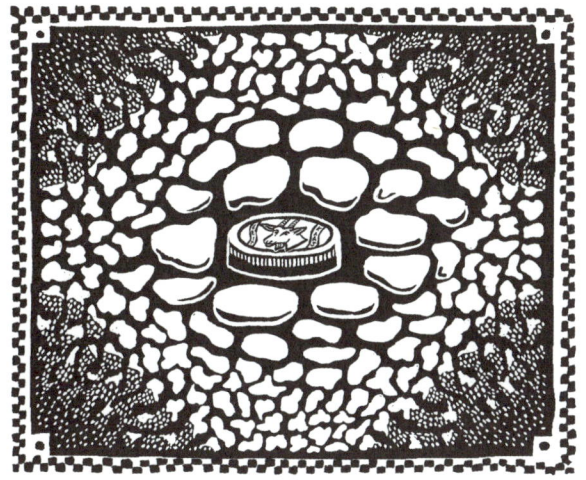

얼룩이 없다면 치즈도 없다!

얼룩이 생긴 건 중력 때문이에요. 분자는 서로 끌어당겨요. 그 결과 분자는 중력이 더 센 커다란 분자 덩어리 쪽으로 몰린답니다. 분자 덩어리가 이런 식으로 계속 커지면서 별과 행성이 만들어질 수 있었어요. 모든 분자가 우주 속에 아주 골고루 흩어져 있으면 어떻게 될까요? 그럼 이야기가 완전히 달라져요. 왼쪽이나 오른쪽, 위쪽이나 아래쪽 어디를 보든 모든 분자가 같은 거리만큼 떨어져 있을 테니까요. 분자가 덩어리로 뭉치려면 어디를 향해야 할지, 그런 방향이 아예 없겠지요. 분자 덩어리가 생기지 않으니 별이나 행성도 생기지 않고요. 아기 우주 사진은 우주 공간에 빛이 균일하지 않았다는 사실을 보여줘요. 그건 그때 이미 존재했던 수소나 헬륨 같은 물질도 균일하게 흩어져 있지 않았다는 뜻이에요. 바로 그래서 지금 여러분과 나, 이 책과 치즈가 있는 우주가 생겨난 거예요.

아기 우주 사진이 대단한 이유가 하나 더 있어요. 이건 우주가 탄생한 지 38만 년 후의 사진일 뿐만 아니라, 우주가 막 탄생하고 1초가 채 지나지 않은 사진이기도 해요. 네? 뭐라고요? 다시 한번 짧게 말할 테니 아주 천천히 읽어 보세요. 우주가 탄생하고 1초도 채 지나지 않은 우주의 사진이기도 하다고요. 아, 정말이에요! 지구가 커다란 풍선이고 그 위에 산과 바다, 육지가 다 그려져 있다고 생각해 봐요. 이 풍선에서 아주 천천히 공기를 빼낸다고 해도 크기만 작아질 뿐 표면의 모습은 여전히 똑같을 걸요. 아기 우주 사진도 마찬가지예요. 여러분은 그저 이 사진을 찍은 순간에는 우주가 아주 작았다는 사실만 알면 돼요. 모래알을 수십억 개로 나눈 한 조각보다도 더 작았어요.

상상할 수도 없는 우주의 탄생

아기 우주 사진에서 한 걸음 한 걸음 과거로 거슬러 올라갈 때마다 우주는 점점 더 작아져요. 그건 상상할 수도 없을 만큼 커다란 현재의 우주가 탄생 바로 그 순간에는 엄청나게 작았다는 걸 뜻해요. 우주 속 입자는 상상할 수도 없을 만큼 다닥다닥 붙어 있었지요. 우주는 상상할 수도 없을 만큼 뜨거웠고요. 우주는 상상할 수도 없을 만큼 빠른 속도로 폭발했어요. 이 폭발을 뭐라고 부르는지 여러분도 분명 알고 있을 거예요. 그건 빅뱅이에요. 모든 것의 시작인 바로 그 폭발요!

– 2부 –

우주의 탄생
0.00000000000000000000000000000000000000001초 후

탄생 초기의 우주로 여행하는 건 시간을 거슬러 올라가는 거였어요. 지금까지 그렇게 해 왔어요. 하지만 한 번쯤은 거꾸로 할 수도 있어요. 결국 같은 이야기지만, 사건의 시작부터 일어난 순서대로 여행하는 거지요. 지금까지 알아낸 좀 더 많은 정보를 가지고요. 그럼 빅뱅이랑 우주의 팽창이 정말 어땠는지 생생한 이야기가 펼쳐져요. 꽤나 특이한 일이니까 지금은 그냥 읽기만 하세요. 아직은 믿을 필요도 없고 이해할 필요는 더더욱 없어요. 계속 읽어 나가다 보면 그 이야기가 왜 논리적인지와 또 아주 중요한 일들이 번개보다 더 순식간에 일어났다는 사실을 알게 돼요. 준비됐나요? 자, 시작합니다!

짧은 순간, 작은 크기, 높은 온도

우선 0을 쓰고 나서 소수점을 찍은 다음 0을 42개 붙이고 마지막으로 1을 하나 덧붙이세요. 우리의 이야기는 우주의 탄생 순간부터 이만큼의 초가 지난 후부터 시작한답니다. 그건 100조분의 1의 100조분의 1의 1000조분의 1초(10^{-43}초)라는 아주 짧은 순간이에요. 그맘때 우리 우주는 모래알 하나의 100조분의 1의 100조분의 1의 100만분의 1보다 작았어요. 원자도 전자도 쿼크도 아직 없었지요. 전자기력이든 핵력이든 아예 없었어요. 모든 힘이 결합하여 하나의 힘을 이루고 있었고요. 우주의 온도는 무려 약 1만 K의 100조 배의 100조 배. 그러니 크리스마스에 눈이 내릴 가능성은 거의 없었어요!

우주는 이제 믿을 수 없는 속도로 자라고 또 자라고 또 자라요. 다만…… 아무것도 없는 것에 열 배를 해 봐야 아무것도 없잖아요. 거의 아무것도 없는 것에 열 배를 해 봐야 여전히 거의 아무것도 없어요. 우주는 이렇듯 빨리 자라는데도 여전히 아주 작았어요. 하지만 우주가 커질수록 온도는 더 낮아졌어요. 그래 봤자 여전히 아주 높았지만요. 그러다 우주가 100조분의 1의 100조분의 1의 1000만분의 1초*가 지났을 때 가장 작고 단순한 입자인 쿼크가 생겨났어요. 쿼크는 우리 우주에 나타난 첫 입자이자 물질이에요. 우아! 하지만 그 상태로 오래 남아 있진 못했어요. 모든 입자가 생겨나자마자 곧바로 사라졌지요. 입자만 생겨난 게 아니라 그만큼 많은 반입자가 생겨났거든요. 반입자는 입자와 정반대의 대응 입자예요. 마치 −1이 1의 정반대가 되는 것처럼요. 1에 −1을 더한 결과는 무엇일까요? 0이에요. 아무것도 남지 않는 거지요. 입자가 반입자를 만나면 바로 그런 일이 일어난답니다.

입자와 반입자의 불편한 만남

쿼크가 반쿼크를 만나면 둘 다 사라져요. 우주에서 빅뱅이 일어나는 동안 그런 일은 끊임없이 일어났어요. 지금도 마찬가지예요. 반입자는 숫자가 그리 많지 않을 뿐 아직 남아 있거든요. 아참, 그리 중요하진 않지만 재미난 게 하나 있어요. 세상의 거의 모든 것이 각각 반물질, 즉 반입자로 이루어진 대응물을 만들어 낸다는 거예요. 심지어 바나나도 그런다니까요. 바나나 하나는 약 75분마다 반전자를 하나쯤 만들어 내요. 여러분도 반전자를 만들어 내고 있어요. 뭐, 그렇다고 큰일이 나는 건 아니에요. 전자 하나쯤 없어져도 잘 지낼 수 있어요. 하지만 전체가 반입자로 이루어진 여러분이 있다면 사정이 좀 달라요. 여러분이 반물질 여러분에게 손을 내밀었다가는 천둥소리가 나고 번개가 치면서 둘 다 사라질 테니까요. 어쩌면 그 정도가 아니라 엄청나게 큰 폭발이 일어날 수도 있어요. 모래알 몇 개가 반물질 모래알 몇 개와 부딪친다면 주택 단지 전체를 날릴 만한 에너지가 생겨난대요. 반전자는 공식적으로 양전자라고 불러요. 입자들 이름이 참 많기도 하네요!

좋아요, 사실 여기서 중요한 건 반입자가 아니라 우리 우주의 역사예요. 얼른 계속할게요.

*10^{-35}. 소수점 뒤에 0이 34개 붙고 그 뒤에 1이 오는 숫자.

- 2부 -

아홉 가지 중요한 질문

우주의 시작으로 다시 돌아가 볼까요. 입자와 반입자가 맞부딪치면서 놀라울 만큼 많은 에너지가 풀려나요. 이렇게 다시 빛의 입자, 즉 광자가 만들어지지요. 원래 모든 입자와 반입자들이 서로 부딪치면서 모든 것이 사라져야 했어요. 그런데 어떤 이유인지 입자가 반입자보다 아주 조금 더 많았어요. 입자와 반입자가 수십억 번 부딪칠 때 어쩌면 입자 하나가 더 남았을 거예요. 이 입자는 그대로 살아남았어요. 게다가 그때까지 존재하던 딱 하나의 힘에서 중력과 강한 핵력, 약한 핵력, 전자기력이 갈라져 나와요. 그게 바로 지금 우리 주위의 모든 것을 결정하는 네 가지 힘이에요. 우주가 탄생한 지 1조분의 1초가 지난 순간이지요. 소수점 뒤에 0이 열한 개밖에 없는 거예요.

첫 번째 별

이제 중성미자와 전자, 물론 그 반입자도 만들어졌어요! 우주는 식으면서 계속 자라났지만 아직 작아요. 우주를 보려면 여전히 현미경이 필요해요. 하지만 우주는 멈추지 않고 자랐으며 100분의 1초가 지나자 쿼크가 결합하여 첫 번째 양성자와 중성자를 만들었어요. 1초 후에는 첫 번째 원자핵이 만들어졌지요. 이제 우주는 유리 구슬만 해요.

이제부터는 우주가 커지는 모습을 잘 볼 수 있어요. 몇 초 지나지 않아 우주는 폭이 몇 광년에 이를 만큼 커졌거든요. 하지만 아직 너무 뜨겁고 혼란스러워서 원자가 생겨날 순 없어요. 그래도 지금 여기 돌아다니는 입자들은 나중에 우리 우주의 모든 것을 이루게 될 거예요. 우주 전체는 아직도 짙고 불투명한 죽 같아서 빛도 날아다닐 수가 없어요. 마치 손전등으로 진흙탕을 비추는 것처럼요.

드디어 수소와 헬륨 같은 원자가 처음 만들어졌어요. 다른 원자들은 아직 없었어요. 이 원자들이 뭉쳐 덩어리를 이뤘어요. 그리고 빅뱅이 일어난 지 38만 년 후 처음으로 빛이 원자 사이를 자유롭게 날아다니기 시작했어요. 그 빛은 지금도 온 우주 공간에 퍼져 있어요. 그 빛 덕분에 아기 우주의 사진을 찍을 수 있었던 거랍니다. 우주는 계속 자랐고 계속 식었어요. 한 가지 문제가 있었어요. 어디에도 광원이 없었지요. 아직 별도 없었고 빛도 보이지 않았어요. 우주는 칠흑같이 어두웠어요!

원자는 계속해서 뭉쳤어요, 작은 덩어리들이 서로 끌어당기며 더 큰 덩어리를 이루었어요. 덩어리가 커질수록 주변 덩어리들을 더 많이 끌어당겼어요. 드디어 첫 별과 은하가 만들어졌어요. 별은 어두운 우주에서 등불처럼 빛났어요. 마침내 우리은하가 만들어졌고, 조금 지난 뒤에 태양과 지구와 달 그리고 여러분이 나타났어요.

당연히 피자!

이게 빅뱅 이야기예요. 무척 어렵고 해리 포터처럼 흥미진진하지도 않지만 이 정도로 만족해야 해요. 물론 여전히 대답하지 못한 질문들이 많이 남아 있어요.

- 빅뱅은 어떻게 시작했을까요?
- 우주 탄생 후 100조분의 1의 100조분의 1의 1000조분의 1초 전에는 무엇이 있었을까요?
- 그리고 그전에는 무엇이 있었을까요?
- 아주 작은 우주 주위에는 무엇이 있었을까요?
- 어떻게 아무것도 없는 곳에서 입자가 생겨났을까요?
- 어떻게 이 에너지들이 다 생겨났을까요?
- 어떻게 우주가 몇 초에 몇 광년 크기로 커졌을까요?
- 우리는 이 모든 것을 어떻게 알까요?
- 오늘 저녁으로 무엇을 먹을까요?

이 책은 주로 첫 번째 질문을 다루고 있어요. 마지막 질문은 직접 대답하세요. 나라면 피자를 먹겠어요!

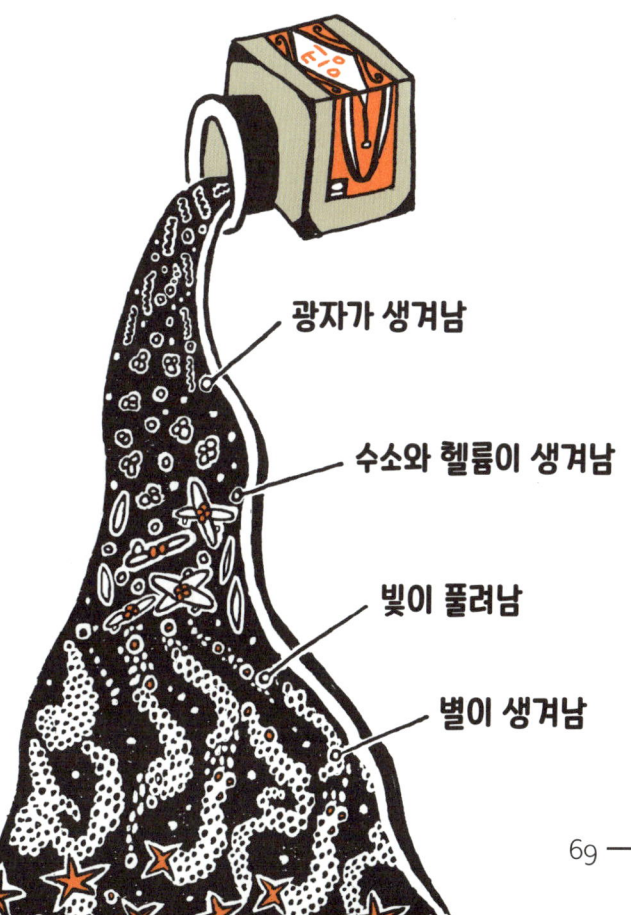

- 광자가 생겨남
- 수소와 헬륨이 생겨남
- 빛이 풀려남
- 별이 생겨남

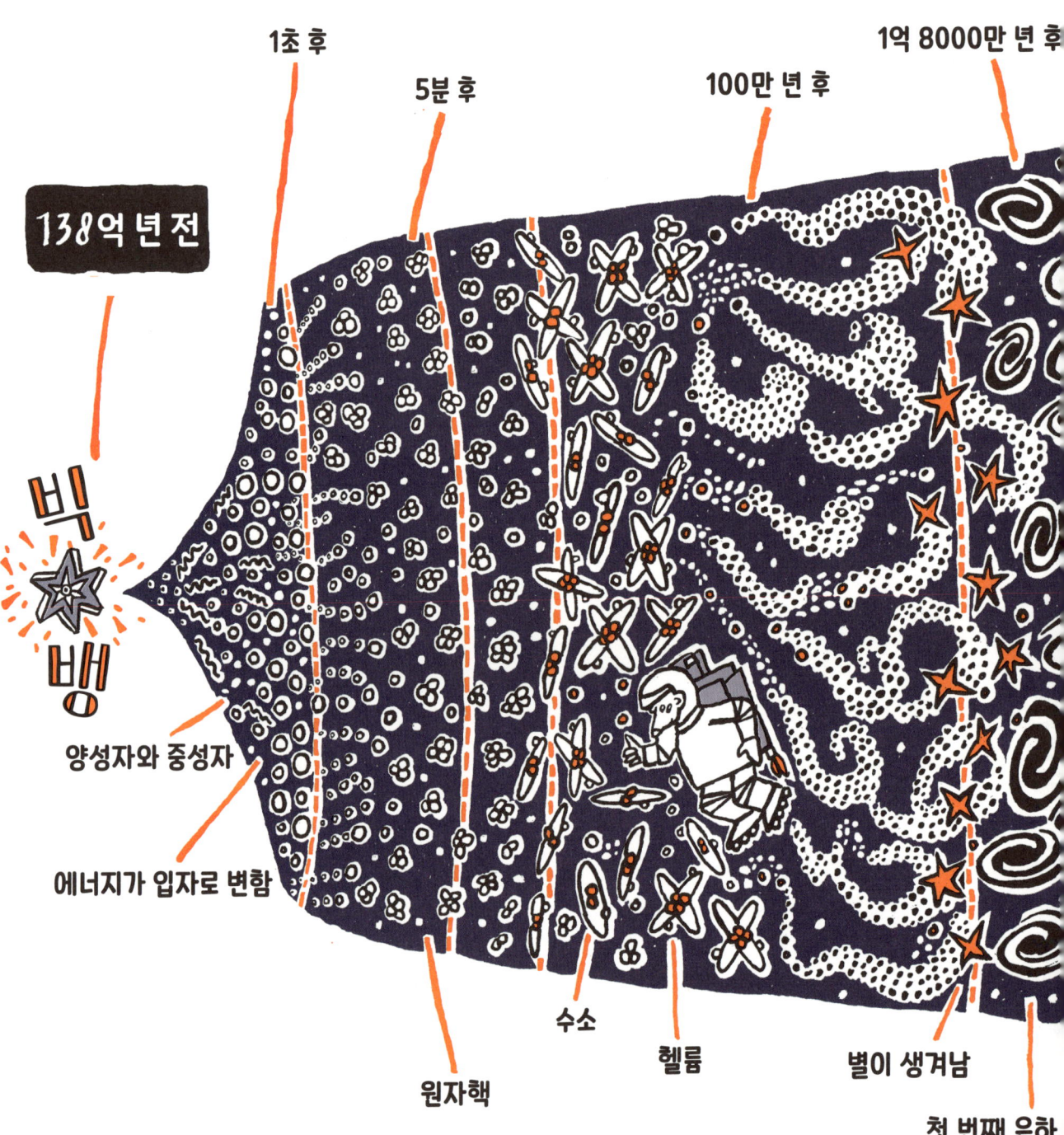

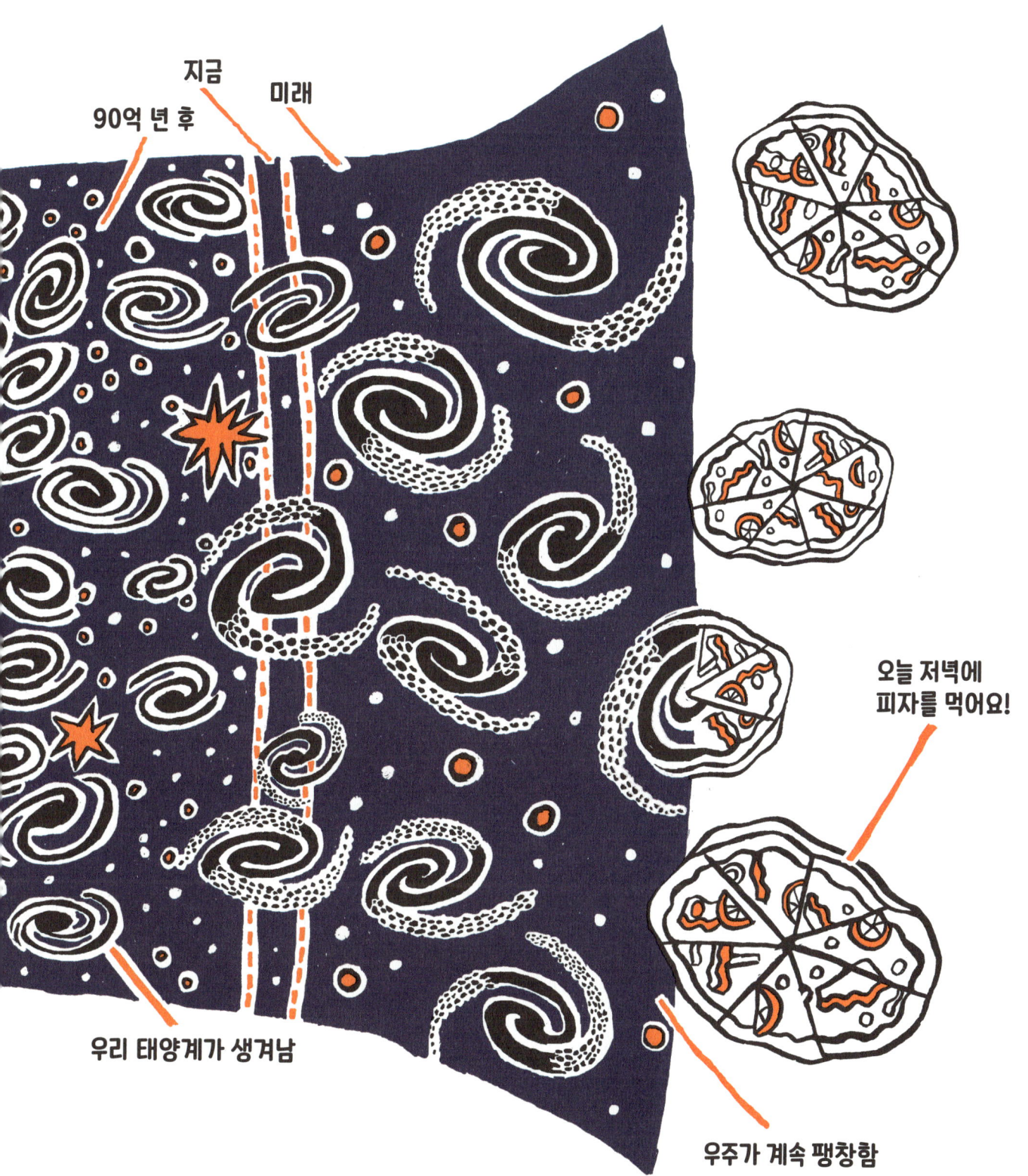

— 3부 —

알베르트 아인슈타인과 독창적인 생각

3부

이 책의 내용은 모두 수백 명의 천재가 지난 세기에 이룩한 업적들이에요. 세상에는 천재가 수두룩 하지만 그중에서도 더 눈에 띄는 천재가 있어요. 바로 알베르트 아인슈타인이에요. 아인슈타인이 아니었다면 우리는 우주를 지금처럼 많이 이해할 수 없었을 거예요. 위대한 과학자는 놀라운 업적 하나로 이름을 떨치며 노벨상을 타기도 하고 여기저기 기념비를 남기죠. 아인슈타인은 1905년에만 엄청난 논문을 네 편이나 발표했어요. 물론 아인슈타인의 업적은 여기에서 그치지 않았답니다.

아인슈타인의 아이디어는 우리 우주가 어디에서 나왔고 어떻게 작동하는지 이해하는 데 믿을 수 없을 만큼 중요해요. 아인슈타인이 한 발견들을 3부 전체에서 다룰 거예요.

왜 초속 35만 km의 속도로 우주를 날아갈 수 없을까

알베르트 아인슈타인은 어찌나 천재적이었는지 때때로 스스로도 믿지 못할 만큼 기막힌 아이디어를 냈어요. 시대에 너무 앞선 나머지 다른 사람들은 몇 년이 지나서야 비로소 아인슈타인의 이론을 검토할 수 있었어요. 그런데 검토를 해 보니까 그 이론이 다 맞았어요! 아인슈타인은 어릴 때부터 자기와 빛에 관심이 아주 많았어요. 평범한 사람과는 다른 눈으로 세상을 보았지요. 다른 사람들이 주로 종이 위에 복잡한 계산을 한 반면 아인슈타인은 생각 실험을 좋아했어요. 아무리 복잡한 계산도 아인슈타인한테는 마치 영화처럼 눈앞에 좍 펼쳐졌다나요. 예를 들어 아인슈타인은 어떤 것도 빛보다 더 빨리 움직일 수 없다는 사실을 알았어요. 그런데 만약 빛을 타고 날아가면서 손전등으로 앞을 비춘다고 생각해 봐요. 그럼 손전등의 불빛은 아인슈타인이 올라탄 빛보다 더 빨리 앞으로 날아가는 게 아닐까요? 아인슈타인은 이런 문제를 곰곰이 생각해서 여러 가지 놀라운 과학적 발견을 했답니다. 세계에서 가장 유명한 공식 $E=mc^2$도 아인슈타인한테서 나왔지요.

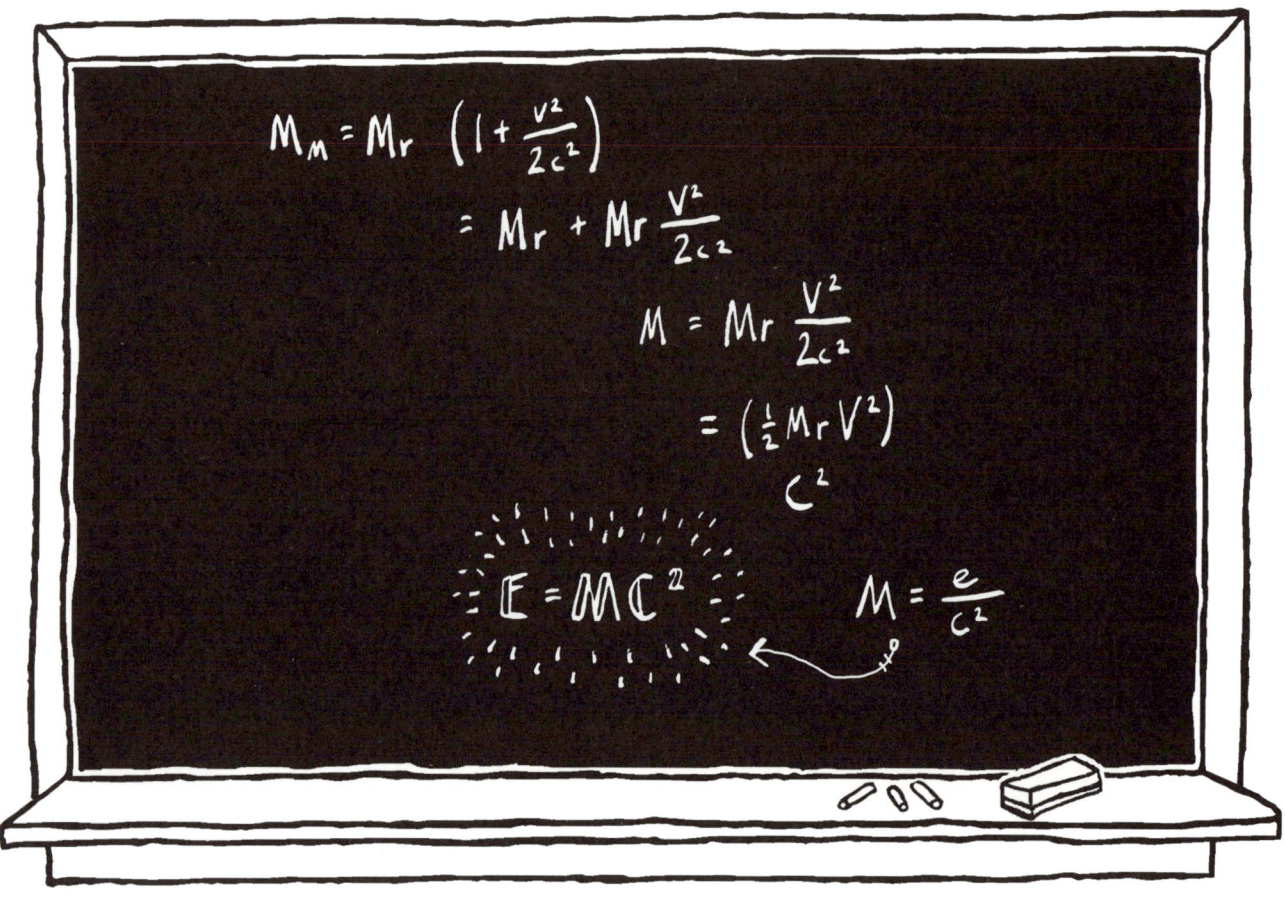

아인슈타인은 시간 여행 문제도 많이 생각했어요. 시간 여행이 과연 가능할까? 그렇다면 시간 여행을 어떻게 해야 할까? 이 책의 남은 절반은 이런 어려운 문제를 다루고 있어요. 빛과 광속에서 시작해 볼까요.

빛이 아주 느리다면 어떨까?

빛은 초속 30만 km로 움직여요. 그런데 그렇지 않다고, 예를 들어 1초에 고작 10cm만 움직인다고 해 봐요.

아침에 깨어나 전등을 켜요. 몇 초가 지나서야 모든 게 환해져요. 전등에서 나온 빛이 벽에 닿기까지 시간이 걸리니까요. 자리에서 일어나 엄마 아빠에게 인사를 하면 엄마 아빠가 대답을 해요. 놀라운 건 엄마 아빠 입술이 달싹거리는 모습이 보이기 전에 '너 일어났구나!' 하는 소리가 먼저 들려요. 소리는 1초에 300m를 움직이는데 빛은 고작 10cm를 움직이기 때문이지요. 그 말을 하는 입술이 보일 때면 이미 조용해졌거나 뭔가 다른 소리가 들려요. 잠시 후 여러분은 컴퓨터로 자동차 경주를 해요. 그런데 화면 속 자동차는 끊임없이 뭔가에 부딪쳐요. 모니터가 30cm 떨어져 있기 때문이에요. 화면에 나타나는 것을 3초 뒤에야 보고는 너무 늦게 방향을 바꾸죠. 'Game over'라는 화면까지도 한발 늦게 알아차려요.

학교 가는 길, 친구가 건너편에서 자전거 자물쇠를 열고 있어요. 얼른 달려가지만 친구는 없어요. 여러분이 거기 도착할 때쯤이면 친구는 벌써 다른 데로 가 버렸지요. 말이 나온 김에 얘기하면 자전거를 타는 것도 무척 위험한 일이에요. 다른 자동차나 자전거가 보이기 전에 벌써 쾅 부딪치고 말 테니까요. 달리는 버스의 맨 뒷자리에서 뒤쪽 유리창으로 내다본다면 시간을 거슬러 가며 세상일을 볼 거예요. 여러분이 빛을 따라잡거든요. 버스가 더 빨리, 더 오래 달릴수록 더 이전에 일어난 일을 보게 되지요. 흥미진진하지만 절대 좋은 일이 아니랍니다. 운전을 할 때 뒤차가 갑자기 튀어나올 때까지 추월당한 사실조차 전혀 알 수 없으니까요. 빛이 초속 10cm보다 훨씬 더 빨리 움직이는 세상에 살고 있다니 얼마나 다행이에요!

아인슈타인의 꿀밤

아인슈타인이 앞의 이야기를 읽었다면 꿀밤을 한 대 때리고 버럭 소리를 질렀을 거예요. "이 멍청아! 그 어떤 것도 빛보다 더 빠를 수 없어." 물론 아인슈타인이 옳아요. 앞의 이야기는 완전히 헛소리예요. 당연히 과학적이지도 않아요. 하지만 빛이 빠른 속도로 움직이는 게 우리 일상에 얼마나 중요한지 이제 이해했을 거예요.

빛은 아무것도 없는 공간에서만 이렇듯 빠른 속도로 움직여요. 공기나 물속에서는 좀 더 느리게 통과하지요. 물론 여전히 굉장히 빠른 속도지만요. 그런데 왜 아무것도 빛보다 더 빠를 수 없을까요? 왜 우리는 초속 35만 km의 속도로 날아갈 수 없을까요? 글쎄요, 일단 빛에는 질량이 없기 때문일 거예요. 광자, 즉 빛의 입자는 질량이 없어요. 그래서 가장 빠른 속도로 나아갈 수 있는 거지요. 하지만 중요한 이유가 하나 더 있어요. $E=mc^2$이라는 거예요.

- 3부 -

E=mc²

따로 컵이나 티셔츠 같은 물건에서 왕이나 여왕의 모습을 볼 수 있어요. 인기 가수나 영화배우는 별별 물건에서 다 찾아볼 수 있지요. 축구 선수나 디즈니 만화 속 주인공, 유명한 예술 작품도 마찬가지예요. 그렇다면 물리학 공식은 어떨까요? 아마 거의 없을 거예요. 그런데 딱 하나 예외가 있어요. 모든 시대를 통틀어 가장 유명한 공식 E=mc² 말이에요. 다섯 개의 기호로 이루어진 이 공식은 컵과 옷, 쿠션, 침대보. 핸드폰 케이스, 물병 등등을 장식해요. 아인슈타인이 그 권리를 주장했다면 큰 부자가 되었을 텐데! 무엇보다도 재미있는 건 이 공식이 정확하게 어떤 뜻인지 아는 사람이 거의 없다는 사실이에요. 하지만 여러분은 곧 그 의미를 알게 될 거예요.

E=mc² 은 '에너지는 질량 곱하기 광속의 제곱과 같다.'는 뜻이에요. 좀 더 풀어서 말하자면, 에너지는 질량 곱하기 광속 곱하기 광속과 같다는 말이지요.

E는 에너지를 뜻해요. 에너지가 뭔지는 다들 알아요. 열과 빛, 운동하는 물체는 에너지를 가지고 있어요. 에너지는 뭔가 데우거나 밝히거나 움직일 수 있어요.

m은 질량을 뜻해요. 질량과 무게를 혼동하는 사람도 많아요. 그럼 물리학자들이 아주 싫어할 거예요. 질량과 무게는 전혀 다르거든요. 무게는 장소에 따라 달라질 수 있어요. 중력이 약한 달에서 잰 무게는 지구에서 잰 무게의 약 6분의 1에 지나지 않아요. 심지어 우주 공간에서는 뭔가 끌어당기는 게 없기 때문에 무게가 없어요. 질량과 무게 사이에는 중요한 차이가 있어요. 질량은 언제나 똑같지만 무게는 달라질 수 있답니다.

지구에서 잰 여러분의 질량이 40kg이라면 우주 어디에서나 그게 여러분의 질량이에요. 질량은 '물체를 움직이기 어려운 정도'로 나타낼 수도 있어요. 질량이 작은 물체는 움직이기 쉽지만, 질량이 큰 물체는 움직이기 어렵지요. 깃털은 질량이 아주 작고, 히말라야산맥은 아주 크답니다. 아이스크림 가게에서 얼쩡거리는 아이도 질량이 꽤 나가는 것처럼 보이네요!

c는 빛의 속도, 즉 광속이에요. 초속 약 30만 km이지요. c^2에서 2는 제곱이에요. 제곱은 같은 수를 두 번 곱한 값이에요. 3^2은 3 곱하기 3, 즉 9이지요. 그럼 10의 제곱은 몇일까요? 맞아요. 100이에요. 광속의 제곱은 30만 곱하기 30만, 그러니까 900억이랍니다.

우리 몸은 거대한 에너지원일까?

이제 $E=mc^2$이 무슨 뜻인지 알았어요. 그것으로 무엇을 할 수 있을까요? 아인슈타인의 방정식에서 중요한 건 에너지와 질량이에요. 광속은 언제나 초속 30만 km로 절대 변하지 않아요. 그건 $E=mc^2$이라는 공식에서 c^2의 값은 결코 변하지 않는다는 뜻이지요. E가 커지면 m도 커지고 E가 작아지면 m도 작아져요. 에너지와 질량은 이처럼 직접 관련이 있어요. 그뿐만이 아니에요. 에너지와 질량은 그저 관련이 있는 게 아니라 사실 똑같은 거예요. 그래서 질량은 에너지가 될 수 있고 에너지는 질량이 될 수 있답니다.

무려 900억이라니 c^2은 어마어마하게 크네요. 그건 아주 작은 질량으로도 엄청난 에너지를 얻을 수 있다는 뜻이에요. 실제로 질량이 아주 작은 입자에서 아주 많은 에너지를 끌어낼 수 있어요. 바로 그런 일이 원자력 발전소에서 일어나고 있지요. 여러분의 몸도 아주 거대한 에너지원이에요. 몸의 질량을 에너지로 안전하게 바꿀 수만 있다면, 밝은 등불 여러 개를 수천 년 동안 밝힐 수 있을 거예요. 물론 아직 연구가 그만큼 이루어지진 않았어요.

수성	금성	지구	달	화성	목성	토성	천왕성	해왕성
15.2kgf*	36.4kgf	40kgf	6.7kgf	15.2kgf	93.6kgf	42.4kgf	36.8kgf	47.6kgf

*kgf는 무게(힘), kg는 질량의 단위이다. 이 그림은 지구에서 잰 몸무게가 다른 행성에서는 얼마인지를 보여 주므로 kgf로 표기했다.

— 3부 —

이걸 읽는 동안에도 태양은 200억 kg 가벼워진다!

오래전부터 알려진 아주아주 중요한 법칙 두 가지가 있어요. 하나는 **질량 보존의 법칙**이에요. 어떤 일이 일어나든 질량은 변하지 않아요. 적어도 이 법칙에 따르면요. 아무리 이상하게 들려도 질량 보존의 법칙은 확고부동해요. 이에 따르면 벽난로 속 장작의 질량은 언제나 그대로 남아 있어요. 하지만 장작이 다 타 버리면 재만 남잖아요? 후 불면 그냥 날아가 버릴 텐데요. 그럼에도 질량 보존의 법칙은 맞아요. 연기 속의 그을음 입자를 모두 모으면 장작의 질량을 다시 얻거든요. 여러 번 실험을 해 봐도 똑같아요. 우주에서도 질량은 변하지 않아요.

별이 폭발하면 그 입자는 이리저리 날아다니다가 저 멀리서 다시 새로운 별이나 행성을 이루지요. 어떤 입자도 그냥 휙 사라지지는 않아요.

왜 움직이면 따뜻해질까

다른 하나는 **에너지 보존 법칙**이에요. 이 법칙이 어떤 건지 짐작했겠죠. 에너지는 절대로 사라지지 않아요. 언제나 그대로 남아 있어요. 비록 다른 형태로 바뀌기는 하지만 전체 에너지의 양은 언제나 일정합니다.

예를 들어 열이 공간에 퍼져 점점 옅어지면 잘 느끼지 못할 수도 있지만 열은 결코 사라지지 않고 거기 있어요. 운동 에너지가 열 에너지로 바뀔 수도 있어요. 믹서를 한참 돌리면 뜨끈뜨끈해져요. 믹서 날의 운동 에너지가 열로 바뀐 거지요. 빛 에너지가 열로 바뀌기도 해요. 해변에서 몸이 따뜻해지는 건 햇빛이 우리 몸을 데우는 열로 바뀌기 때문이에요. 해변에 누워 있는데 갑자기 구름이 나타나 태양을 가릴 때 잘 알아챌 수 있죠.

이 두 법칙은 무척 논리적이고 확실해요. 그런데 문제가 하나 있어요. 별이 질량을 잃고 있다는 거예요. 우리 태양만 해도 점점 가벼워져요. 놀라지 마세요! 태양의 중심에서는 1초에 약 40억 kg의 질량이 사라지고 있어요! 하루도 아니고 한 시간도 아니고 단 1초에!(너무 걱정 마요. 태양이 어찌나 큰지 우리는 전혀 알아차리지 못해요. 태양은 아직 수십억 년은 더 타오를 거예요.)

삐뽀 삐뽀 삐뽀!

태양이 잃어버린 질량은 어디 있을까요? 어디에도 없어요. 지구에도 화성에도 우주에도 없어요. 질량이 그냥 사라져 버린 걸까요? 아니에요. 에너지로 바뀌었어요. 이런 일은 모든 별에서 일어나요. 어쨌든 질량이 그냥 사라진 거라면 질량 보존의 법칙이 틀린 거 아닐까요? 삐뽀 삐뽀 삐뽀! 경고등을 울려야 할지 망설였지만 그 법칙은 여전히 유효해요. $E=mc^2$이란 공식 덕분이지요. 질량이 에너지로 바뀐 것뿐인데, 사실 에너지는 질량이잖아요. 휴, 아인슈타인 덕분에 가슴을 쓸어내릴 수 있어요.

태양 같은 별의 중심에서는 수소 원자핵이 서로 충돌하고 결합하면서 헬륨 원자핵이 만들어져요. 이런 현상을 핵융합이라고 해요. 이때 아주 적은 질량이 사라지면서 엄청난 에너지가 만들어져요. 별이 내는 열과 빛이 바로 이 에너지예요. 원자력 발전소의 원자로에서는 우라늄 같은 무거운 원자의 핵이 가벼운 원자핵으로 쪼개지면서 아주 적은 질량이 사라지고 엄청난 에너지가 나와요.

우주의 첫 입자는 어떻게 생겨났을까

$E=mc^2$에 따르면 에너지가 질량으로 바뀔 수도 있지 않을까요? 빛으로 입자를 만들 수도 있지 않을까요? 네, 그럼요! 빅뱅 때 바로 그런 일이 일어났어요. 우주의 첫 번째 입자들이 그렇게 생겨났어요. 에너지를 질량으로 바꾸는 건 과학자들도 할 수 있어요. 특수한 장치를 이용해 강한 에너지의 빛을 입자로 바꾸는 데 성공했지요.

우주 속 모든 물질이 다 어디에서 왔을까? 이제 이 질문에 거의 완벽하게 답할 수 있어요. 우주가 시작될 때 모든 게 어마어마하게 뜨거웠어요. 입자들은 이 열에너지에서 생겨났어요. 그런데 원래 우리가 풀려던 문제는 그게 아니에요. 왜 어떤 것도 빛보다 더 빠를 수 없을까? 마침내 우리는 우주 비행사 프리츠와 알프레드의 도움을 받아 이 문제를 풀 수 있게 되었어요.

프리츠와 알프레드가 우주 비행선을 타고 거의 빛의 속도, 광속으로 날아가요. 프리츠가 말했어요. "알프레드, 속도를 더 내 봐. 광속에 도달해 보자고!" 더 빨리 날아가려면 에너지가 더 많이 필요해요. 그럼 $E=mc^2$에서 E의 값이 더 커져요. c^2은 일정하니까 m이 더 커져야 해요. 우주 비행선은 속도를 내려고 하면 할수록 점점 더 무거워져요. 우주 비행선이 무거워지면 속도를 내기 위해 에너지가 그만큼 더 필요하고요. 결국 우주 비행선은 한없이 무거워지기만 하겠지요. 그래서 그 어떤 것도 빛보다 더 빨리 움직일 수 없는 거예요. 빛은 질량이 없기에 상상할 수 없을 만큼 빨리 움직일 수 있고요.

질량이 없는 물체만 빛만큼 빨라질 수 있어요. 하지만 그런 게 어디 있겠어요?

- 3부 -

시속 200만 km의 속도로 우주를 돌아다니기

아인슈타인의 생각 실험 덕분에 우리는 우주가 어떻게 작동하는지 훨씬 더 잘 알게 되었어요. 1분은 언제나 1분이라고요? 1m는 언제나 1m라고요? 아니에요. 아인슈타인은 이처럼 평범하다고 생각했던 일들이 실은 우리 생각이랑 아주 다르다는 사실을 밝혔거든요. 시간도 거리도 관측하는 사람에 따라 달라진답니다.

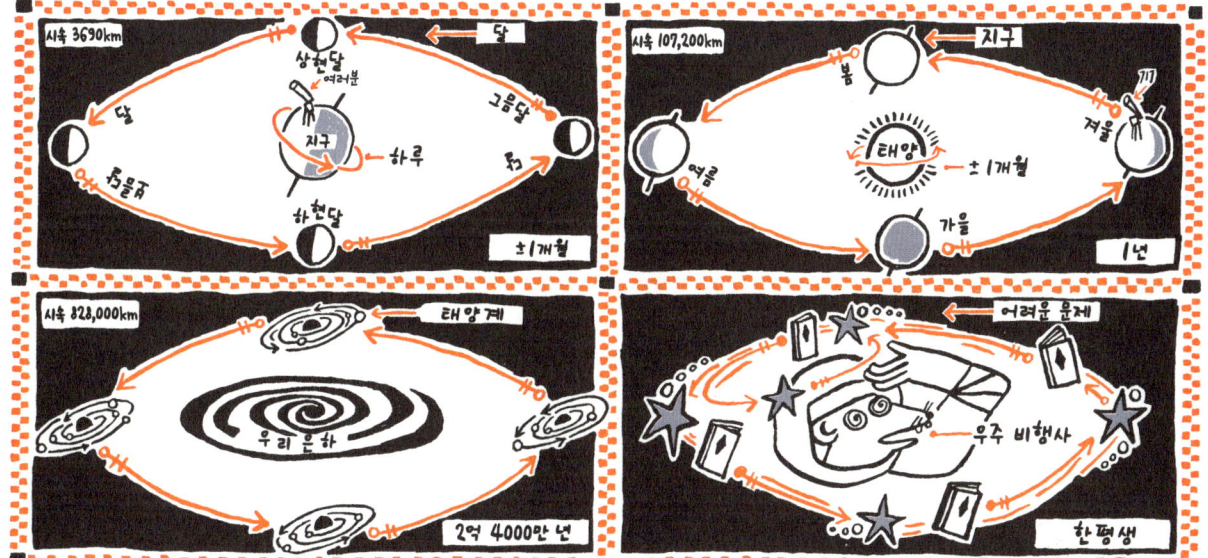

누구도 멈춰 있지 않아, 지금 이 순간에도

여러분은 스스로 생각하는 것보다 더 많이 움직여요. 빠르게요. 의자에 가만히 앉아 이 책을 읽으면서도 계속 움직인답니다. 우연히 적도 근처에 있다면 더 빨리요. 지구는 자전축을 중심으로 자전하는데 적도 근처에 사는 사람은 시속 약 1670km 속도로 움직이거든요.

이렇게 빨리 도는데 안전모라도 써야 하지 않을까요? 아, 관둬요. 지구는 스스로 돌 뿐만 아니라 시속 약 10만 7000km의 속도로 태양 주위를 돌기도 해요. 이런 속도에선 안전모를 써 봤자 별 도움이 안 돼요. 태양도 그냥 가만히 있지 않아요. 우리은하의 중심 주위를 시속 약 80만 km의 속도로 빙빙 돌거든요. 우리은하도 마찬가지로 누구에게도 질 수 없다는 듯 우주 공간을 달리고 있지요.

우리은하의 속도는 무려 시속 200만 km예요. 여러분이 지금까지 가만히 앉아 있다고 생각한 건 정말, 천만의 말씀 만만의 콩떡이에요!

그나저나 여러분의 진짜 속도는 얼마일까요? 이 가운데 어떤 속도가 '맞을까요?' 글쎄, 바로 그게 문제랍니다. 이 속도는 다 맞아요. 이 모든 속도가 다 여러분의 속도예요. 누구와 비교하는지 또 무엇과 비교하는지에 따라 달라질 뿐이지요. 그러니까 속도는 딱 하나만 맞는 게 아니랍니다. 그뿐 아니에요. 시간도 맞는 게 딱 하나만 있지는 않아요. 시간은 여러분이 얼마나 빨리 움직이느냐에 따라 달라져요. 이걸 설명하려면 우리는 흐루스베이크 출신 민케 판델프트랑 테니스를 쳐야 해요. 그것도 열차 안에서 대포를 쏘면서요. 안녕, 민케!

경고!

미리 경고를 해 두자면, 그리 재미난 이야기가 아니에요. 여러 번 되풀이해 읽어야 이해할지도 모르고요. 하지만 끝까지 읽는다면 아인슈타인의 이론 가운데 아주 중요한 이론을 이해할 수 있어요. 그것도 누구나 이해하고 싶지만 잘 이해 못하는 이론을요. 그러니까 노력할 만한 가치가 있지요. 지루하다고 생각해도 괜찮아요. 어쩌면 몇 년 뒤에는 이 이론이 마음에 들지도 몰라요.

- 3부 -

시속 100km의 속도로 가만히 서 있기

아래 그림에 흐루스베이크 출신 민케 판델프트가 보여요. 멈춰 있는 열차 속 민케한테는 테니스공을 쏘는 대포가 있어요. 대포는 테니스공을 시속 100km의 속도로 열차 뒷면을 향해 쏘았어요. 우리는 열차 옆에 서서 속도계로 테니스공의 속도를 쟀어요. 시속 100km예요. 민케가 본 테니스공의 속도와 같았지요.

아래 그림에 다시 흐루스베이크 출신 민케 판델프트가 보여요. 이제 열차는 시속 100km의 속도로 달리고 있어요. 민케한테는 아무것도 달라지지 않아요. 테니스공은 민케한테서 똑같은 속도로 열차 뒷면으로 멀어져요. 여전히 시속 100km의 속도예요. 하지만 옆에서 지켜보는 우리한테는 뭔가 달라졌어요. 우리한테는 마치 공이 멈춰 있는 것처럼 보이거든요. 기차는 시속 100km의 속도로 오른쪽을 향해 달리고, 공은 똑같은 속도로 왼쪽을 향해 날아가기 때문이에요. 우리 속도계에는 공의 속도가 시속 0km로 나타났어요.

민케는 공이 시속 100km로 날아간다고 생각해요. 우리는 공이 멈춰 있다고 생각하지요. 누가 옳을까요? 둘 다 옳아요. 두 가지 속도가 다 맞거든요. 똑같은 실험을 더 해 볼게요. 이번에는 공이 아니라 빛으로 말이에요.

84

여기 누가 있는지 좀 봐요! 흐루스베이크 출신 민케 판델프트! 민케는 이제 기차가 달리는 방향이랑 반대쪽으로 손전등을 비추고 있어요. 기차는 시속 100km로 달려요. 손전등 빛은 민케가 쟀을 때 자기한테서 딱 빛의 속도, 즉 광속으로 멀어지고 있어요.

그럼 우리한테는 빛의 속도가 어떻게 보일까요? 빛의 속도에서 시속 100km를 뺀 만큼? 아니에요. 빛은 테니스공이랑 행동하는 게 달라요. 빛은 누구한테나 늘 똑같은 속도로 보이거든요. 우리는 흐루스베이크 출신 민케 판델프트와 똑같은 속도로 빛을 본답니다. 심지어 광속으로 날아가는 우주 비행선에 타고 있어도 전조등에서 나오는 빛의 속도는 평소와 같아요. 진공 속에서 광속은 언제나 초속 30만 km예요.

아주 특이한 생각 실험을 해 볼까요? 우주 비행선에 타고 있다고 생각해 봐요. 우리 옆에는 다른 우주 비행선이 같은 방향, 같은 속도로 어두운 터널을 통해 곧장 날아가고 있어요. 그럼 우리에게는 옆의 우주 비행선이 서 있는 것처럼 보여요. 당연해요. 이번엔 우리가 이 터널 속의 광자, 즉 빛의 입자라고 해 볼까요? 우리 옆에는 다른 광자가 같은 방향으로 날아가고 있어요. 그럼 우주 비행선에 탔을 때처럼 우리에게는 그 광자가 서 있는 것처럼 보일까요? 아니에요. 우리는 그 광자가 초속 30만 km의 속도로 날아가는 것을 보게 되지요……. 말도 안 된다고요? 좋아요. 우선 사실이라고 믿으세요.

광속으로 날아가는 우주 비행선에서 전조등을 켠다고 생각하면 좀 더 이해하기 쉬울지 몰라요. 전조등의 빛은 그냥 평범하게 보여요. 어두운 밤에 자전거의 전조등에서 나오는 빛처럼 앞을 밝혀 주지요. 자전거가 광속으로 달릴 때도 마찬가지예요.(어두울 땐 꼭 전조등을 켜고 자전거를 타세요! 늘 조심해야 해요.)

– 3부 –

짧아지는 길이, 느려지는 시간

빛은 진공 속에서 언제나 광속으로 움직여요. 그건 세상에서 가장 명백한 법칙이라고 할 수 있어요. 이 법칙은 1분은 1분의 시간이라거나 1m는 언제나 1m의 길이라는 법칙보다 더 명백해요. 이제 주목하세요! 길이가 짧아지기도 하고 시간이 느려지기도 하니까요.

그림을 참고하면서 다음 내용을 차분히 읽어 보세요. 민케는 왼쪽으로 손전등을 비추었어요. 우리는 빠르게 달리는 기차를 보고 있지요. 손전등을 어느 쪽으로 비추든 손전등에서 나온 빛은 민케에게나 기차 옆의 우리에게나 같은 광속으로 날아가요. 다 아는 내용이라고요? 이제부터 중요해요. 빛이 기차 뒷면에 도달할 때까지 걸리는 시간이 서로 달라지거든요. 민케의 입장에서는 빛이 기차 뒷면까지 정상적인 거리를 지나요. 하지만 우리 입장에서는 빛이 기차 뒷면까지 지나는 거리가 짧아요. 빛이 기차 뒷면으로 나아가는 동안 기차가 앞쪽으로 달렸기 때문이지요. 다시 말해 우리는 빛이 기차의 뒷면에 도달하는 것을 민케보다 빨리 본다는 거예요. 광속은 같은데 빛이 기차 한 칸을 지나는 시간이 짧아졌다는 건 기차 한 칸의 길이가 짧아졌다는 뜻이에요. 사실 움직이는 물체의 길이가 줄어드는 '길이 수축 효과'는 설명하기 아주 어려워요. 여기에서는 여러분의 이해를 돕기 위해 좀 무리하게 설명했어요. 아무리 읽어도 이해할 수 없다고 고민하지는 마세요. 그냥 움직이는 물체의 길이가 줄어든다는 사실만 알고 있으면 되니까요.

잠깐! 주의할 게 있어요. 물체의 길이가 줄어드는 효과는 상대적이에요. 민케를 기준으로 생각하면 민케는 멈춰 있고 바깥세상이 뒤로 달리는 셈이에요. 그러니까 우리가 잰 민케의 기차가 줄어드는 것처럼 민케가 본 바깥세상의 길이도 줄어들어요. 우리가 본 선로의 길이가 1km라면, 달리는 기차에서 민케가 본 선로의 길이는 그보다 짧답니다.

— 알베르트 아인슈타인과 독창적인 생각 —

여러분이 믿거나 말거나, 우리가 더 빨리 움직일수록 이동 거리는 짧아져요. 달리기 선수 우사인 볼트가 경기에 나가면 거의 이기는 것도 그리 놀랍지 않아요. 가장 빨리 달리니까 가장 짧은 거리를 달리거든요! 물론 농담이에요. 여기 지구 위에서는 그 차이를 알아챌 수 없지만 우주에서 속도가 아주 빨라질 땐 '길이 수축'이 큰 역할을 하지요.

시계의 종류는 참 다양해요. 모양도 크기도 다 다르죠. 민케한테는 아주 특별한 시계가 있어요. 민케의 시계는 빛 신호로 작동하거든요. 빛 신호는 열차 바닥과 천장 사이를 끝없이 반사하며 왕복해요. 우리는 광속도 알고 빛 신호 사이의 간격도 알아요. 그러니까 빛 신호가 바닥과 천장 사이를 한 번 왕복하는 데 걸리는 시간도 정확히 알 수 있지요. 빛 신호가 한 번 왕복할 때마다 시곗바늘이 한 번 째깍거리는 거나 마찬가지인 셈이에요.

빛 신호가 7만 5000번 왕복하는 데 1초가 걸린다고 생각해 봐요. 기차가 서 있을 때 우리와 민케가 본 빛 신호의 왕복 횟수는 똑같아요. 민케의 시계와 우리의 시계가 가리키는 시간이 똑같다는 거지요.

지금은 기차가 아주 빠른 속도로 달리고 있어요. 민케한테는 변화 없이 빛 신호가 7만 5000번 왕복할 때마다 1초가 지나가요. 민케가 볼 때 빛 신호는 여전히 수직으로 왕복해요. 하지만 우리한테는 빛 신호가 다른 길로 움직여요.

우리가 볼 때 빛 신호는 기차와 함께 움직이니까 바닥과 천장 사이를 비스듬히 왕복해요. 비스듬한 길은 수직으로 뻗은 길보다 길어요. 그림처럼 150cm에서 170cm로 늘어난 셈이지요. 빛의 속도인 광속은 언제나 일정하므로 민케와 우리에게 모두 같아요. 그런데 우리가 본 빛 신호는 더 먼 거리를 왕복해요. 즉, 빛 신호가 한 번 왕복하는 데 더 오랜 시간이 걸린다는 뜻이에요.* 그래서 우리가 빛 신호를 다 볼 때까지 민케의 시계는 더 느리게 움직인답니다.** 와우! 시계가 느려질 뿐 시간이 느려지는 것은 아닐 거라고요? 우리 입장에서 민케의 시간은 정말 느리게 흐른답니다. 시간이 느려지는 효과도 상대적이에요. 민케한테는 자기 시간이 정상이고, 우리 시간이 느리게 흐르지요. 아무리 빠른 속도로 움직여도 자신이 측정한 자신의 시간은 변하지 않아요. 나와 상대 속도***로 움직이는 외부 관측자가 측정한 나의 시간이 느리게 흐른다는 거지요.

*속도=거리/시간이다. 광속은 변하지 않으므로 거리가 길어지면 시간도 늘어난다. **예컨대 빛이 왕복하는 데, 우리 시계가 10번 째깍거리면 민케의 시계는 느리게 7번만 째깍거린다는 말이다.
***운동하는 하나의 물체에서 본, 운동하는 다른 물체의 속도.

- 3부 -

나이 차이가 30년 나는 쌍둥이
(네, 그럴 수도 있어요!)

기차나 우주 비행선이 더 빨리 움직일수록 시계는 더 천천히 가요. 물론 자동차나 비행기의 속도에서는 이를 전혀 알아차릴 수 없고 정말 빠른 속도에 이르러서야 그 효과를 느낄 수 있어요. 흥미로운 생각 실험 하나를 해 볼까요? 그레고리와 안잘리는 쌍둥이예요. 스무 살에 그레고리는 우주 비행선 제작자가 되었고 안잘리는 우주 비행사가 되었어요. 안잘리는 우주 비행선을 타고 우주여행을 떠났어요. 광속에 견줄 만큼 아주 빠른 속도로 말이에요. 지구에 돌아왔을 때 안잘리는 고작 서른 살 더 먹었지만 그레고리는 꼬부랑 할아버지가 되어 있었답니다. 안잘리한테는 시간이 훨씬 더 천천히 흘렀거든요. 비록 생각 실험이지만 정말이라고 해요!

무거울수록 느려지는 시간

시간에 영향을 주는 것은 속도뿐만이 아니에요. 중력도 마찬가지로 중요한 역할을 해요. 지구에서 보내는 두 시간은 우주에서 보내는 두 시간이랑 달라요. 인공위성을 우주에 쏘아 올릴 때는 이 사실을 고려해야 해요. 그렇지 않으면 내비게이션 시스템이 제대로 작동하지 않아요. 중력이 큰 장소에서는 시간이 천천히 흘러요. 지구의 중력은 지표에서 멀어질수록 약해져요. 우주 공간에서는 시간에 영향을 미치는 중력이 거의 없어요. 우주 비행사도 둥둥 떠다닐 정도이지요. 고층 빌딩 꼭대기의 중력은 맨 아래층보다 당연히 약해요. 그럼 고층 빌딩 꼭대기의 시계는 맨 아래층의 시계보다 빠를까요? 네! 과학자들이 아주 정밀한 시계로 재 봤더니 정말 그랬답니다. 평지의 시계는 높은 산속의 시계보다 천천히 흘러요. 하지만 조금이라도 천천히 늙겠다고 평생 바닷가에 머무는 건 헛수고예요. 그 차이는 원자시계 같은 정밀한 장치로만 간신히 잴 수 있을 만큼 아주 작거든요. 일상에서는 전혀 알아채지 못해요.

시공간

속도는 시간과 공간에 영향을 미쳐요. 속도가 빨라지면 시간이 느려지고 길이가 줄어들었잖아요. 그런데 속도가 무엇인가요? 속도는 어떤 물체가 일정한 시간 동안 공간에서 지나는 거리예요. 1초에 몇 m, 1시간에 몇 km, 또는 14초 동안 100m를 달렸다는 식이지요.

바로 앞 단락의 첫 문장으로 돌아가 볼까요. '속도는 시간과 공간에 영향을 미쳐요.' 이 문장의 '속도'를 '일정한 시간 동안 공간에서 지나는 거리'로 바꿀 수 있어요. 그럼 다음 문장이 된답니다. '일정한 시간 동안 공간에서 지나는 거리는 시간과 공간에 영향을 미쳐요.'

시간과 공간이 시간과 공간에 영향을 미친다는 건 시간과 공간이 가깝게 연결되어 있다는 뜻이에요. 사실 과학자들은 시간과 공간을 따로 다루지 않고 하나로 묶어서 다뤄요. 그게 바로 시공간이랍니다.

곰곰이 생각해 보면 꽤 논리적인 이야기예요. 흐루스베이크 출신 민케 판델프트가 자전거를 타고 수영장에 가자고 약속할 때 공간(그러니까 어떤 장소)과 시간을 정해야 해요. 이렇게 말이에요. '토요일 두 시 정각에 우리 집 앞에서 만나.' '토요일 두 시 정각'을 빼고 장소만 알려 줘서는 소용없어요. 친구들이 집 앞에서 오랫동안 기다릴 수도 있으니까요. 시간과 공간이 아주 다른 점도 있어요. 공간에서는 가능성이 많아요. 광장은 물론 학교 운동장이나 다른 친구의 집 앞에서 만나자고 약속할 수 있지요. 또 어떤 방향으로든 갈 수 있고요. 그런데 시간에서는 오직 한 방향, 미래로만 갈 수 있어요. 그저께 오후 3시에 수영장에 가자고 약속하는 건 아무 의미가 없잖아요.

그동안 도와줘서 고마워요, 흐루스베이크 출신 민케 판델프트!

- 3부 -

중력과 관성력, 구별할 수 없어!

혹시 지금 안락의자에 편안히 앉아 있나요? 아니면 바닥을 딛고 서 있나요? 소파에 누워 있나요? 무엇을 하든 여러분은 의자나 바닥이나 소파에서 자기 몸무게를 느껴요. 중력 때문이지요. 중력은 늘 여러분을 땅으로 끌어당기거든요. 그럼 이제 어디선가 둥둥 떠 있는 듯 중력을 느끼지 않는다고 상상해 보세요. 눈가리개 때문에 주변을 볼 수도 없고요. 여러분은 어떤 상황에 있는 걸까요? 혹시 우주 공간에 떠 있는 걸까요? 우주 공간에는 중력이 없잖아요. 아니면 잠깐 급강하하는 커다란 비행기 안에 떠 있는 걸까요? 아니면 체인이 끊어져 막 떨어지는 엘리베이터 안에 있을지도 모르지요. 이런 경우에는 중력을 느끼지 못해요. 그러니까 눈을 가린 채 갑자기 깨어나서 중력을 느끼지 못하면 어떤 상황인지 결코 확실하게 말할 수 없어요.

"그래서요?" 어쩌면 여러분은 이렇게 물을지도 몰라요. 잠깐만 기다려 봐요, 이제 곧 흥미진진해져요.

왜 자동차가 급정거를 하면 몸이 앞으로 쏠릴까

그런데 그 반대도 가능해요. 없는 힘이 있는 것처럼 느껴질 때도 있거든요. 급히 출발하느라 자동차 가속 페달을 힘껏 밟을 때요. 그럼 몸이 뒤쪽으로 쏠리면서 좌석을 짓눌러요. 어떤 힘이 몸을 확 끌어당기는 느낌이지요. 자동차가 속도를 더 내지 않고 그대로 유지하면 이런 느낌은 사라져요. 자동차가 곧게 뻗은 도로를 일정한 속도로 달릴 때 눈을 지그시 감아 보세요. 그럼 자신이 움직인다는 사실조차 알아차리지 못할걸요. 속도가 빨라지거나 느려질 때 비로소 힘을 느끼게 되지요. 하지만 속도를 높일 때와 낮출 때의 느낌은 정반대예요. 가속 페달을 밟으면 몸이 뒤로 쏠리지만 브레이크를 밟으면 몸이 앞으로 쏠리거든요. 그래서 차 안에서 안전띠를 매는 거예요.(안전띠! 늘 잊지 마요!)

속도가 일정 시간에 거리가 달라지는 비율이라면, 가속도는 일정 시간에 속도가 달라지는 비율이에요. 속도의 단위는 m/s(거리 나누기 시간)이고 가속도의 단위는

― 알베르트 아인슈타인과 독창적인 생각 ―

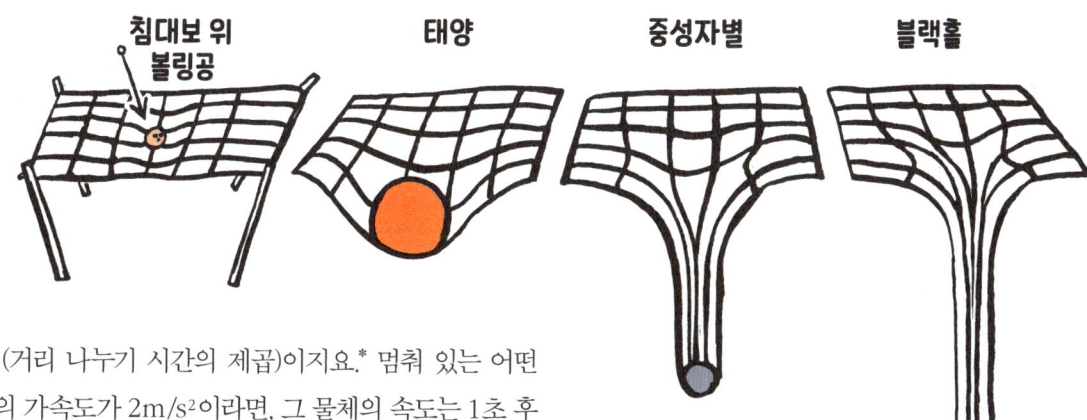

m/s²(거리 나누기 시간의 제곱)이지요.* 멈춰 있는 어떤 물체의 가속도가 2m/s²이라면, 그 물체의 속도는 1초 후에는 초속 2m, 2초 후에는 초속 4m, 3초 후에는 초속 6m, 4초 후에는 초속 8m라는 식으로 계속 빨라져요. 언덕에서 자전거를 타고 내려올 때 가속도를 잘 느낄 수 있지요. 산에서 멈추지 않고 데굴데굴 구를 때도 비슷한 느낌일 거고요. 너무 어렵다고요? 이제 재미있어져요.

왜 우주 공간의 시간은 지구의 시간보다 빠르게 흐를까

여러분은 우주 공간의 엘리베이터에 타고 있어요. 중력이 없기 때문에 둥둥 떠 있지요. 그런데 이 엘리베이터가 9.8m/s²의 가속도로 움직이면 상황이 달라져요. 자동차가 가속할 때 여러분 등이 좌석을 짓누르는 것처럼 여러분 발바닥이 엘리베이터 바닥을 짓누르거든요. 아마 여러분은 지구의 건물 1층에 멈춘 엘리베이터 안에 있다고 생각할 수 있어요. 가속도가 9.8m/s²인 엘리베이터 안에서 느끼는 힘의 크기는 지구의 중력과 비슷하기 때문이에요. 과학자들은 가속도 운동을 하는 물체가 받는 힘을 관성력이라고 불러요. 중력과 관성력은 그냥 비슷하기만 한 걸까요? 아니에요. 과학자들은 이 두 힘을 구별할 수 없다고 믿어요.

왜 중력이 시간에 영향을 미치는지 이제 알 수 있을 거예요. 앞 장에서는 속도가 시간에 영향을 준다는 사실을 설명했어요. 속도가 그렇다면 가속도는 더욱 그럴 테지요. 가속도가 시간에 영향을 준다면 관성력도 시간에 영향을 줄 거고요. 가속도는 관성력과 관계가 있으니까요. 그럼 당연히 중력도 시간에 영향을 주지 않겠어요? 중력과 관성력은 구별할 수 없다고 했잖아요.

그림 속 침대보가 시간(공간이 아니에요!)이고 한 칸의 폭이 1초라고 생각해 봐요. 무거운 물체 옆에서 한 칸의 폭, 그러니까 1초가 늘어나는 모습이 보이지요. 볼링공 옆에서는 1초가 조금 더 길어요. 시간이 그만큼 천천히 흐르는 거예요. 블랙홀의 경우엔 그 효과가 더 커요. 중력이 클수록 시간은 더 천천히 흐르니까요. 지구로부터 멀리 떨어진 우주(평평한 침대보)에서는 한 칸의 폭이 좁아요. 우주에는 중력이 거의 없어서 그래요. 그래서 시간이 지구보다 더 빠르게 흐르는 거랍니다.

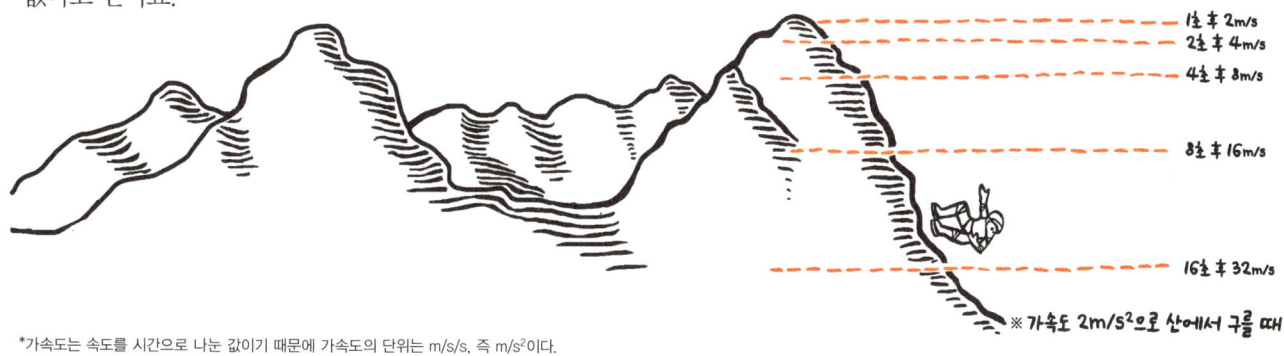

*가속도는 속도를 시간으로 나눈 값이기 때문에 가속도의 단위는 m/s/s, 즉 m/s²이다.

- 3부 -

평평한 우주, 구부러진 우주

지구에서는 중력을 느껴요. 지구의 중력은 마치 우주에서 가속되는 엘리베이터처럼 짓눌리는 힘, 즉 가속도가 $9.8 m/s^2$인 관성력과 같아요. 하지만 지표에서 멀어져 우주로 나아가면 중력을 느끼지 못해요. 지구에서 멀어질수록 중력이 약해지거든요. 중력은 관성력이랑 맞먹으니까 지구에서 멀어질수록 관성력도 줄어들어요. 결국 관성력은 0이 되는데, 그건 가속도가 0이라는 뜻이에요. 따라서 우주에서는 지구가 끌어당기는 힘도 느낄 수 없고, 가속도 때문에 짓눌리는 힘도 느낄 수 없어요. 지구뿐만 아니라 모든 행성과 달과 별에서도 마찬가지예요.

우리 우주, 물결이 일렁이는 크림수프

91쪽의 볼링공 그림을 떠올려 봐요. 48쪽의 볼링공 그림이랑 아주 비슷하잖아요. 거기에는 이렇게 쓰여 있었어요. '중력은 공간을 구부러뜨리지요.' 맞는 말이에요. 다만 이제 우리는 중력이 시공간을 구부러뜨린다는 것도 알아요. 시간과 공간은 서로 연결되어 있으니까요.

우주 공간은 곧게 뻗은 도로처럼 평평하지 않아요. 마치 굴곡이 지고 물결이 이는 크림수프 같아서 행성이나 별, 블랙홀 등의 무거운 천체들 주위에서는 전혀 곧지 않아요. 저 먼 별에서 나온 빛도 무거운 천체 주위에서는 구부러져요. 중력이 빛을 끌어당겨서 그런 건 아니에요. 빛은 질량이 없잖아요. 빛이 구부러지는 건 우주 자체가 구부러져 있기 때문이에요.

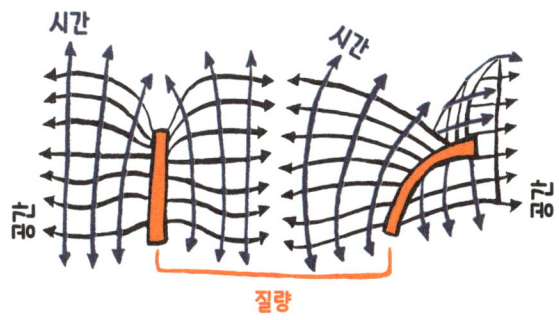

간단히 말해서:

- 눈을 가린 채 중력을 느끼지 못한다면 무슨 일이 일어나는지 확신할 수 없어요.(급강하하는 비행기 안에 있는지도 모르잖아요.)
- 눈을 가렸지만 중력을 잘 느껴도 무슨 일이 일어나는지 역시 확신할 수 없어요.(가속도 운동을 하는 우주 공간의 엘리베이터 안에 있는지도 모르잖아요.)
- 속도는 시간과 공간에 영향을 미쳐요.
- 행성과 별, 블랙홀 같은 무거운 물체는 시간과 공간을 구부러뜨려요.
- 그 결과 우주의 시공간이 구부러져 있는 거예요.
- 차에 탈 때 안전띠를 매는 건 아주 중요해요.

시공간이 구부러져 있다는 게 이해하기 참 어렵지요? 아인슈타인의 동료들도 그걸 이해할 때까지 몇 년이나 걸렸대요. 그래도 시공간이 뭔지 한 번이라도 읽어 보는 게 중요해요. 특히 시간 여행을 하고 싶다면요. 시간 여행을 해 보고 싶지 않은 사람이 어디 있겠어요? 하지만 그 전에 이 책에서 두 번째로 불편한 부분을 잠깐 살펴봐야 해요. 이제 곧 나와요. 지루해서 불편하다는 게 아니에요. 오히려 꽤 흥미진진하답니다. 어려워서 불편한 것도 아니에요. 아주 잘 이해할 수 있어요. 그 부분이 불편한 건, 음…… 그냥 불편하기 때문이에요. 자, 그럼.

– 3부 –

이 책에서 두 번째로 불편한 부분

이 책에서 두 번째로 불편한 부분에 오신 것을 환영합니다! 곧바로 시작하지요. 그러면 그만큼 빨리 끝날 테니까요. 자, 마음의 준비를 하세요!

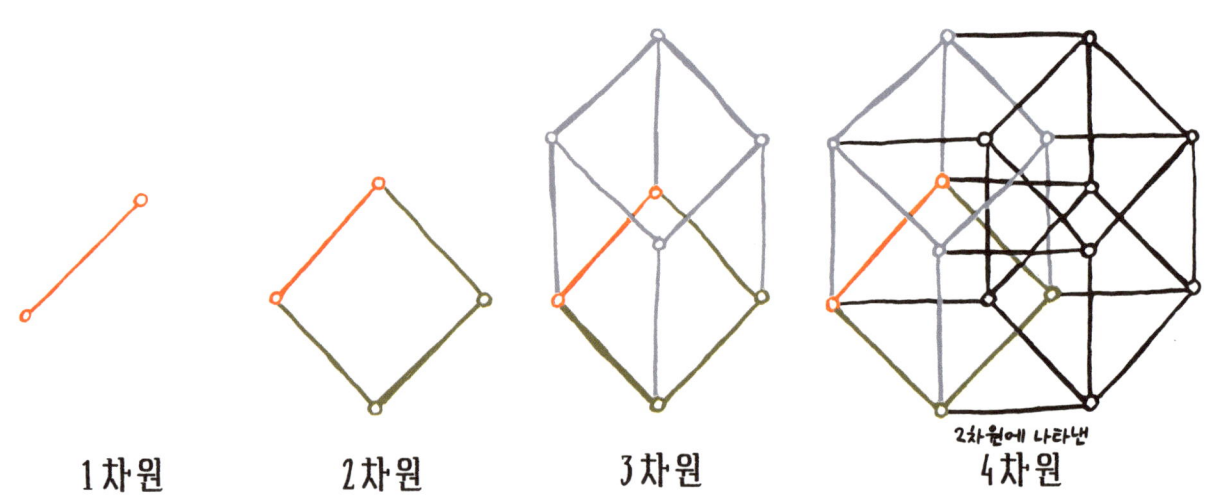

시간과 공간은 함께 시공간을 이루어요. 좋아요. 그런데 시공간을 어떻게 이해해야 할까요?

먼저 시간과 공간을 따로따로 살펴볼게요. 시간은 과거에서 오늘이라는 현재를 거쳐 미래로 이어지는 선으로 볼 수 있어요. 그리고 공간은, 음……, 그러니까 공간으로 볼 수 있어요. 이 공간에서 우리는 앞으로 갈 수도 있고 뒤로 갈 수도 있어요. 왼쪽과 오른쪽으로 갈 수도 있고 위와 아래로 갈 수도 있지요. 그렇게 움직일 가능성을 각각 하나의 차원으로 나타낼 수 있어요. 다시 말해 공간은 높이와 너비와 깊이라는 세 가지 차원으로 이루어진 셈이지요. 정육면체처럼 말이에요. 여기까지는 문제가 없어요. 아인슈타인은 차원에 대해 곰곰이 생각했어요. 그리고 차원 하나를 더했어요. 시간이라는 네 번째 차원 말이에요. 글쎄 요즘에는 차원이 더 많다고 주장하는 과학자들도 있다니까요. 어쨌든 이 부분이 왜 이 책에서 두 번째로 불편한지 알겠지요? 네 번째 차원을 어떻게 상상해야 할까요? 다섯 번째 차원은요? 그게 대체 어디 있는 거예요?

위와 아래, 왼쪽과 오른쪽, 앞과 뒤, 그리고 거시기와 그게 뭐였더라!

마치 주황색을 한 번도 본 적 없는 사람한테 주황색이 어떤지 설명하려는 것과 비슷해요. 우리 뇌는 3차원이 넘는 차원을 이해할 수 없거든요. 직선으로 이루어진 세상을 한번 생각해 볼까요. ——— 사실 그 세상은 이 선보다 가늘 거예요. 어쨌든 그 세상에 사는 주민들은 앞뒤로만 움직여요. 그런 세상이 바로 1차원이에요.

아니면 평면으로 이루어진 2차원 세상을 생각해 볼까요. ◇ 2차원 세상의 주민들한테 높이 이야기를 하면 어리둥절할 거예요. 3차원 세상에 사는 우리도 마찬가지예요. 4차원에 대해서는 아무것도 이해할 수 없어요.

어떻게 공간에 시간을 덧붙여야 할까요? 시간과 공간

은 완전히 다른 건데요! 화장실이 어딘지 물었다가 이런 대답을 듣고 싶진 않잖아요. "복도를 따라 왼쪽으로 가다가 계단을 내려가서 오른쪽 두 번째 문이에요. 그리고 내일모레이지요." 공간과 시간은 서로 비슷하지도 않아요. 완전히 다르다니까요. 시공간이라고 말하면 마치 추위와 소리를 합쳐서 하나로 만들어야 하는 것처럼 들려요. 서로 아무 관련이 없는 피곤함이랑 땅콩버터 또는 무지개랑 당구공을 합치는 것 같지요. 하지만 시공간은 분명히 존재해요! 시공간은 우주 전체의 그림을 높이 쌓아 올린 더미 같은 것으로 생각할 수 있어요. 그 그림들 한 장 한 장이 모두 시간의 한 순간이에요. 그냥 평범한 그림이 아니라 3차원 그림이지요. 만약 평범한 그림이었다면 이 부분이 이 책에서 두 번째로 불편할 이유도 없겠지요.

3차원 그림 더미

시공간은 3차원 그림이 높이 쌓여 이루어진 커다란 더미예요. 과거로 시간 여행을 한다는 건 그냥 그 그림 몇 장을 거슬러 올라가는 거예요. 미래는 어떨까요? 미래의 그림이 벌써 거기 있을까요? 어떤 사람들은 그렇다고 하고 다른 사람들은 아니라고 해요. 지금으로서는 딱 정해진 답이 없어요. 어쨌든 시공간은 무척이나 흥미진진해요. 우리는 공간 속을 이리저리 돌아다닐 수 있어요. 시간이 공간의 일부라면 시간 속도 이리저리 돌아다닐 수 있을까요? 어쩌면 벌써 그러고 있는지도 몰라요……

- 3부 -

북극에서 30km 북쪽으로?

이 책에서 두 번째로 불편한 부분을 다 마쳤으니 이제 우주의 모양에 대해 이야기해 볼까요. 그것도 식은 죽 먹기는 아니지만요. 눈을 감고 상상해 보세요. 계속해서 팽창하는 이 거대한 우주는 어떤 모양일까요? 점점 더 커지는 공 같은 게 눈앞에 떠올랐나요? 그게 꼭 들어맞는 건 아니에요. 우주는 훨씬 더 복잡하답니다.

여러분은 '눈에 보이는 우주'만 볼 수 있어요. 뭐라고요? 그럼 '눈에 보이지 않는 우주'도 있다는 건가요? 맞아요. 약 138억 년 전에 빅뱅으로 시작한 우주는 아주 빠르게 팽창하고 있어요. 팽창 속도는 먼 곳일수록 더 빨라요. 당연히 아주 먼 곳은 광속보다 빠르게 팽창하고 있지요. 지금 광속보다 빠르게 팽창하는 곳의 은하에서 나온 빛은 우리에게 영원히 도달하지 못해요. 그곳 너머의 우주가 바로 '눈에 보이지 않는 우주'랍니다. 눈에 보이는 우주는 지금도 초속 30만 km의 광속으로 사방으로 넓어지고 있어요. 어쨌든 전체 우주는 눈에 보이는 우주보다 훨씬 더 커요. 거기에 무엇이 있는지 아무도 몰라요. 하지만 눈에 보이지 않는 우주라고 눈에 보이는 우주와 완전히 다를 거라고 생각할 이유는 없어요.

우리 우주 주위에는 무엇이 있을까?

우주에서 눈에 보이는 부분은 공 모양이에요. 그럼 나머지는요? 우주 전체는 어떻게 보일까요? 그 문제를 곰곰이 생각하다 보면 오늘 하루를 제대로 망칠 거예요. 그래도 정 궁금하다면 초기의 작은 우주를 예로 간단하게 설명해 볼게요. 이 작은 우주가 전부였어요. 이 작은 우주가 어디를 둥둥 떠다녔을까요? 이 질문에는 답이 없어요. 우리 우주 주위에 무엇이 있었냐는 질문은 아무 의미가 없거든요. 마치 '북극의 북쪽에 무엇이 있을까?'라는 질문이랑 비슷해요. 우리 우주 바깥에 뭔가 있을 수도 있겠지요. 마치 지구 바깥에 뭔가 있듯이 말이에요. 하지만 거기 무엇이 있었는지 또 그게 어떻게 생겼는지 결코 알아낼 수 없어요. 우리 우주의 멀리 떨어진 천체에서 온 빛도 우리한테 닿지 못하는데, 하물며 우주 바깥의 천체에서 나온 빛이(만약 그런 빛이 있다면 말이에요.) 우리한테 닿겠어요?

온통 하얀 구슬의 표면을 상상해 보세요. 표면의 중심은 어디에 있을까요? 모든 지점에 있을까요? 아니면 어느 지점에도 없을까요? 지구랑 크기가 똑같고 둥글며 매끄러운 구슬 행성이 있다고 상상해 봐요. 그 위에서 달리면 구슬 행성이 평평하게 느껴져요. 옛날 사람들도 지구가 평평하다고 생각했잖아요. 여러분이 아무리 달려도 구슬 행성의 가장자리에는 이르지 못할 거예요. 구슬 행성의 표면에는 가장자리가 아예 없으니까요. 우리 우주도 마찬가지예요. 구슬 행성의 표면이 2차원이듯이 우주 공간은 3차원이에요. 하지만 구슬 행성 표면의 바깥에서 보면 구슬 행성이 3차원이듯 우리 우주는 4차원이에요.

우주의 모양을 떠올리고 싶다면 머릿속에서 가장자리가 없는 4차원 공간을 상상해야 해요. 거기선 모든 곳이 중심이지요. 그럼 시작해 보세요. 부디 재미있길 바랄게요. 정말 하려고요? 제발 그만 두세요! 시간이 아깝잖아요. 그 대신 훨씬 더 재미난 일을 하자고요. 이제 시간을 조금 거슬러 올라가 보려고 해요. 우주 여기저기가 휘어져 있으니까 언젠가는 시간 여행이 가능할지도 몰라요.

잠깐만요!

눈에 보이는 우주는 그 빛이 우리에게 도달할 수 있는 은하들로 이루어져 있어요. 그중에는 나이가 거의 130억 년이나 되는 은하도 있지요. 그 은하에서 나온 빛이 우리에게 도달할 때까지 약 130억 년이 걸렸어요. 그렇다고 그 은하가 우리한테서 약 130억 광년 떨어져 있다는 건 아니에요. 그 은하의 빛이 우리한테 오는 동안에도 우주는 계속 팽창하고 있잖아요. 그 은하는 지금쯤 우리한테서 약 400억 광년 떨어져 있을 거라고 해요. 아주아주 먼 거리예요.

– 3부 –

초속 700m의 속도로 자전거 타기

간단한 생각 실험을 해 볼까요? 여러분은 자전거를 빨리 타기 위해 훈련을 열심히 했어요. 이제 자전거만 타면 누구든지 따라잡을 수 있지요. 음속의 거의 두 배쯤, 그러니까 초속 약 700m의 속도를 낼 수 있어요. 출발선 앞에 섰어요. "제자리에! 준비! 탕!" 신호가 울리자 곧바로 튀어 나가서 눈 깜짝할 사이에 소리보다 빠르게 달렸어요. 과연 어떤 일이 일어날까요? 여러분은 소리를 따라잡기 때문에 출발 신호를 다시 들어요. 하지만 마지막 음절이 가장 먼저 들린답니다. 출발 신호를 뒤에서 앞으로 거꾸로 듣는 거예요. "탕! 비준! 에리자제!" 그렇게 계속 달리다가 멈추면 출발 신호를 또다시 듣는데 이번에는 원래 순서대로 들려요. 아, 정말 그렇다니까요! 경주용 자전거를 장만해서 밤낮없이 연습한 다음 실제로 실험해 보세요. 내 말이 맞는 걸 보게, 아니 듣게 될 거예요!

미안해요, 아인슈타인!

이번 생각 실험에서는 다시금 아인슈타인의 심기를 건드릴 거예요. 앞의 생각 실험과 똑같은 일을 하되 이번에는 빛의 속도로 달릴 거랍니다. 빛보다 더 빨리 달릴 수 있도록 훈련을 아주 열심히 하세요.(미안해요, 아인슈타인. 절대 빛보다 더 빨리 달릴 수 없다는 건 알아요. 그래도 과학을 위해서라면 뭔들 못 하겠어요.) 여러분은 빛을 따라잡는 동안 여러 가지 일들이 거꾸로 일어나는 걸 보게 돼요. 모든 일이 거꾸로 일어나는 것을 보면서 한 바퀴 돈 다음 맨 처음에 출발했던 곳에 도착했어요. 거기서 여러분이 출발하는 모습을 봐요! 자기 자신이랑 악수도 할 수 있어요. 여러분은 시간 속에서 여행을 했어요! 여러분이 빛보다 더 빨리 여행한다면 시간을 거슬러 되돌아가는 거예요. 문제가 있다면 딱 하나, 우리가 빛보다 더 빨리 움직일 수 없다는 거지요. 이런 방법으로 시간 여행을 한다면 분명 뭔가 잘못될 거예요.

벌레 구멍 속 시간 여행

어차피 실제로 할 수도 없는데 왜 시간 여행 이야기를 계속할까요? 빛보다 더 빨리 여행할 수는 없지만 어쩌면 빛을 가로지를 수 있을지도 모르니까요! 그럼 광속보다 빠르지 않아도 목적지에 더 일찍 도착할 수 있잖아요. 어쨌든 결과는 마찬가지니까요. 시간 여행을 할 수 있는 거지요. 그런데 어떻게 빛을 가로지르나요? 공간의 구부러짐을 이용하면 그럴 수 있어요. 과자를 집으려고 할 때 멀리 돌아가나요, 아니면 곧장 다가가나요? 바보가 아니라면 당연히 곧장 가겠지요. 그게 가장 빠른 길이니까요.

우리는 별이나 블랙홀 같은 무거운 물체 주위에서 공간이 구부러진다는 사실을 알아요. 빛도 그런 곳에선 구부러진 길을 빙 돌아가지요. 이제 중요한 게 나와요. 빛이랑 똑같은 목적지를 향해서 그곳으로 곧장 간다면 빛보다 더 일찍 도착할 수 있어요!

공간에서 빛보다 빠른 통로를 웜홀(벌레 구멍)이라고 해요. 그렇게 뜬금없는 이름은 아니에요. 웜홀은 벌레가 사과 속에 뚫은 직선 터널이랑 비슷하거든요. 사과 표면의 한쪽에서 다른 쪽으로 이동하는 벌레를 생각해 봐요. 당연히 웜홀을 통해 가는 길이 사과 표면을 돌아서 가는 길보다 짧아요. 사실 웜홀은 시공간 속의 터널이에요. 웜홀은 SF 영화의 단골 소재이지요. 몇 가지 안 되는 시간 여행 방법 중 하나거든요. 여러분은 그냥 웜홀을 찾아내기만 하면 돼요. 물론 그다음도 그리 간단하지는 않아요. 웜홀을 찾아냈다고 해도 상상할 수 없을 만큼 재빨리 움직여야 해요. 안 그럼 여전히 빛에 앞서 도착할 수 없으니까요. 더구나 웜홀이 무너질 수도 있어요. 그러면 거기 파묻혀 버리죠. 웜홀은 아주 짧은 시간 동안만 존재해요. 그러니까 웜홀이 무너질 가능성은 아주 높아요. 또 웜홀은 질량이 어마어마해서 엄청나게 두꺼운 콘크리트 층을 뚫고 지나가는 거나 마찬가지예요. 뭐, 콘크리트 층을 뚫고 지나가는 것도 거의 불가능하고, 웜홀이 정말 존재하는지, 그것조차 의심스러워요. 어쨌든 웜홀을 이용해 시간 여행을 한다는 건 정말 멋진 아이디어예요

영원히 젊게

미래로 가는 것도 가능해요. 우리는 매 순간 미래를 향해 가니까 이미 그러고 있는 셈이지요. 블랙홀처럼 중력이 센 곳에선 시간이 천천히 흐른다는 사실을 기억할 거예요. 우주 비행선을 타고 몇 시간 동안 블랙홀 주위를 이리저리 날아다녀 볼까요? 잠깐, 블랙홀에 너무 가까이 가지는 마세요. 블랙홀이 우주 비행선을 삼켜 버릴지도 몰라요. 이렇게 블랙홀 주위에서 몇 시간 날아다니다 지구로 돌아왔어요. 글쎄, 그동안 지구에서는 수십 년이 흘렀지 뭐예요. 블랙홀 주위에서는 불과 몇 시간밖에 흐르지 않은 동안에요! 여러분은 미래의 지구로 시간 여행을 한 거예요. 여러분은 동갑내기 친구들보다 훨씬 더 젊어요. 그렇게 보이는 게 아니라 실제로 그런 거랍니다. 어떤 미용 크림보다 효과가 더 좋아요! 어서 가까운 곳에 있는 블랙홀을 찾아보세요.

경고 하나 더!

요점만 말할게요. 과거로 가더라도 일을 망치지 않도록 조심하세요. 예를 들어 어제의 여러분에게 참견하는 것 같은 거요. 어제 여러분은 미래에서 온 여러분을 만나지 않았잖아요. 아니, 어쩌면 만났을까요? 뭔가 잘못된 게 아니라면, 여러분은 어제 미래에서 온 여러분을 만났을 테고 그렇게 중요한 사건은 꼭 기억하겠지요.

이런 건 어때요? 여러분이 미래로 가서 타임머신 만드는 방법을 알아낸 다음 오늘로 돌아와 오늘의 여러분에게 타임머신 만드는 방법을 가르쳐 주는 거예요. 그럼 타임머신을 발명한 건 언제의 여러분일까요?

좀 끔찍하지만 이런 건 어때요? 미래의 여러분이 찾아와 오늘의 여러분을 죽였어요. 다만…… 그럼 오늘의 여러분을 죽일 수 있는 미래의 여러분은 더 이상 존재하지 않을 거예요. 이게 어찌된 일일까요?

또 이런 건요? 여러분이 1초 전의 여러분에게 다가가면 갑자기 여러분이 둘이 될 거예요. 두 번째 여러분을 만들기 위한 그 모든 분자는 갑자기 어디에서 왔을까요?

그나저나 과거로 간다는 건 어디로 간다는 걸까요? 지구는 분명 지금 있는 곳에 있지 않을 거예요. 우주는 계속 팽창하고 우리은하도 움직이고 있으니까요. 그럼 과거로 가기 전의 지구로 돌아오려면 어디에서 빠져나와야 하는지 어떻게 알까요?

질문이 꼬리에 꼬리를 물고 이어져요. 하지만 이제 한 가지는 확실히 알겠어요. 시간 여행은 괜히 문제만 불러일으켜요. 생각만 해도 이렇게 골치가 아프잖아요.

— 4부 —

기발하고 터무니없는 실험과 기이한 발견

4부

알베르트 아인슈타인 덕분에 우리는 우주 발견의 여정에 큰 걸음을 내딛을 수 있었어요. 아인슈타인은 안타깝게도 1955년에 죽었고 더 이상 우리를 도와줄 수 없어요. 다행히 천재 과학자는 아인슈타인만 있는 게 아니었어요. 우리 우주가 어떻게 생겨났는지 알아내고자 노력했던 똑똑한 사람들이 얼마나 많은지 몰라요. 그 사람들은 지난 수십 년 동안 놀라운 연구와 실험으로 다시금 그 비밀의 일부분을 밝혀냈어요.

여러분은 우리 우주가 뭔가 이상하다고 생각했나요? 맞아요, 우주는 생각했던 것보다 훨씬 더 이상해요.

- 4부 -

1 + 1 = 3

주 연구에선 암흑 물질이나 암흑 에너지처럼 여기저기 커다란 물음표가 아직 많이 남아 있어요. 하지만 지금까지는 모든 것을 어느 정도 설명할 수 있었죠. 지금까지 읽은 것은 모두 '볼 수' 있거나 '계산할 수' 있거나 '상상할 수' 있었으니까요. 물론 이 세 가지를 다 하는 게 가장 좋아요. 그런데 이제 그런 일도 끝났어요. 우리는 양자 역학 이야기를 해야 하거든요. 양자 역학은 아주 작은 입자의 행동을 다루는 물리학의 한 분야예요.

양자 역학을 안다고요? 그럼 양자 역학을 알지 못하는 거예요. 무슨 터무니없는 말이냐고요? 맞아요, 양자 역학은 터무니없는 말과 같아요. 양자 역학은 지금껏 당연하다고 생각했던 상식에 맞지 않고 논리라고는 눈을 씻고 봐도 없거든요. 양자 역학에서는 1 더하기 1이 때로는 3인 것처럼 보이기도 해요. 아인슈타인도 양자 역학이 사실일 수 없다고 생각했어요. 하지만 양자 역학은 사실이에요. 모든 것이 딱딱 잘 들어맞아요. 다만 그게 어떻게 작동하고 또 왜 그렇게 작동하는지 우리가 잘 모를 뿐이지요. 그러니까 마음의 준비를 단단히 하세요.

입자는 사춘기 청소년

과학자들은 더 이상 나눌 수 없을 만큼 적은 양의 에너지를 입자로 보기도 해요. 그 입자를 에너지 양자라고 불러요. 입자는 전자나 양성자 같은 알갱이예요. 소리나 빛은 입자가 아니라 파동이지요. 그런데 양자 역학에서는 빛 같은 파동도 빛의 양자로 다루기도 해요. 빛 양자를 특히 광자라고 부르지요.

물리학자들은 양자 역학으로 아주 작은 세계에서 일어나는 복잡한 현상을 잘 설명할 수 있어요. 그렇다고 양자 역학을 쉽게 이해할 수 있다는 뜻은 아니에요. 양자 역학에서 다루는 입자들은 마치 사춘기 청소년 같거든요. 훨씬 더 못됐지만요. 그중에서도 가장 못된 부류인 광자부터 알아볼게요. 지금까지 정신 똑바로 차리고 이 책을 읽었다면 여기서 무언가 틀렸다는 걸 알아차린 사람도 있을 거예요.(그런 사람은 지금 당장 대학에 들어가도 돼요. 내가 추천서를 잘 써 줄게요.)

소리를 붙잡고 빛을 상자 속에 넣기

광자는 빛의 입자예요. 앞에서 '빛은 전자기파다.'라고 설명했던 거 기억하나요? 광자는 빛의 입자이고 전자기파는 파동이에요. 그러니까 '빛은 전자기파다.'라는 말은 '광자는 파동이다.'라는 말이나 마찬가지예요. 파동은 당연히 입자가 아니라 소리처럼 높낮이가 있는 진동이지요. 소리를 크게 튼 스피커에 손을 대면 진동을 느낄 수 있어요. 스피커의 진동은 소리의 파동, 즉 음파이니까 붙잡을 수는 없어요. 상자에 넣어서 보관할 수도 없지요. 하지만 입자는 붙잡을 수 있고 어디에 넣어 보관할 수도 있어요. 돌은 분명히 입자예요. 꼭 붙잡아서 상자에 넣을 수 있어요. 돌을 던지면 돌은 파동처럼 진동하면서 움직이는 게 아니라 곧장 이웃집 유리창으로 날아가 버려요.

상자에 넣을 수 있는 것이 있는가 하면 넣을 수 없는 것이 있어요. 입자와 파동 말이에요. 질문은 이거예요. 빛은 입자일까요, 아니면 파동일까요? 여러분은 상자 속에 빛을 비출 수 있어요. 빛이 상자 속에 들어 있는 셈이지요! 그럼 빛은 입자네요. 아닌가요? 하지만 빛을 상자 속에 비춘다고 해도 돌멩이나 어릴 때 빠진 이처럼 거기 보관할 수는 없어요. 또 돌멩이 같은 입자는 양쪽에서 던지면 서로 부딪치고 튕겨 나갈 거예요. 빛은 서로 부딪치지 않고 파동처럼 그냥 지나가지요. 그럼 빛은 결국 파동이란 말인가요? 그렇기도 하고 아니기도 해요. 빛은 파동처럼 행동하기도 하고 입자처럼 행동하기도 하거든요. 그것도 동시에요. 과학자들은 파동처럼 행동하는 빛을 전자기파, 입자처럼 행동하는 빛을 광자라고 불러요.

말했잖아요, 양자는 아주 못됐다고! 하지만 이제 더 못된 게 나와요……

- 4부 -

두 개의 터널 양쪽을 동시에 달리는 자동차

아주 오래전 우주는 양자 하나만큼이나 작았어요. 그러니까 양자가 어떻게 행동하는지 안다면 우리 우주가 상상할 수 없을 만큼 작았을 때 어떻게 행동했는지도 알 수 있을 거예요. 자, 다시 한번 작은 입자의 세계로 깊이 들어가 봐요. 양자가 어떤 건지 아는 가장 좋은 방법은 양자 역학에서 가장 유명한 실험을 해 보는 거예요.

물결은 파동이에요. 파동의 행동은 이 그림의 물결 실험으로 알 수 있어요. 욕조의 아이가 만든 물결이 판의 작은 구멍을 지나 퍼져 나가요. 물결은 멋진 활 모양을 이뤄요. 광자도 이렇게 행동할까요? 아니면 전혀 다르게 행동할까요?

– 기발하고 터무니없는 실험과 기이한 발견 –

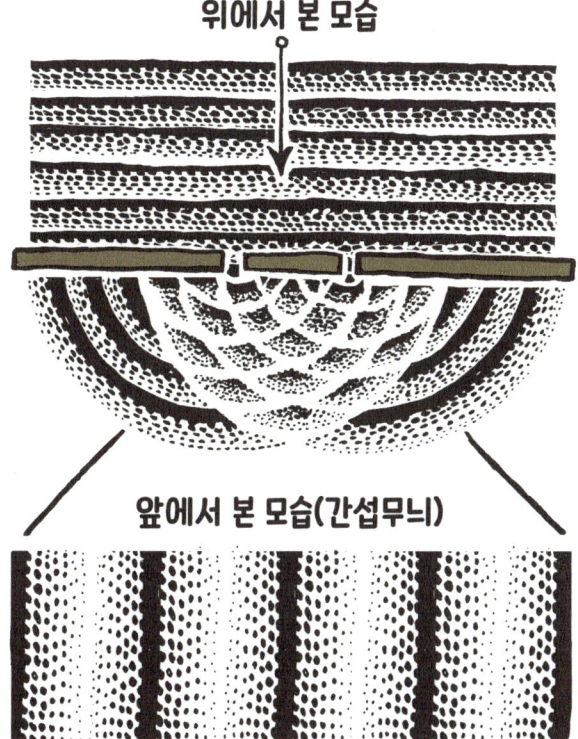

이번에는 구멍이 두 개인 판으로 실험했어요. 물결이 두 개의 구멍을 지나 퍼져 나가면 과연 어떤 일이 일어날까요? 구멍에서 나온 두 개의 물결은 서로 만나 영향을 미쳐요. 물결의 마루와 마루가 만난 곳은 더 높아지고, 골과 골이 만난 곳은 더 깊어지지요. 마루와 골이 만난 곳은 평평해지고요. 물결 대신 빛으로 실험해도 비슷해요. 다만 빛으로 실험했을 때에는 마루와 마루 또는 골과 골이 만난 곳은 더 밝아지고 마루와 골이 만난 곳은 어두워진답니다. 그 결과 위 그림처럼 밝고 어두운 선으로 이루어진 띠 모양의 간섭무늬가 만들어져요. 간섭무늬는 빛이 파동이라는 강력한 증거예요.

자기 자신과 부딪치기

여기까지는 아직 모든 게 정상이에요. 그런데 과학자들은 기발한 실험을 하나 더 했어요. 두 개의 구멍이 뚫린 판에 빛을 비추는 대신 광자를 하나씩 쏜 거예요. 빛은 수많은 광자로 이루어져 있어요. 빛을 비추면 당연히 수많은 광자들이 동시에 양쪽 구멍을 지날 수 있고, 서로 영향을 미쳐 간섭무늬도 만들 수 있어요. 하지만 광자를 하나씩 쏘면 광자는 입자이기 때문에 두 개의 구멍 중 어느 하나로 빠져나가야 해요. 다른 광자와 부딪쳐 간섭무늬도 만들 수 없지요. 과연 결과는?

광자는 그래도 파동처럼 행동했어요! 광자를 하나씩 쏘았는데도 간섭무늬가 만들어졌거든요. 무언가 상대와 부딪쳐 영향을 받은 것처럼 말이에요. 하지만 언제나 광자가 하나씩만 돌아다니는데 그럴 리가 없잖아요.

기이함 정도 '중급'

입자가 어떻게 파동처럼 행동할 수 있었을까요? 대체 무엇에 부딪쳤을까요? 광자가 하나뿐인데 동시에 구멍 두 개로 지나갈 수는 없잖아요. 아니면 혹시 그럴 수도 있을까요? 정말 그런 것처럼 보였어요. 실험을 아무리 되풀이해도 마찬가지였어요. 늘 파동이 서로 부딪치는 듯했지요. 마치 자동차 한 대가 터널 두 개를 동시에 통과했다가 자신과 부딪치는 것 같았어요.

참으로 기이하지 않나요? 하지만 광자 실험은 기이함 등급으로 따지면 기껏해야 '초급'에 지나지 않지요. 과학자들은 전자와 원자로도 같은 실험을 했어요. 결과는 어땠을까요? 광자 실험과 마찬가지였어요. 전자는 명확히 입자예요. 원자는 굳이 말할 것도 없지요. 그런데 전자와 원자도 파동처럼 행동하기도 한다니까요. 더 나아가 작은 분자에게도 같은 효과가 나타났다는 실험 결과도 있어요. 어느덧 우리는 기이함 등급의 '중급'에 이르렀어요.

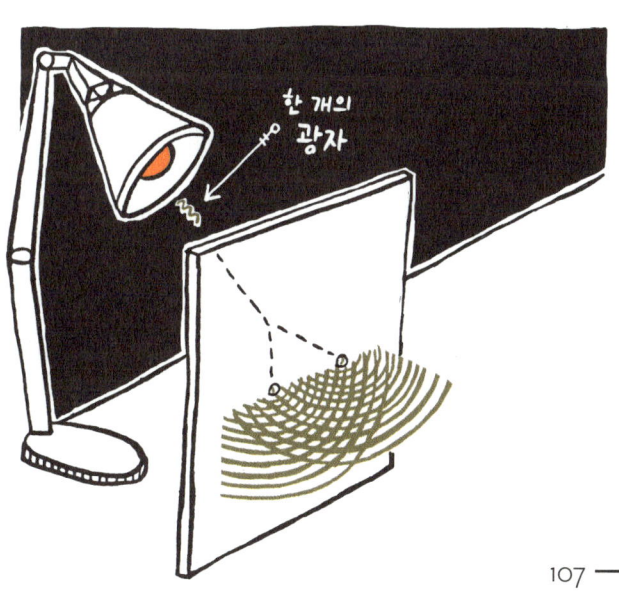

- 4부 -

100광년을 순식간에 뛰어넘기

'양자 얽힘'에 관한 섬뜩한 실험이 있어요. 먼저 얽힘이 무언지 설명할게요. 두 개의 팽이가 돌고 있어요. 팽이의 회전 방향은 제멋대로예요. 둘 다 왼쪽 또는 오른쪽으로 돌 수도 있고, 서로 다른 방향으로 돌 수도 있어요. 그런데 강력한 무언가가 이 둘을 '얽었다고' 생각해 보세요. 하나가 왼쪽으로 돌면 다른 하나는 반드시 오른쪽으로 돌도록 말이에요. 이게 바로 얽힘이에요. 물론 팽이 얽힘은 상상일 뿐이에요. 하지만 양자 세계에서는 양자 얽힘이 아주 강력한 법칙이에요. 일단 입자들이 얽어지면 나중에 따로 떼어 놓는다고 해도 모든 것에 똑같이 반응해요. 광자도 팽이처럼 도는 성질을 가지고 있어요. 물론 광자가 도는 것과 팽이가 도는 것은 전혀 달라요. 그냥 그렇게 표현할 뿐이에요. 두 개의 광자가 양자 얽힘 상태에 있다고 생각해 볼까요? 이때 정말 놀랍게도 광자의 회전 방향은 그걸 측정할 때 비로소 결정된답니다.(네, 아주 특이해요. 나도 알아요.) 측정하기 전에는 어떤 것이 어떤 방향으로 도는지 전혀 알 수가 없고 입자의 회전을 측정하려는 순간, 입자는 별일 아니라는 듯이 어떤 한 방향으로 돈다는 말이에요.(네, 이것도 아주 특이해요. 나도 알아요.) 어쨌든 광자 하나를 측정하는 순간 왼쪽으로 돌고 있었다면 다른 하나는 그 즉시 무조건 오른쪽으로 돈답니다.

양자 얽힘 상태의 동전 두 개가 있다고 생각해 봐요. 책상 위에서 이 동전 두 개를 손가락으로 튕겼어요. 동전 두 개는 책상 위에서 빙글빙글 돌아요. 잠시 후 동전 한 개가 먼저 쓰러졌어요. 앞면이 나왔네요. 그럼 아직 돌고 있는 동전의 상태는 이미 정해져 있어요. 자, 보세요. 막 쓰러진 두 번째 동전은 뒷면이에요. 양자 얽힘 상태의 입자 두 개에서도 이런 현상이 나타나요. 더 놀라운 것은 양자 얽힘은 거리와 상관없다는 거예요. 입자 두 개가 얼마나 멀리 떨어져 있는지, 그 간격이 100m이든 100km이든 100광년이든 아무 상관없어요.(네, 이건 정말 미쳤어요! 나도 알아요.)

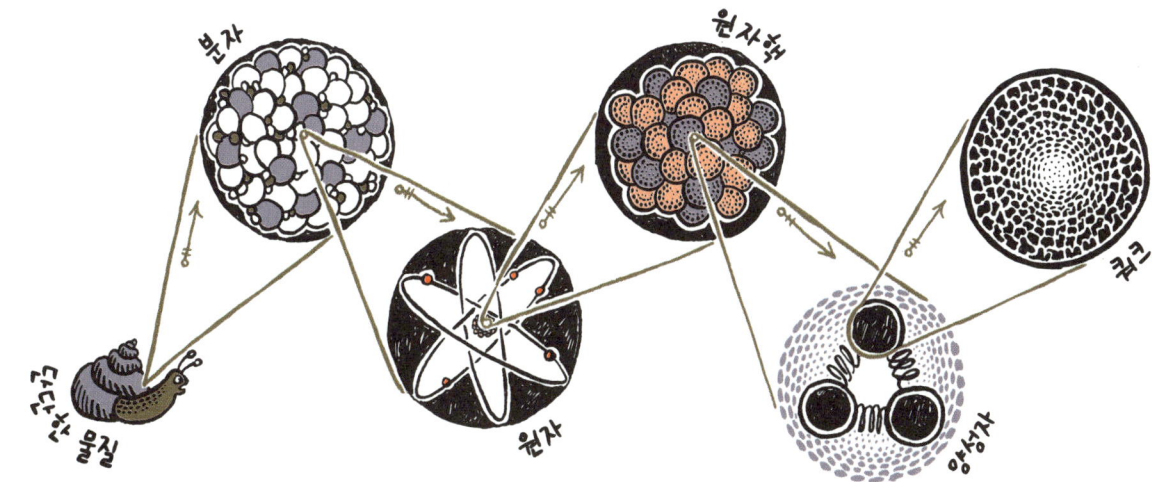

빛보다 더 빨리

입자 하나는 암스테르담에 있고 다른 하나는 달에 있어요. 아니, 다른 은하에 있다고 해도 괜찮아요. 입자 하나의 회전 방향을 측정했더니 왼쪽이었어요. 바로 그 순간 다른 입자의 회전 방향은 오른쪽으로 결정된답니다. 두 번째 입자는 아무리 멀리 떨어져서도 첫 번째 입자의 회전 방향을 측정하자마자 그 결과를 정확히 아는 것 같아요. 입자들끼리 몰래 접촉이라도 하는 걸까요? 서로 정보를 주고받는 걸까요? 물론 그럴 수도 있어요. 하지만 그건 믿을 수 없을 만큼 빠른 속도로 일어나야 해요. 광속조차 뺨칠 만큼 빠르게 말이에요. 그런데 세상의 그 어떤 것도 광속보다 빠를 수는 없잖아요! 우리는 어느새 기이함 등급 '고급'에 이르렀어요.(어떻게 이런 실험을 다른 은하에서 할 수 있냐고요? 물론 실제로 할 수는 없어요. 하지만 모든 것을 꼼꼼하게 계산해 봤더니 확실하게 이런 결과가 나온다고 밝혀졌어요. 과학자들이 지구에서 실험한 결과도 모두 일치했답니다.)

기이함이 정상일 때 진짜 기이함

양자 역학에는 기기묘묘한 일들이 더 많아요. 기이함의 등급을 따지면 '진짜 미치고 팔짝 뛰다 못해 화들짝 놀라서 거품을 물고 쓰러질 정도로 미친 짓거리'에 이르기까지 등급이 더 높은 실험도 있지요. 다만 이 모든 실험이 제대로 행해졌고, 또 그 결론이 정말 맞는가라는 질문에 모든 물리학자가 뜻을 모으진 못했어요. 하지만 양자 역학이 주장하는 게 다 옳다면 가장 작은 입자들의 세계는 우리가 지금 생각하는 것보다 훨씬 더 기이할 거예요. 정말 그런지, 그렇지 않은지는 어차피 별 상관없어요. 이 작은 입자들이 아주 특이하게 행동한다는 사실은 이미 분명하니까요. 이 작은 입자들은 우리가 날마다 주변에서 보는 평범한 물체들에 비하면 정말 기이하지만 양자 역학에서 이런 행동은 지극히 정상이랍니다. 오히려 입자가 다르게 행동한다면, 그러니까 광자가 파동인 동시에 입자가 아니라면 그거야말로 정말 이상할 거예요.

입자의 이 ~~미친~~ 완전하게 정상적인 양자적 특성 덕분에 우리는 큰 혜택을 보게 될 거예요. 그 혜택 중 하나는 양자 컴퓨터예요. 아직은 초기 개발 단계이지만 양자 컴퓨터는 슈퍼 컴퓨터보다 훨씬 빠르고 강력해요.

잠깐만요!

아인슈타인은 100년 전에 이미 세계가 어떻게 구성되었는지 알아내려고 계산을 시작했어요. 그 덕분에 전자나 원자 같은 아주 작은 입자의 행동을 예측할 수 있었지요. "그래서요? 그게 우리한테 뭔 도움이 되는데요?"라고 할 수도 있어요. 우리는 아인슈타인의 발견 덕분에 한 세기가 지난 지금 우리 삶을 획기적으로 개선해 줄 양자 컴퓨터를 만들었어요. 어떤 과학적 발견이 무엇을 가져다줄지는 절대로 미리 알 수 없어요. 그래서 과학이 아름다운 거지요.

- 4부 -

27km 길이의 실험실

세상은 우리 예상보다 훨씬 더 기이해요. 양자 세계에서는 입자가 파동일 수도 있고 구멍 두 개로 동시에 빠져나갈 수도 있어요. 전자와 쿼크가 아주 작다는 사실을 기억하나요? 그렇게 작은 게 어떻게 질량을 가질 수 있을까요? 상상할 수 없을 만큼 작은 전자가 어째서 아무 곳이나 빠져나가지 못하는 걸까요? 에너지는 또 어떤가요? 에너지는 질량이 될 수 있고, 또 질량은 에너지가 될 수도 있어요. 암흑 에너지 이야기는 아직 시작도 안 했어요. 우리 우주가 70%에 이르는 암흑 에너지로 채워져 있다는 게 무슨 말일까요? 지금까지 우주에 원자와 분자 같은 입자가 가득하다고 상상했는데, 에너지가 가득하다고요?

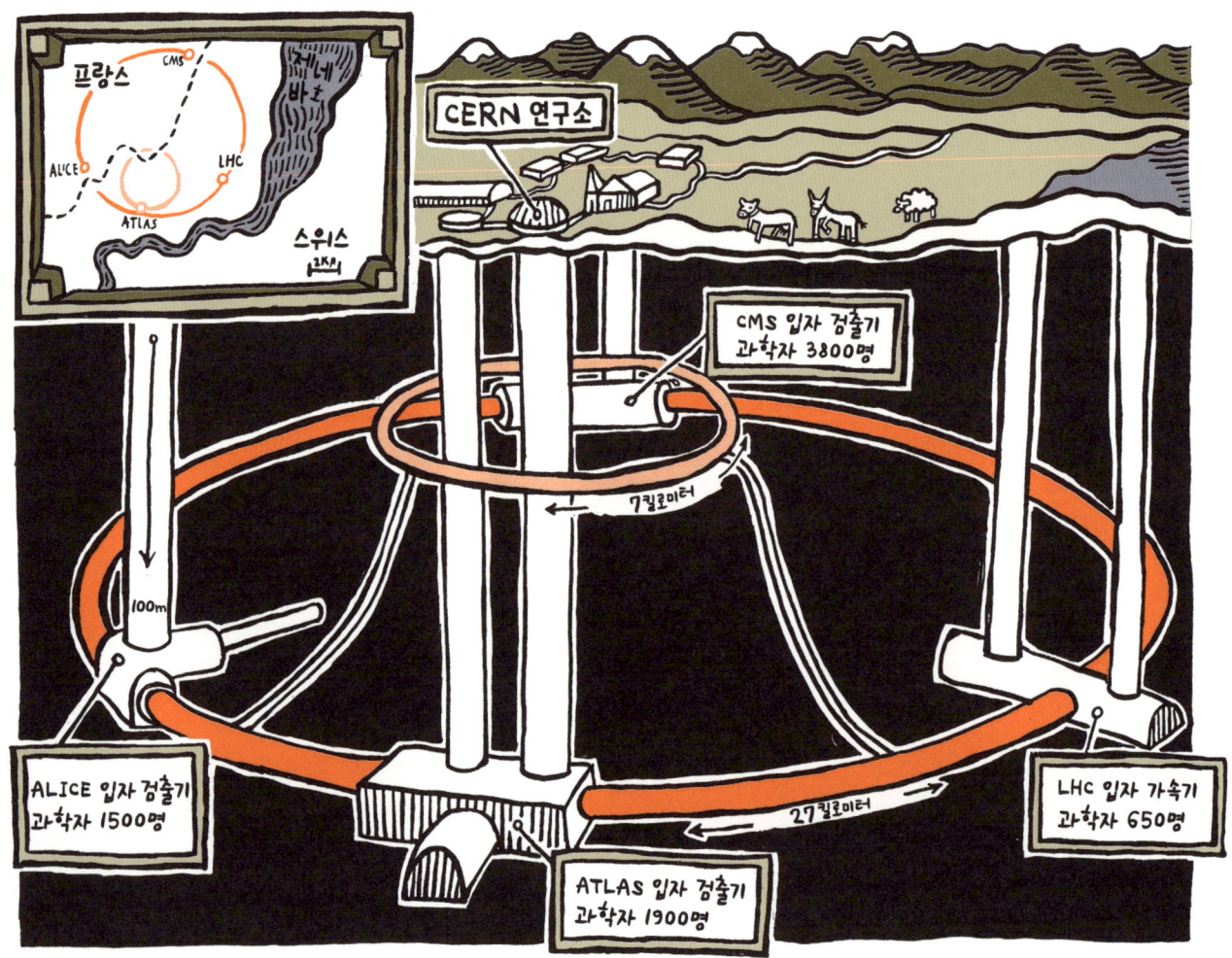

이 모든 게 진짜 무엇이고 또 무엇으로 이루어져 있는지 더 잘 살펴봐야겠어요. 우주의 기원을 찾아 헤매다 간신히 여기 도착했는데, 모든 게 기이하기만 한, 이런 허망한 결과를 어떻게 받아들일 수 있겠어요? 어쩌면 새로운 뭔가를 발견할 수 있을지도 몰라요. 그럼 이 모든 것을 좀 더 쉽게 이해할 수 있을 거예요. 그러려면 다시 한번 천재들의 도움이 필요해요.

두 부류의 천재들

세상이 어떻게 구성되었는지 알아내려면 두 부류의 천재가 필요해요. 한 부류의 천재는 추론과 계산으로 모든 현상을 설명하는 이론을 세워요. 다른 부류의 천재는 여러 가지 도구를 이용해 실험하면서 그 이론이 올바른지 검토하고 또 검토한답니다. 사실 경찰관들도 비슷한 방식으로 일을 해요. 수사관은 사건의 진실을 추적하면서 범인을 찾아내요. 감식관은 수사관이 찾은 범인이 확실한지 범행 도구와 혈흔 같은 증거물을 점검하고 또 점검하지요. 그러니까 수사관이 집사가 살인범일 수 있는지 곰곰이 생각한다면 감식관은 집사의 칼에 희생자의 피가 묻어 있는지 점검하는 식이에요.

과학자들은 어떨까요? 연구실의 과학자는 칠판에 수식을 쓰고 컴퓨터로 계산하면서 세상을 잘 설명하는 가설을 세워요. 실험실의 과학자는 그 가설이 올바른지 온갖 장비를 이용해 검토하지요. 스위스의 CERN('선' 또는 '세른'이라고 읽어요.)은 바로 그런 실험실의 하나예요. 흔히 유럽입자물리연구소라고도 불리는 CERN에서는 범죄 사건을 수사하는 대신 원자핵 속 아주 작은 입자들의 행동을 조사해요. 입자를 조사할 때도 범죄자를 조사할 때와 같은 원칙이 통해요. 단서가 부족해 사건이 미궁에 빠질 때도 있어요. 말도 마세요. 작은 입자를 추적하는 건 상상할 수도 없을 만큼 힘들답니다.

작은 입자들을 위한 커다란 실험실

아주 흥미로운 건 이렇게 작은 입자들을 연구하는 데 엄청 큰 실험실이 필요하다는 사실이에요. 웬만한 도시보다 더 크다니까요! CERN의 지하에는 거대한 입자 가속기가 설치되어 있어요. 길이가 27km에 이르는 둥근 터널이지요. 과학자들은 입자 가속기 안에서 온갖 입자를 엄청난 속도로 충돌시켜요. 자동차 두 대가 세차게 맞부딪치면서 온갖 부품이 튀어나와요. 작은 입자들도 마찬가지예요. 작은 입자들이 강하게 충돌하면 더 작은 입자들로 쪼개지면서 사방으로 흩어져요. 그 '더 작은 입자'들을 조사하면 충돌한 입자들이 무엇으로 이루어져 있는지 살펴볼 수 있답니다.

CERN의 입자 가속기로 가속한 양성자들은 27km의 터널을 1초에 1만 1000번이나 돌 수 있어요. 초속 29만 7000km(27X11000)이니까 거의 광속이에요! 그와 동시에 같은 속도의 양성자들이 반대 방향으로도 돌고 있어요. 이 양성자들이 양쪽에서 마주 보고 충돌하면 수없이 많은 낯선 입자들이 튕겨 나와요. 과학자들은 그 낯선 입자들의 궤적을 사진으로 찍어 정체를 밝힌답니다.

참 굉장하지 않나요. 그런데 그게 뭔가 도움이 되나요?

– 4부 –

이 책에서 가장 중요한 한 문장

스위스 CERN의 실험 덕분에 이제 기본 입자의 설계도를 꽤 그럴듯하게 그릴 수 있어요. 기본 입자는 온갖 입자를 구성하는 가장 기본적인 입자예요. 기본 입자는 당연히 더 작은 입자로 나누어지지 않아요. 전자는 물론 전자와 비슷한 성질을 가진 타우 입자와 뮤온도 기본 입자예요. 타우 입자와 뮤온은 전자처럼 -1의 전하를 갖지만 전자보다 질량이 더 커요. 여섯 종류나 되는 쿼크도 기본 입자랍니다.*

*양성자, 중성자는 쿼크로 나누어지므로 기본 입자가 아니다.

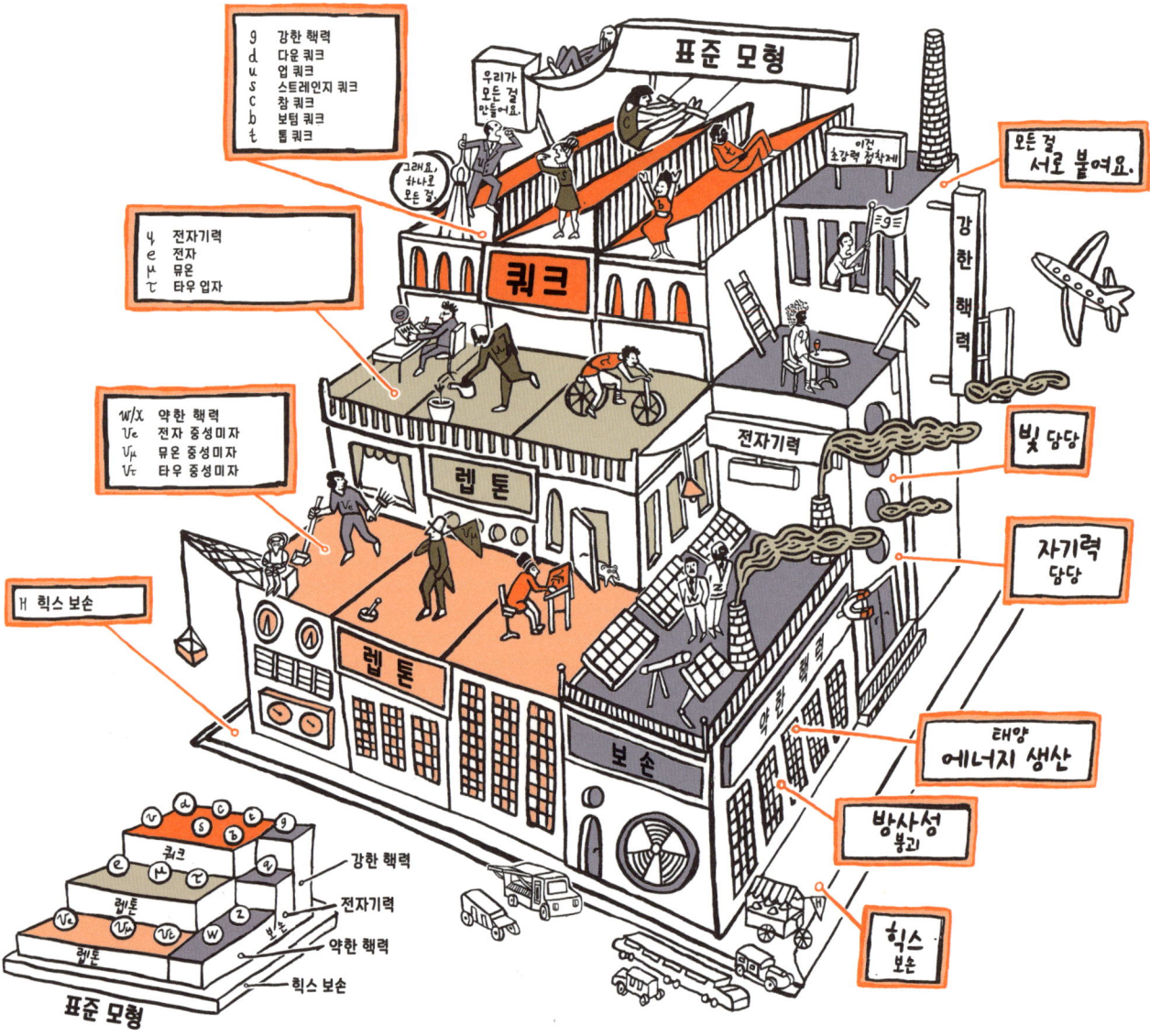

기본 입자들에게는 뭔가 껄끄러운 게 있었어요. 질량을 조사했더니 예측보다 적게 나온 거예요. 사실 훨씬 더 무거워야 하는데! 과학자들은 그 문제를 해결해 줄 다른 기본 입자가 있을 거라고 추측했어요. 그런 가설이 등장한 것은 수십 년 전이었어요. 하지만 몇 년 전에야 비로소 그 기본 입자가 발견되었어요. 바로 힉스 입자예요. 공식적으로는 힉스 보손이라고 부른답니다.

너에게 질량을 주노라!

아주 작은 기본 입자에도 질량이 있어요. 그 질량은 어디에서 올까요? 놀라지 마세요. 기본 입자는 힉스 보손과 상호 작용을 하면서 질량을 얻어요. 상호 작용이 강할수록 더 큰 질량을 얻지요. 무슨 말이냐고요? 힉스 보손을 아이스크림에 비유해서 설명해 볼게요. 엄마와 아이가 아이스크림 가게 옆을 지나고 있어요. 아이스크림을 좋아하는, 다시 말해 아이스크림과 상호 작용을 강하게 하는 아이일수록 가게 옆을 지나기 힘들어요. 아이스크림을 사 달라고 떼를 쓸 테니까요. 아이스크림 때문에 아이가 질량을 더 얻은 거예요. 광자는 아이스크림에 관심 없는 아이예요. 광자는 힉스 보손과 상호 작용을 하지 않고 휙 스쳐 지나가요. 그래서 광자는 질량이 없답니다.

아이스크림 가게가 멀리 있어도 아이는 영향을 받아요. 아이는 멀리서 아이스크림 가게를 보자마자 그쪽으로 엄마를 이끌 거예요. 마치 아이스크림의 영향력이 넓게 퍼져 있는 것 같아요. 이처럼 어떤 것의 영향이 미치는 공간을 '장'이라고 불러요. 자기장은 자기력이 영향을 미치는 공간이에요. 자석 주위에는 자기장이 넓게 퍼져 있어요. 자기장 속의 쇠붙이는 자기력을 받지요. 힉스 보손도 마찬가지예요. 힉스 보손이 다른 기본 입자에 영향을 미치는 공간을 힉스장이라고 불러요.

우리는 정말 무엇으로 이루어져 있을까

드디어 올 것이 왔어요. 이 책 전체에서 가장 중요한 내용 말이에요. 모든 것을 단번에 명확하게 알려 줄 정보예요. 이 정보는 에너지가 왜 질량인지 알려 줘요. 왜 무한히 작은 것에 질량이 있는지도 알려 주지요. 또 우주에서 우리가 보는 모든 것들이 무엇으로 이루어져 있는지도요. 자, 숨을 깊이 들이마셔요. 이제 이 책에서 가장 중요한 한 문장이 나온답니다. 숨을 들이마시고 다시 내쉬고……. 짜잔! 여기 있어요.

우리 우주 속 모든 것은 장으로 이루어져 있어요.

애초에 딱딱한 입자 같은 건 없어요. 손으로 쥐거나 크기를 재고, 모양을 보거나 색깔을 정할 수 있는 입자는 존재하지 않아요. 적어도 원자와 쿼크 같은 아주 작은 것들의 세계에서는 말이에요. 모든 게 장으로 이루어져 있어요. 모든 게 서로 작용하고 영향을 미치며 공간 어디에서나 이어진, 보이지 않는 장으로 이루어져 있지요. 그 장의 가장 작은 단위가 양자이기 때문에 물리학자는 그걸 양자장이라고 불러요. 모든 양자장들은 나름대로 특성을 지니고 있어요. 그래서 우리 주위의 모든 것을 구성할 수 있답니다. 우주 전체는 무한한 바다 같아요. 우주라는 그 바다는 물방울과 해초와 물고기가 아니라 양자장으로 채워져 있지요.

참으로 이상하지 않나요? 여러분도 결국 입자가 아니라 보이지 않는 질량-에너지장으로 이루어져 있다니 말이에요. 그 장이 이런저런 식으로 작용하여 여러분이 생겨난 거예요. 새로운 마음으로 주위를 둘러보세요. 여러분이 보는 모든 것은 장으로 이루어져 있어요.

결론이 이럴 거라고 생각해 봤나요? 어디 상상이나 할 수 있겠어요? 에너지처럼 행동하는 장도 있고 입자처럼 행동하는 장도 있어요. 이제 우리는 모든 게 장으로 이루어져 있다는 사실을 알아요. 하지만 당분간 에너지는 에너지라고 부르고 입자는 입자로 부를게요.

이제 남은 비밀마저 얼른 밝혀 보도록 해요.

안 물었고 안 궁금한 두 가지 질문

모든 게 미세한 에너지장으로 이루어져 있다고 생각하니 세상이 조금은 논리적으로 보여요. 전자가 아무 데나 그냥 통과하지 못한다는 것도 그다지 이상하지 않아요. 장이란 게 한없이 작지는 않거든요. 이제 질량이 에너지로 바뀌는 것도 이해할 수 있어요. 질량이나 에너지나 다르게 행동할 뿐이지 둘 다 장이니까요. 입자가 파동처럼 행동하는 것도 마찬가지예요. 양자의 세계에서는 우리가 이해할 수 없는 이상한 일들이 끊임없이 일어나지만, 양자역학은 우리가 생각한 것만큼 어처구니없는 건 아니에요. 우리는 어느새 꽤 많은 비밀을 풀었어요. 그래도 목적지에 도착하려면 아직도 한참 남았어요.

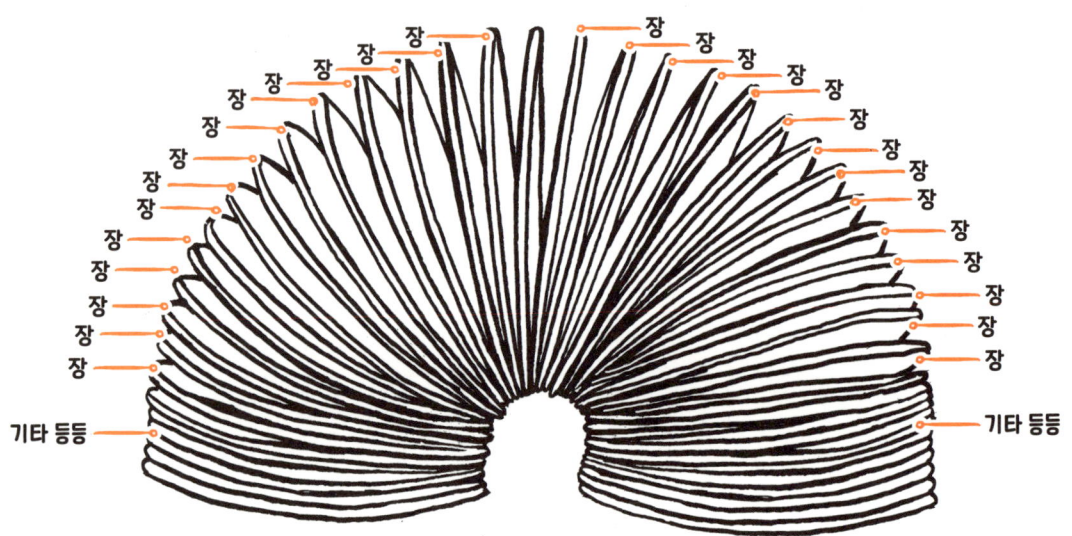

우주의 모양

양자 역학과 관련 있지만 미처 다루지 못한 수수께끼가 몇 개 있어요. 우주의 모양이 그중 하나예요. 우주의 모양에 대해 앞에서 조금 말했지만 그게 전부는 아니에요. 한번 이런 생각을 해 보세요. 우주를 한 방향으로 멀리 더 멀리 바라본다는 건 과거를 보는 거나 마찬가지예요. 우주가 유리처럼 투명하다면 어떨까요? 그럼 우리는 무한히 먼 과거까지 거슬러 볼 수 있어요. 빅뱅까지요. 그런데 다른 방향으로 바라보아도 우리가 보는 건 완전히 똑같아요. 여러분이 어디를 바라보든 그 끝은 언제나 빅뱅이란 거예요. 우주의 모양은 정말이지 상상할 수 없을 만큼 이상하지 않나요? 우주는 예전에도 어느 곳이나 똑같았고 지금도 마찬가지예요. 그게 바로 방향에 상관없이 우리가 언제나 빅뱅을 바라보는 이유랍니다.*

우주의 모양이 어떻기에 어디를 바라봐도 똑같다는 걸까요? 우주는 지구의 표면처럼 구부러져 있을지도 몰라요. 지구 표면에서는 한 방향으로 곧장 나아가면 다시 제자리에 도착해요. 우주도 마찬가지일 수 있어요. 친구 배웅을 받으며 우주여행을 떠난 여러분이 결국 출발점으로 돌아와 친구 뒤쪽에서 불쑥 나타난다면 친구는 깜짝 놀라 기절할걸요! 친구와 옆으로 1m쯤 떨어진 채 제각기 앞을 향해 우주여행을 떠나면 어떻게 될까요? 한참 후에는 우주 공간의 구부러짐 때문에 점점 멀어지겠지만 결국 다시 만난답니다.

*완전 우주론 원리에 대한 설명으로, 우주는 어느 곳이나 똑같기 때문에 어느 방향을 보더라도 똑같다는 이론이다.

한 방향으로 곧장 나아가면?

어쩌면 우주는 지구와 달리 나팔처럼 바깥으로 구부러져 있을지도 몰라요. 그럼 멀리 갈수록 바깥으로 더 구부러지기 때문에 다시는 출발점으로 돌아오지 못해요. 1m 옆에서 같이 떠난 친구는 멀리 갈수록 점점 더 멀어질 거예요. 아니면 우주는 곧은 양초처럼 원기둥 모양일지도 몰라요. 그런 우주에서는 1m 옆에서 같이 떠난 친구와 아무리 멀리 가도 그 간격을 유지해요. 물리학자들은 이걸 '평평한' 우주라고 불러요. 이름 짓는 건 물리학자들 마음이겠지만 정말 너무해요. 도대체 어떻게 4차원 공간이 평평할 수 있겠어요?

그런데 아주 흥미로운 게 하나 있어요. 아기 우주 사진과 고등학교에서 가르치는 수학을 이용하면 우주의 모양을 정확히 계산할 수 있다는 거예요. 계산 결과는 어땠을까요? 우주는 평평했어요. 아니, 우리가 생각하는 평평함이 아니라 물리학자들이 표현한 평평함이라는 뜻이에요. 우주를 2차원이라고 생각하면 우주가 지구 표면이나 나팔처럼 구부러지지 않고, 바둑판처럼 평평하다는 거지요. 이게 얼마나 특별한 건지 아직 잘 모르겠지요? 1m 길이의 완벽한 직선을 그려 보세요. 이제 이 직선을 이어서 그린다고 상상해 봐요. 가장 먼 은하를 지날 수 있도록 말이에요. 완전히 곧은 자를 대고 아무리 정성껏 그려도 아주 조금이라도 어긋난다면, 거리가 아주 멀기 때문에 그 차이는 엄청날 거예요. 결국 여러분이 그린 직선은 완전히 구부러져 있겠지요.

탄생 초기의 우주는 상상할 수 없을 만큼 작았어요. 그건 우주가 처음부터 완전히 평평했다는 뜻이에요. 안 그럼 구부러진 우주가 나왔을 테니까요. 무슨 말인지 어렵다고요? 볼링공을 살살 굴린다고 생각해 봐요. 볼링공을 일직선으로 곧게 던지지 않으면 볼링공은 금세 레인을 벗어날 거예요. 우리 우주는 아주 천천히 굴러가면서도 우주 전체 길이의 곧은 직선을 벗어나지 않는 볼링공 같아요. 어때요? 정말 곧게 잘 굴려야겠지요! 그냥 몰래 획 내던질까요?

우주는 왜 이처럼 고르게 따뜻할까?

문제가 또 하나 있어요. 아기 우주 사진을 보면 장소에 따른 복사열의 차이가 수십만분의 1밖에 안 된다는 걸 알 수 있어요. 그만큼 온도 차이가 없다는 거지요. 벽난로에 불을 피웠는데 그게 우주만큼 커졌다고 상상해 보세요. 그럼 장소에 따라 온도 차가 어마어마하게 커야 해요. 벽난로가 아니라 작은 불꽃이나 불티라고 해도 마찬가지예요. 하지만 우주 공간의 복사열은 어디나 거의 똑같을 만큼 균일해요. 뭔가 미심쩍어요. 마치 모든 게 언젠가 서로 연결되어 있었던 것 같거든요. 모든 게 이렇게 멀리 떨어져 있는데 그럴 수는 없잖아요.

나도 이게 그저 그런 수수께끼의 하나일 뿐이라는 걸 인정해요. 책에서 처음 읽었을 때 이렇게 생각했어요. "그래서? 어쩌라고?" 하지만 천문학자들은 이런 문제를 마주하면 아주 당황해요. 과학자에게는 모든 게 딱딱 맞아야 하잖아요. 더 중요한 건 여기에서 다룬 두 가지, 우주의 모양과 온도에 대한 질문을 해결하면 우주가 어떻게 시작했는지 더 잘 알게 된다는 거랍니다.

- 4부 -

100조 마르크 지폐

내가 열 살쯤일 때 감자튀김 한 봉지는 1길더였어요. 지금 50센트보다 더 적은 금액이에요. 사탕이나 초콜릿 같은 단것은 몇 센트만 내면 얻을 수 있었어요. 우리 할아버지가 열 살쯤일 때는 1~2센트면 큰 빵 한 덩어리를 살 수 있었지요. 통화량이 늘면서 돈의 가치는 천천히, 하지만 분명히 줄어들어요. 그걸 인플레이션이라고 해요. 때로는 인플레이션이 아주 빨리 일어날 수도 있어요. 제1차 세계 대전이 끝난 직후 독일에서는 돈 가치가 너무 빨리 떨어져서 독일 정부는 100조 마르크 지폐를 찍어야 했어요.

돈 가치가 더 떨어지기 전에 저축한 돈을 빨리 쓰라고 이런 이야기를 꺼낸 건 아니에요.(절대 안 돼요, 알죠?) 여기서 중요한 건 인플레이션이라는 용어예요. 우주에도 인플레이션이 있었거든요. 이 인플레이션은 어떤 나라의 통화량을 빠르게 늘린 게 아니라 우주를 급속하게 팽창시켰어요. 바로 이 인플레이션이 앞에 나온 두 가지 질문에 대한 대답이에요. 우주는 왜 그토록 평평할까? 우주의 온도는 왜 그토록 균일할까? 이 두 가지 질문요.

구부러진 것을 어떻게 똑바로 펼까

인플레이션은 우주가 언젠가 아주 짧은 순간에 믿을 수 없을 만큼 빠른 속도로 급팽창을 했다고 가정하는 이론이에요. 탄생 초기의 아주 작은 우주가 이런 과정을 거쳤다면 우주에서 가장 먼 구석까지 온도가 균일하다는 게 별로 이상하지 않아요. 탄생 초기에는 우주가 아주 작았기 때문에 어느 곳이나 온도가 같았어요. 그런 우주가 급팽창을 하면 우주의 뜨거운 열이 전체 공간에 골고루 퍼질 수밖에 없어요. 온도 차이가 생길 시간이 아예 없는 거예요! 인플레이션 이론은 우주가 왜 평평한지도 해명해 줘요. 볼링공을 기억해 보세요. 볼링공을 아주 빠르게 굴릴수록 직선을 유지할 가능성이 훨씬 더 높아요. 우주가 너무 빨리 커진 나머지 직선의 성질을 가진 평평한 우주가 생겨난 거지요. 아주 작은 풍선을 순식간에 불어 커다랗게 만들면 표면의 구불구불하던 선들이 일순간에 퍼지는 것처럼요.

'믿을 수 없을 만큼 빠른'이란 얼마나 빠른 걸까요? 정말 빠른 거예요. 심지어 빛보다 더 빨라요. 아니! 저기! 잠깐만요! 그럴 수는 없잖아요? 빛보다 빠른 건 없다면서요. 맞아요. 어떤 것도 공간 속에서 빛보다 더 빨리 움직일 수는 없어요. 하지만 공간 그 자체는 광속보다 더 빨리 늘어날 수 있어요. 바로 그런 일이 우리 우주 탄생 초기에 일어났어요. '인플레이션 시기'에 말이에요. 인플레이션은 10^{33}(1 뒤에 0이 33개 붙은 숫자)분의 1초도 안 걸리는 짧은 시간 동안 일어났지만 엄청나게 중요한 사건이었어요.* 인플레이션 이론은 모든 문제를 훨씬 더 논리적으로 만들어 줘요. 우주의 모양과 온도뿐만 아니라 훨씬 더 많은 문제들 말이에요. 그런데 궁금한 게 있어요. 우주는 어떻게 이처럼 급속하게 커질 수 있었을까요?

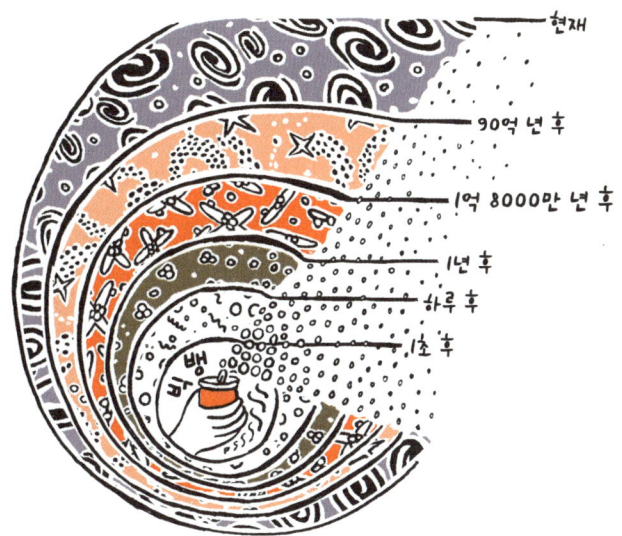

얼어붙은 콜라

인플레이션 이론은 무척이나 어려운 이야기라서 완전히 이해하는 사람이 드물어요. 하지만 여러분이라면 할 수 있어요. 인플레이션은 우주 탄생 아주 초기에 일어났어요. 작디작은 우리 우주에 중력이나 전자기력 같은 힘은 아직 없었고 딱 하나의 힘만 있었지요. 그 무렵 식어 가던 우주에 아주 특이한 일이 일어났어요. 한 방에 모든 게 바뀌어 버렸어요. 순식간에 우주가 완전히 달라졌다니까요. 기이하지만 사실이에요. 여러분도 콜라 한 캔만 있으면 비슷한 경험을 할 수 있어요. 콜라를 냉동실에 넣어 두세요. 오래 놔두면 안 돼요. 콜라 온도가 어는점 아래로 떨어지지만 얼지는 않을 딱 그만큼만요. 콜라는 캔 속에 든 이산화 탄소의 압력 때문에 얼지 않고 간신히 액체로 남아 있어요. 하지만 캔을 따는 순간 내부 압력이 확 줄면서 콜라는 갑자기 얼음덩어리로 바뀐답니다. 우주의 모든 물질도 이와 비슷한 방식으로 갑자기 바뀌었을 수 있어요. 이런 일이 일어날 땐 에너지가 풀려 나와요. 콜라 캔 하나라면 별것 없겠지만 우주 전체라면 굉장할걸요. 이 밖에도 우주가 어떻게 이렇게 빨리 커졌는지, 인플레이션의 원인을 설명하는 이론은 몇 가지 더 있어요.

끌어당기지 않고 밀어내는 중력

우리가 지구에서 떨어지지 않고, 지구가 태양 주위를 도는 건 중력 때문이지요. 하지만 아주 특별한 조건에서는 중력이 거꾸로 작용할 수 있다고 주장하는 과학자들도 있어요. 그럼 중력은 물체를 끌어당기는 게 아니라 밖으로 밀어내겠지요. 그런 일이 일어나려면 아주 많은 에너지가 있어야 해요. 그런데 우주의 인플레이션 시기에는 에너지가 많다 못해 넘쳐흘렀어요. 거꾸로 작용하는 중력이 그리 오래 지속된 건 아니에요. 휘리릭, 번개처럼 재빨리 사라졌어요. 하지만 그사이 우리 우주는 어마어마한 크기로 자라났어요. 어마어마하게 작은 것에서 정말 제대로 된 커다란…… 음, 그러니까 장난감 구슬 크기로 말이에요. 뭐 장난감 구슬이라니, 놀리는 것 같나요? 하지만 우주가 정말 작았다는 사실을 생각하면 이건 정말 대단한 일이에요. 우주는 그 짧은 시간 동안 두 배씩 커지기를 백 번 넘게 반복했다니까요. 굉장하지 않나요?

쌀알 하나를 두 배씩 늘려 볼까요? 처음 두 배로 늘리면 쌀알이 두 개예요. 두 번째는 네 개이고, 세 번째는 여덟 개, 이런 식으로 계속 늘어나요. 열 번째는 쌀알이 1024개이고, 스무 번째는 100만 개가 넘어요. 서른 번째는 10억 개가 넘고 쉰 번째는 1000조 개가 넘어요. 그리고 백 번째는 쌀알이 무려 10^{30}개예요. 1 다음에 0이 30개나 붙는 아주 큰 숫자지요. 지구에 사는 사람 전체가 수백만 년의 수백만 배 넘게 먹을 수 있는 양이에요!

얼마나 대단한 건지 좀 알겠지요? 좋아요, 다음으로 넘어가요. '부자는 필요하고, 가난뱅이는 가졌으며, 여러분이 먹으면 죽어요. 그게 뭘까요?' 맞혀 보세요. 기회는 세 번뿐.

*우주 인플레이션은 빅뱅 이후 10^{-36}초부터 10^{-33}초와 10^{-32}초 사이까지 지속되었다고 한다.

- 4부 -

진공에서 태어난 우주

수조 안의 물을 다 쏟았어요. 물고기를 건지고 수초랑 모래랑 먹이 등등 그 안에 든 것도 다 꺼냈지요. 수조를 깨끗하게 닦았더니 휑뎅그렁하게 비었어요. 그래도 완전히 빈 건 아니에요. 그 안에 아직 공기가 있잖아요. 강력한 흡입기로 공기까지 다 빨아냈어요. 이제 수조가 정말 텅 비었네요. 우리는 그걸 진공이라고 불러요. 물론 100% 진공은 절대로 만들어 낼 수 없어요. 아무리 애를 써도 길 잃은 분자가 여러 개 남아 있거든요. 저 먼 우주 공간이 진짜 진공에 더 가까워요. 그곳에는 1cm³ 부피의 공간에 수소 원자가 겨우 하나만 있을 뿐 아무것도 없어요. 원자 자체도 거의 비어 있다는 사실을 생각하면 그건 정말 텅 비어 있는 거예요. 하지만 이제 그 원자 하나조차 없애고 정말 아무것도 없는 진공을 만들어 냈다고 해 봐요. 그러면 완전히 비어 있다고 말할 수 있을까요? 정말 아무것도 없을까요? 아니에요. 그 진공에도 무언가 있답니다.

진공에서 나온 에너지

진공에서는 늘 뭔가 생겨나요. 끊임없이 말이에요. 그걸 어떻게 상상할 수 있을까요? 콜라를 한 잔 따르세요. 콜라가 싫다면 탄산수도 괜찮아요. 잔 속에 거품이 보글보글 일어나는 게 보이나요? 그 거품은 어디에서 왔을까요? 그냥 없던 게 생겨났어요! 이제 콜라나 탄산수를 머릿속에서 지워 버리면 진공에서 뭔가 생겨나는 장면을 상상할 수 있을 거예요. 진공에서도 비슷한 일이 일어나요. 완전한 진공에서도 아주 작은 입자와 반입자가 계속 생겨났다가 금세 사라지고 있어요. 아주 이상하지만 사실이에요. 우리가 사는 세상에는 아무것도 없는 진공은 없어요. 갖은 애를 다 써 아주 작은 공간을 정말 완전히 비웠다고 해 봐요. 좀 황당하지만 그렇게 하려면 에너지가 아주 많이 들 뿐만 아니라 그런 상태도 아주 짧은 순간만 지속해요. 입자들은 모든 곳에서 나타났다가 금방 사라져요. 입자가 나타나는 순간 에너지도 나타나지요. 입자에는 에너지가 많으니까요. 그러니까 아무것도 없는 진공에도 에너지가 있는 거예요!

진공 에너지를 실험으로 확인할 수도 있어요. 아주 얇은 금속판 두 장을 진공 속에 거의 달라붙을 만큼 살짝만 떼어 놓아요. 금속판 바깥쪽은 사이의 진공보다 더 넓어요. 당연히 진공 에너지는 금속판 사이보다 바깥쪽에 더 많지요. 그 결과 금속판에는 바깥쪽에서 안쪽으로 미는 힘이 작용해요. 진공 에너지가 불러낸 힘은 측정할 수도 있고 계산할 수도 있어요. 물리학자들은 성능이 아주 좋은 컴퓨터를 이용해서 진공이 실제로 어떻게 보이는지 밝혀낼 수 있어요. 물리학자들이 계산한 결과를 한번 보세요. 진공은 정말 아무것도 없는 것이 아니라 아주 잠깐 나타났다가 금세 사라지는 거품으로 가득해요.

양자 요동에 대한 조사 발표

이건 사실 세상에서 가장 작은 것을 그린 그림이에요. 이렇게 작은 것에서도 거품이 보글보글 일어요. 물론 물리학자들은 이걸 거품이라고 하지 않고 양자 요동이라고 부르지요. 어떤 어려운 단어들은 한 귀로 듣고 한 귀로 흘려도 되지만 이 '양자 요동'이라는 단어는 절대 잊지 마세요. 아주 흥미롭고 중요하거든요. 꼭 기억하세요. 양자 요동에 대해 조사해서 수업 시간에 발표를 해도 좋아요! 어른들이랑 대화할 때 지나가는 말로 '양자 요동'이라는 단어를 쓰는 건 어떨까요? 어른들이 그 말을 듣고도 깊은 인상을 받지 않는다면 내 손에 장을 지질게요. 양자 요동이 뭔지 어른들은 정말 손톱만큼도 모르거든요.

그러니까 이 거품…… 아니, 양자 요동에는 뭔가 있어요. 이 그림은 어떤 그림이랑 꽤 닮았어요. 그것도 조금 비슷한 정도가 아니에요! 뭐 떠오르는 게 없나요? 그래요, 아기 우주 그림이랑 젓가락 두 짝처럼 똑같아요! 우연한 게 아니랍니다. 우주도 아주 초기에는 이렇게 보였거든요. 초기 우주는 아직 아무것도 없는 작은 진공이었어요. 양자 요동이 넘실댔고, 그 작은 요동이 인플레이션을 거쳐 아주 커다란 우주로 발전했지요. 결국 진공에서 우주 전체가 생겨난 거예요! 우리한테는 우주가 맨 처음 시작할 때 모습이 담긴 그림이 있어요. 이제는 그때 그곳이 어떻게 생겼는지도 알아요. 그러니까 무슨 말씀을 하고 싶은 거예요? 우리 우주가 아무것도 없는 것에서 그냥 뚝딱 생겨났다고요? 이렇게 묻고 싶겠죠? 솔직히 말해 아무도 확실하게 모르지만 그럴 수도 있어요. 다시 한 번 말하자면, 정말 그럴 수도 있어요.

아무것도 없지만 특별한 것

진공 에너지가 중요한 문제 하나를 해결해 줄지도 몰라요. 진공이 에너지를 공급한다고 확신하는 사람들도 있어요. 진공 에너지가 금속판을 옆으로 밀어내는 실험도 있었잖아요. 혹시 진공 에너지가 충분하다면 은하들도 그렇게 밀어낼 수 있지 않을까요? 우주에는 아무것도 없는 공간이 믿을 수 없을 만큼 넓어서 진공 에너지도 어마어마하게 많아요. 이 에너지가 은하들을 옆으로 밀어서 멀어지게 할 수 있다면 우주는 더 넓어질 거예요. 우주가 넓어지면 공간이 더 늘어날 테고 따라서 진공 에너지도 더 많아지겠지요. 그럼 우주는 더욱 더 빠르게 늘어날 테고요. 어디선가 한번 들어 본 이야기 같지 않아요? 그래요, 암흑 에너지 이야기가 딱 떠오르네요. 어쩌면 진공 에너지가 이 암흑 에너지일 수도 있어요! 참 신비롭지 않나요? 아무것도 없는 것이 뭐든지 될 수 있다니 말이에요. 세상에 뭔가 정말 특별한 게 있다면 그건 바로 아무것도 없는 것일지도 몰라요!

- 4부 -

20개의 차원으로 이루어진 세계

이제 정말 비밀의 아주 많은 부분을 밝혀냈어요! 그래도 결정적인 질문 몇 가지는 아직 남아 있지요. 예를 들어 볼까요. 우주가 짧은 순간 거대하게 팽창하기 전에는 어떤 일이 일어났을까요? 태초, 그러니까 빅뱅 이전에는 아주 뜨거웠다는데, 그 열은 어디에서 왔을까요? 바로 이 지점에서 우리의 이야기가 그친답니다. 우리는 그걸 알지 못해요. 알지 못하는 게 더 있어요. 진공에서 나온 양자 거품에 뭔가 특별한 게 더 있다는 사실이요. 어쩌면 그 안에 열에 대한 답의 일부가 들어 있을 수도 있어요. 양자 요동에 상상할 수 없을 만큼 많은 에너지가 있어서 엄청나게 뜨거울 수도 있어요. 다만 중요한 것은 양자 요동이 뜨거울수록 그 지속 시간은 짧았다는 사실이에요. 너무너무 뜨거운 것은 그냥 너무너무 짧은 순간 동안만 지속할 수 있어요. 빅뱅의 어마어마한 열은 양자 요동에서 나왔을 수도 있어요. 이렇게 가설을 또 하나 세우는 게 가능하지만 그런 가설이 늘어날수록 어떤 게 맞는지 알아내기는 더 어려워져요. 어쨌든 우리는 당분간 무엇이 옳은지 밝혀낼 수 없어요. 혹시 여러분이 그새 해답을 찾아냈나요?

모든 것을 아우를 만물 이론

과학자들은 여러분이나 나, 낙타, 은하처럼 평범하거나 거대한 것이 어떻게 행동하는지 정확하게 계산하고 예측할 수 있어요. 그리고 전자나 광자나 쿼크처럼 아주 작은 것이 어떻게 행동하는지도 계산하고 예측할 수 있지요. 하지만 커다란 것과 평범한 것, 그리고 아주 작은 것까지 다 아우르는 법칙은 없어요. 그런 법칙을 만물 이론이라고 불러요. 별과 행성과 은하는 중력의 법칙을 따라요. 비록 다른 힘에 대해서는 들어 본 적이 없다고 해도 중력에 대해서 다 꿰고 있다면, 그 거대한 물체들이 어떤 방향으로 또 어떤 속도로 움직일지 여전히 잘 예측할 수 있어요. 하지만 쿼크나 전자한테 중력은 아무 의미가 없어요. 다른 힘들이 모든 것을 결정하거든요. 그게 바로 이 모든 힘을 서로 아우르는 만물 이론을 찾지 못한 이유예요. 양자 크기만 한 작은 우주를 설명하려면 이런 이론이 꼭 있어야만 하는데요.

여러분은 고무줄로 이루어져 있나요?

지난 한 세기 동안 만물 이론을 찾아내려고 갖은 노력을 다했어요. 이 분야에도 여러 가지 가설이 있어요. 그 가운데 가장 인기 있는 게 초끈 이론이에요. 이 이론은 가장 작은 입자들이 사실은 바이올린이나 비올라 같은 악기의 현과 비슷한 끈이라는 가정에서 출발해요. 이 끈은 진동하는 고무줄 같은 거라고 상상할 수 있어요. 모양도 여러 가지이고 진동 방식도 여러 가지이며 한없이 짧고 가는 고무줄 말이에요. 이 끈의 모양과 진동 방식에 따라서 에너지와 입자의 종류가 결정돼요. 초끈 이론은 등장한 지 수십 년이 지났지만 여전히 가장 믿을 만한 이론으로 통해요. 그런데 초끈 이론이 정말 맞는지 어떻게 확인해야 할까요? 실험실에서도 확인할 수 없고 음악실에서도 확인할 수 없어요.

이 끈은 어찌나 작은지 아예 보이지 않아요. 절대로 볼 수 없다니까요. 그런 것을 기술하는 방법은 수학적 계산밖에 없어요. 초끈의 세계를 위한 공식을 찾아야 하는 거예요. E=mc² 같은 공식 말이에요. 그리고 이렇게 만들어진 공식이 기본 상수*라고 불리는 숫자와 딱딱 들어맞아야 해요. 기본 상수는 물리학의 법칙을 기술할 때 아주 중요한 역할을 하는 고정된 숫자예요. 전자와 쿼크의 질량 같은 중요한 기본 상수는 약 20개라고 해요. 기본 상수의 값은 아주 정확해야 해요. 우주의 모든 입자와 에너지의 행동을 결정하는 중요한 상수는 수십 가지에 이른답니다.

모든 기본 상수를 위한 공식

초끈 이론이 맞는지 증명하려면 그저 이 모든 기본 상수를 설명할 수 있는 공식을 찾아내기만 하면 돼요. 그 가운데 하나라도 어긋난다면 처음부터 다시 시작해야만 하지요. 어때요? 계산이 잘 될까요? 아니요, 그럴 리가 없지요. 대충 맞지도 않는다니까요. 그런 공식을 찾는 건 불가능해 보여요. 다만⋯⋯ 차원이 여러 개 있을 때만 빼고요. 차원이 하나나 두 개 더해지는 게 아니라 적어도 열 개 더해지고, 어쩌면 다 합쳐서 스무 개 더해질 때 말이에요. 그럼 초끈 이론이 맞을 수도 있어요. 아니, 4차원만 해도 벌써 이상하잖아요! 그런데 어떻게 20차원까지 있을 수 있어요?

*물질의 종류와 관계없이 기본이 되는 물리 상수. 시간적·공간적으로 일정한 값을 갖는다.

- 4부 -

4차원을 이루는 하나의 선

하나는 확실해요. '위'나 '왼쪽'이나 '앞' 같은 새로운 차원을 상상하기가 아주 어렵다는 거요. 새로운 차원이 이미 우리가 알고 있는 그런 차원 같았다면 벌써 오래전에 눈에 띄었을 거예요. 그런 차원들은 한없이 크니까요. 아무 장애물이 없다면 여러분은 왼쪽이나 위로 한없이 갈 수도 있어요. 어쩌면 새로운 차원은 그리 크지 않고 오히려 아주 작은 게 아닐까요? 그렇다면 그건 우리 생각만큼 낯설지 않아요.

이 선을 예로 설명해 볼게요.

차원이 하나밖에 없어요. 그렇죠? 이 선 위에선 앞으로 가거나 뒤로 갈 수밖에 없어요.

그런데 가까이에서 관찰하면 다른 것들이 더 보여요. 이건 그냥 선이 아니라 둥그런 밧줄이에요. 이제 여러분은 앞뒤로 오갈 수 있을 뿐만 아니라 그 주위를 빙글빙글 돌 수도 있어요. 적어도 여러분이 개미라면. 처음에는 보이지 않았던 차원이 하나 보태졌어요.

― 기발하고 터무니없는 실험과 기이한 발견 ―

보이지 않는 차원

이 밧줄을 확대하면 멋진 물결무늬가 보일지도 몰라요. 밧줄 속이 비어 있어서 안으로 들어가 돌아다닐 수 있을지도 모르고요. 선을 확대할 때마다 새로운 차원이 더해지는 거지요. 우리가 사는 세계도 그럴 수 있어요. 다만 차원이 너무 작아서 우리가 아직 보지 못할 뿐이에요. 이것도 그럴듯한 이야기지만 지금까지 증명할 수는 없었어요.

다행히 물리학자들은 스위스에 있는 입자 가속기의 도움을 받고 있어요. 그곳에서는 아주 작은 입자들이 서로 충돌할 때 에너지가 다른 차원으로 사라지지 않는지 점검하지요. 입자에 들어 있는 에너지의 양을 미리 계산한 다음 그 입자들을 거의 광속으로 충돌시켜요. 충돌 후 일부 에너지가 사라졌다면 사라진 에너지는 어쩌면 다른 차원으로 스며들었을 수도 있어요! 지금까지는 그걸 측정하지 못했어요. 하지만 앞으로 어떨지 누가 알아요?

양자 중력

모든 것을 아우르는 이론을 만들려고 세운 가설에 초끈 이론만 있는 게 아니에요. 그와 비슷한 것으로 양자 중력 이론이 있어요. 이 이론도 초끈 이론처럼 아인슈타인의 상대성 이론과 양자 역학을 결합하려고 해요. 아주 유망하니까 앞으로도 꽤 많이 듣게 될 거예요. 하지만 양자 중력 이론은 믿을 수 없을 만큼 어려우므로 여기선 그냥 넘어갈게요. 너무 언짢게 생각하지 마세요.

이렇듯 과학은 모든 것이 어떻게 생겨났는지 풀어내려고 끊임없이 노력해요. 점점 더 놀라운 방법으로요.

- 4부 -

0.00000000000000000000001m까지
정확하게 측정하는 장치

블랙홀 두 개가 충돌하면 어떤 일이 일어날까요? 의심할 나위 없이 아주 많은 일이 일어나겠지요. 하지만 정확하게 어떤 일일까요? 그런 생각을 하느라 골머리 앓을 필요는 없어요. 100년 전에 이미 아인슈타인이 그 해답을 내놨거든요. 그런 무거운 천체가 충돌하면 엄청난 중력파가 일어난다고 했어요. 수백만 년 후에 수백만 광년 떨어진 곳에서도 잴 수 있을 만큼 엄청난 공간의 파동 말이에요. 블랙홀 주위에 둥근 파동이 생기고 바깥으로 퍼져 나가요. 수면에 돌을 던졌을 때 생기는 둥근 물결 같은 거지만 시공간에 생기는 거지요. 중력파라고 불리는 그 파동 때문에 모든 것이 잠깐 늘어났다가 금세 원래대로 쪼그라들어요. 아인슈타인에 따르면 말이에요. 아인슈타인이야 무슨 생각도 할 수 있지만…… 물론 그 생각이 맞아야겠지요!

아인슈타인이 옳다면 우리 우주의 과거를 들여다보는 새로운 방법을 찾을 수도 있어요. 중력파로 우주를 연구할 수 있으니까요. 광학 망원경을 통해 가시광선으로 우주를 보고, 전파 망원경을 통해 전파로 우주를 보고, 적외선 망원경을 통해 적외선으로 우주를 보듯, 중력파 망원경을 통해 중력파로 우주를 볼 수 있다는 뜻이에요. 어쩌면 중력파가 빅뱅까지 아우르는 우주 역사의 보물 창고를 새로운 정보로 가득 채워 줄지도 몰라요.

이봐, 모두 포기한 기계 하나 만들어 보자고!

약 50년 전 몇몇 과학자들이 중력파를 측정하는 장치를 만들어 봐도 괜찮겠다고 생각했어요. 그 장치는 중력파를 소수점 뒤에 0이 20개나 붙을 만큼 정확하게 잴 수 있어야 했어요. 또한 아주 약한 중력파를 검출할 수 있으면서도 지진이나 비행기, 근처를 지나가는 대형 화물차의 진동 같은 방해 요소는 철저히 걸러 낼 수 있어야 했지요. 과학자들은 이런 장치를 어떻게 만들어야 할지도 몰랐고 완성할 때까지 얼마나 걸릴지도 몰랐어요. 당연히 돈이 얼마나 들지도 몰랐고, 심지어 이런 장치를 만들 수 있을지조차 몰랐다니까요. 중력파란 게 정말 존재

하는지도 확실치 않았지요. 여러분도 이미 짐작했겠지만, 이 용감한 과학자들은 이게 멋진 계획이라 믿고 일단 시작했어요.

42년 동안 수십억 달러를 쓰고 난 뒤……

그들은 42년이 넘게 상상하기 힘든 좌절과 실패와 의견 충돌 같은 별별 어려움을 다 겪으면서도 그런 장치를 만드는 일에 매달렸어요. 사실 장치라는 말도 어울리지 않았어요. 그건 길이가 4km에 이르는 흉물이었고 제작 비용도 수십억 달러가 넘었거든요. 그게 전부가 아니에요! 지진의 진동을 비롯해서 다른 방해 요소를 거르려면 이 괴물 같은 장치가 두 개 필요했어요. 물론 중력파가 어디에서 오는지 결정하기 위해서도 그렇고요. 결국 이 장치 가운데 하나는 미국의 서부에 만들고 다른 하나는 동부에 만들었어요. 이 두 장치가 똑같은 신호를 잡아낸다면 그건 중력파가 틀림없는 거지요.

공식적으로 이 장치를 LIGO(라이고)라고 불러요. '레이저간섭계중력파관측소'란 뜻이지요. 이런 장치도 그동안 많이 늘어나서 독일, 이탈리아, 일본 등에도 있어요. 지금까지 그 장치에서 무엇을 알아냈을까요?

2015년 9월 14일

2015년 9월 14일에 무슨 일을 했는지 기억하나요? 아마 못 하겠지요. 하지만 나는 뭔가 알고 있어요. 이날 여러분은 키가 좀 작아진 대신 옆으로 퍼졌어요. 그리 많이는 아니고 아주 조금, 0.00000000000000000001m쯤. 그것도 아주 짧은 순간 동안. 여러분은 거의 눈치채지 못했을 테고 옷도 내내 잘 맞았을 거예요. 여러분이 입고 있던 옷도 같이 줄어들었다가 다시 늘어났거든요. 아참, 나한테도 똑같은 일이 일어났어요. 대통령한테도 일어났고 투탕카멘 미라한테도 일어났고 달한테도 일어났지요. 그러니까 거의 모든 것에 일어났어요. 무척이나 이상하게 들리지만 사실이에요.

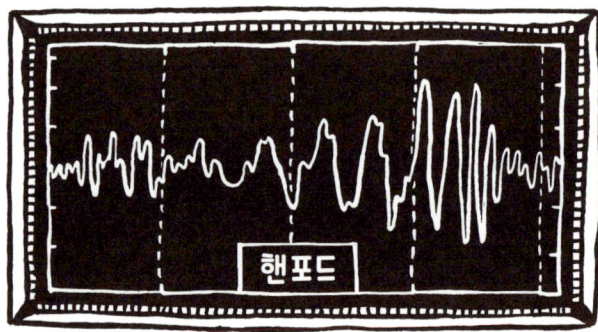
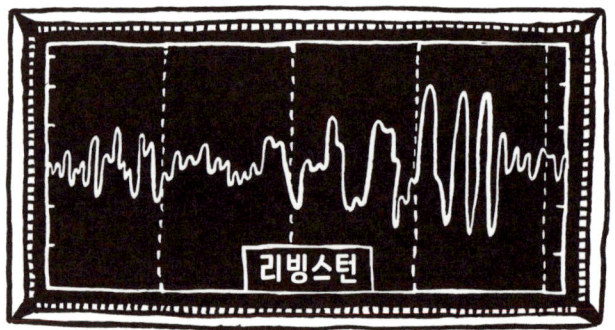

13억 년 전에 일어난 어떤 사건 때문이에요. 그 사건이 2015년 9월, 우리 주위에 있는 모든 것들을 쪼그라들었다가 다시 늘어나게끔 했어요. LIGO를 만드는 데 그토록 열중했던 정신 나간 천재들 덕분에 우리도 그 사실을 알게 됐어요.

우주 엿듣기

LIGO는 거울을 거쳐 두 가닥으로 나누어진 다음 몇 km 거리를 지나고 되돌아오는 레이저 광선으로 작동해요. 중력파가 지나가면 거울들 사이의 간격이 아주 조금 바뀌는데 그걸 그래픽으로 확인할 수 있어요. 중력파를 소리로 바꾸어서 정보를 얻을 수도 있지요. 우주에서 일어난 온갖 충돌이나 폭발은 종류에 따라 고유한 소리를 내거든요. 그래서 과학자들은 별끼리 충돌하는지, 블랙홀끼리 충돌하는지, 또는 별이랑 블랙홀이 충돌하는지 눈으로 볼 수 있을 뿐만 아니라 귀로 들을 수도 있어요.

뿌우우웅

42년 동안 온갖 노력과 고생을 다 한 끝에 LIGO의 직원들은 그 장치를 2015년 9월 처음으로 작동시켰어요. 처음 시험 가동하는 동안 진짜 중력파의 그래픽이 컴퓨터 화면에 나타났어요. 그런 다음 중력파가 소리로 바뀌어서 '뿌우우웅' 하는 소리가 났어요. 바로 그 순간 다 큰 어른들이 울음을 터뜨렸어요. 거기 있었던 사람들은 그때 이야기만 나오면 여전히 눈가가 촉촉해져요. 몇 년 동안 영혼까지 다 바쳐서 만든 장치가 제대로 작동했으니까요.

그런데 '뿌우우웅'은 뭘까요?

뿌우우웅은 13억 년 전 블랙홀 두 개가 충돌할 때

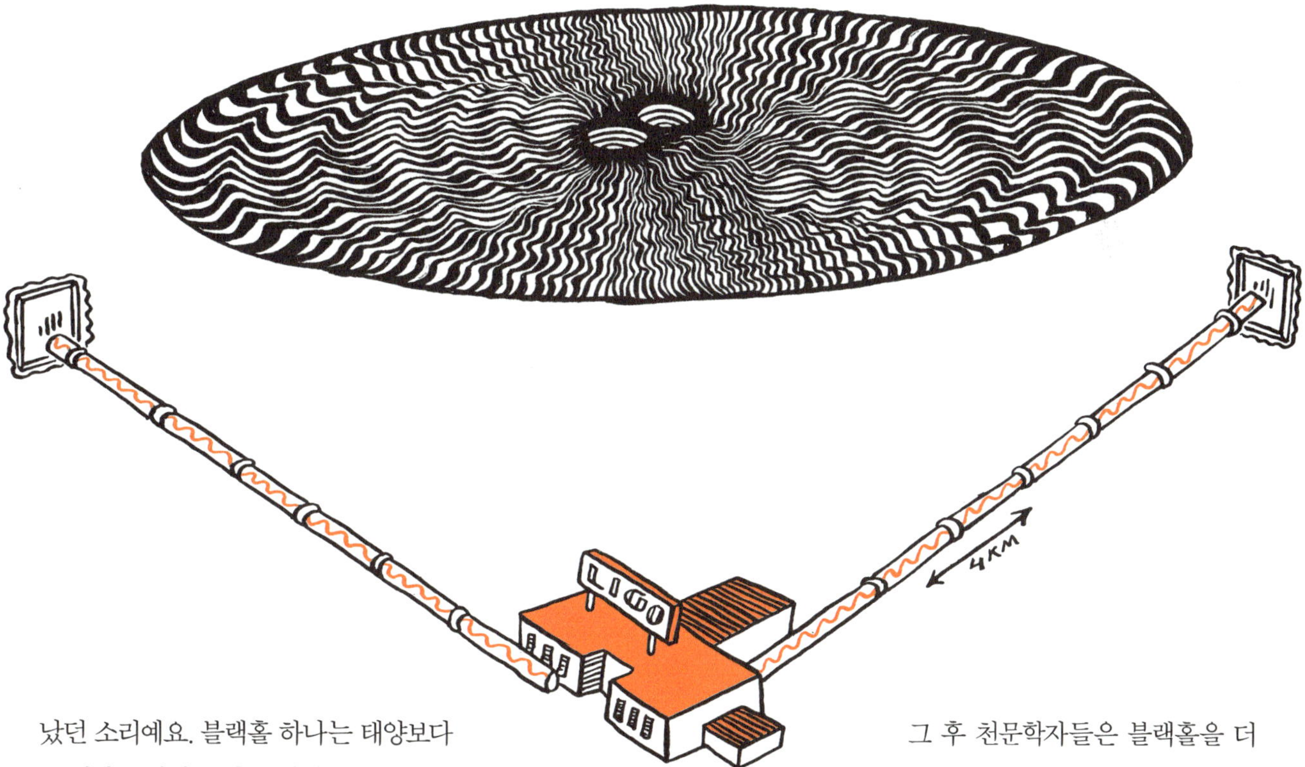

― 기발하고 터무니없는 실험과 기이한 발견 ―

났던 소리예요. 블랙홀 하나는 태양보다 29배나 무거웠고 다른 하나는 태양보다 36배나 무거웠지요. 이 둘은 믹서의 양날처럼 같은 속도로 서로의 주위를 돌고 있었어요. 그렇게 소용돌이치면서 점점 더 가까워지다가 결국 하나로 합쳐졌지요. 블랙홀 두 개가 충돌하여 더 거대한 블랙홀 하나로 바뀐 거예요. 블랙홀 두 개는 서로 충돌하면서 눈에 보이는 우주의 모든 별과 은하들보다 더 강력하게 중력장을 뒤흔들었어요. 그때 만들어진 중력장의 진동이 바로 중력파랍니다. 그 중력파는 우주를 질주했어요. 지금도 여전히 그러고 있지요. 블랙홀 두 개가 충돌하여 생긴 중력파가 2015년 9월 14일 지구를 꿰뚫고, 여러분과 나도 꿰뚫고 지나갔어요.

그 후 천문학자들은 블랙홀을 더 많이 발견하고 우주의 충돌도 더 많이 알아냈어요. 아주 오래전 아주 먼 데서 일어난 사건을 더 많이 알 수 있게 된 거지요. LIGO로 잡아낸 중력파와 소리는 우주에서 처음 태어난 별들에 관한 온갖 이야기를 다 해 준답니다. 천문학자들에게 들리는 뿌우우웅, 치립치립, 위위위윕 같은 소리는 고고학자들이 찾는 유물 조각과 뼈나 마찬가지예요.

우리는 LIGO와 스위스 CERN의 입자 가속기 같은 장치로 우리 우주의 과거에 관한 정보를 수없이 발견하게 될 거예요.

과연 어떤 발견일까요?

127

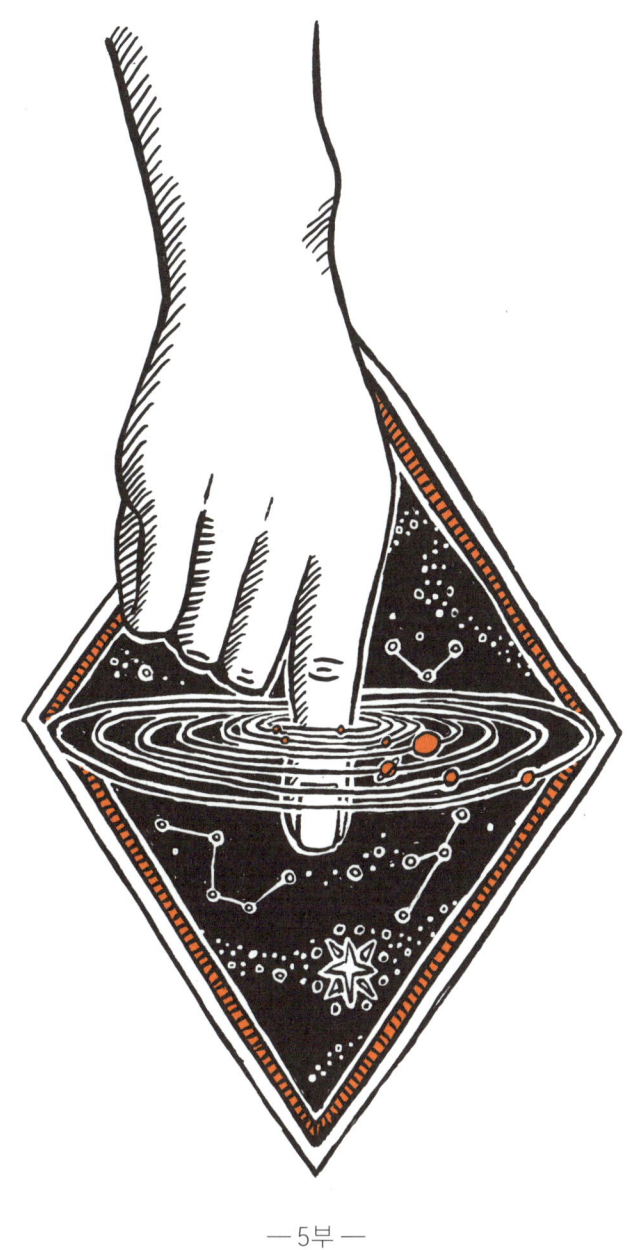

— 5부 —

누가 우리 우주를 만들었을까요?

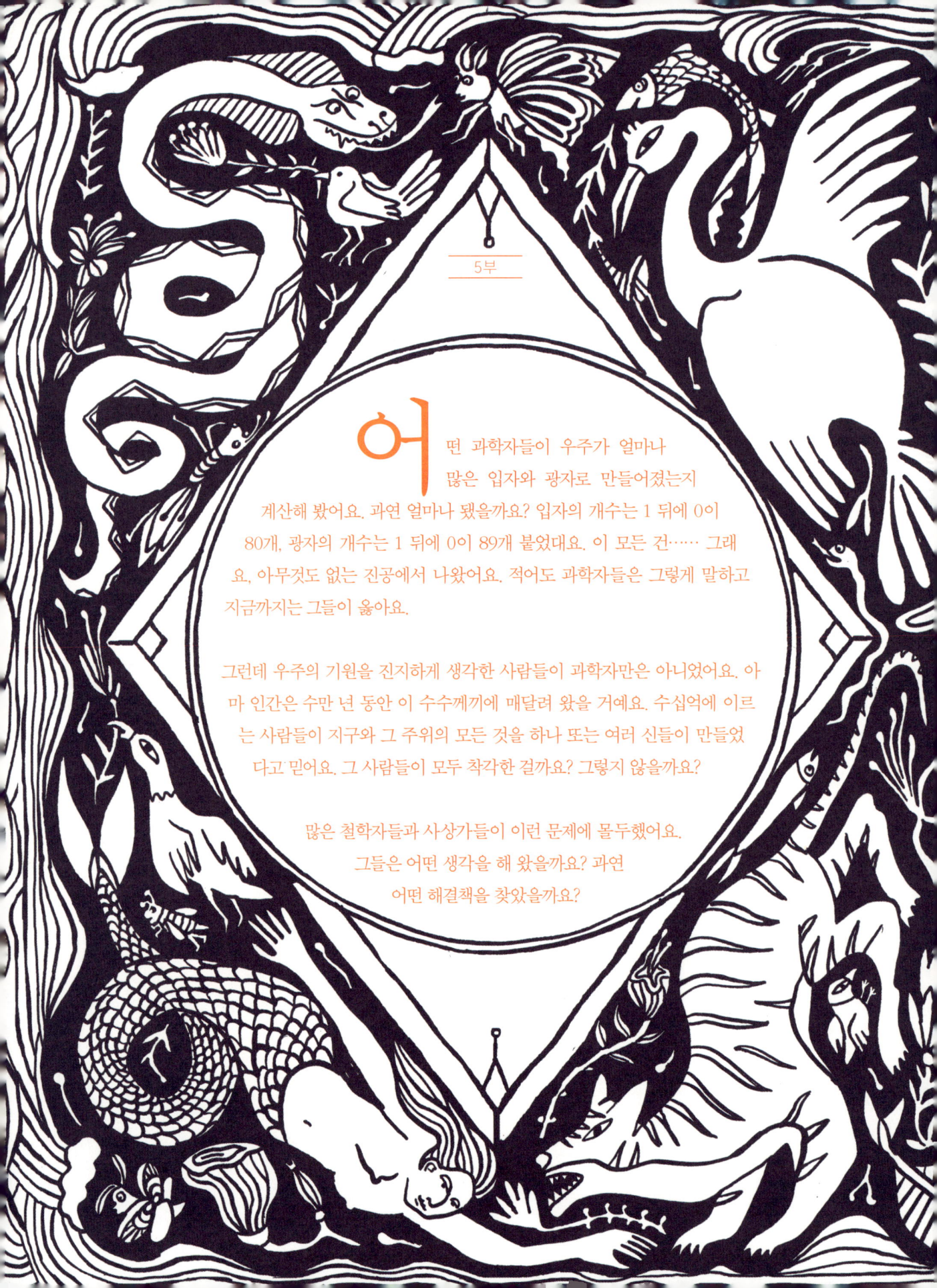

5부

어떤 과학자들이 우주가 얼마나 많은 입자와 광자로 만들어졌는지 계산해 봤어요. 과연 얼마나 됐을까요? 입자의 개수는 1 뒤에 0이 80개, 광자의 개수는 1 뒤에 0이 89개 붙었대요. 이 모든 건…… 그래요, 아무것도 없는 진공에서 나왔어요. 적어도 과학자들은 그렇게 말하고 지금까지는 그들이 옳아요.

그런데 우주의 기원을 진지하게 생각한 사람들이 과학자만은 아니었어요. 아마 인간은 수만 년 동안 이 수수께끼에 매달려 왔을 거예요. 수십억에 이르는 사람들이 지구와 그 주위의 모든 것을 하나 또는 여러 신들이 만들었다고 믿어요. 그 사람들이 모두 착각한 걸까요? 그렇지 않을까요?

많은 철학자들과 사상가들이 이런 문제에 몰두했어요. 그들은 어떤 생각을 해 왔을까요? 과연 어떤 해결책을 찾았을까요?

- 5부 -

아, 고무 오리!

축하해요! 여기까지 읽었다면 여러분은 벌써 믿을 수 없을 만큼 많은 것을 알고 있어요. 그런데 나쁜 소식도 하나 전해야겠네요. 우리는 이제 정말 막다른 길에 이르렀어요. 이제는 CERN이나 LIGO의 직원 같은 똑똑한 과학자들이 놀라운 일을 새로 발견할 때까지 기다려야만 해요. 그들이 더 이상 아무것도 발견하지 못한다면 우리도 앞으로 더 나아갈 수 없어요. 어쨌든 참을성이 있어야 하지요. 몇 년 지나지 않아 그 어느 때보다 계산 능력이 향상된 양자 컴퓨터가 나올 거예요. 양자 컴퓨터는 분명 우리를 다시 도와줄 수 있을 테고요. 아쉽게도 아직은 많이 부족하니까 일단 다른 사람들을 더 살펴보도록 해요. 천문학자나 물리학자가 아니라 철학자와 종교인이요. 그들은 나름대로 과학자들이 다뤘던 문제에 대한 해답을 찾으려고 노력해 왔어요.

인생에는 어떤 의미가 있을까?

철학자와 종교인들은 더 많은 것을 다뤄요. 우주 그 자체뿐만 아니라 우주와 인생의 의미까지 찾아내려고 하거든요. 우리는 왜 존재할까? 최고의 삶이란 어떤 걸까? 삶 이후에는 어떻게 될까? 물론 그들은 '도대체 왜 우주가 있을까?' 같은 질문에도 답하려고 해요. 어떤 과학자들은 이런 종류의 '왜'라는 질문을 별로 달갑게 여기지 않아요. 그런 질문의 답은 잴 수도 없고, 망원경이나 현미경으로 관찰할 수도 없으며, 계산할 수도 없거든요. 과학자들에게 이런 질문은 아무 쓸모없어요. 돌이 쿠션보다 더 딱딱하다든가 코끼리가 개미보다 더 크다는 것이 왜 말이 되는지 묻지는 않잖아요. 어떤 일들은 원래 그런 거고 모든 일에 깊은 이유가 있는 건 아니에요. 광속만 해도 그래요. 광속은 그냥 초속 30만 km예요. 거기 꼭 대단한 이유가 있어야 하나요?

그렇지만 수십억에 이르는 사람들이 '도대체 왜 우리 우주가 존재하는지' 궁금해해요. 그러니까 이 질문이 그렇게 뜬금없는 것은 아니에요. 이런 물음에 빠져 보는 것도 나쁘지는 않아요. 솔직히 말하면 그냥 아무것도 존재하지 않는 편이, 즉 공간도 없고 시간도 없고 우주도 없고 고무 오리도 없고 애플파이도 없고, 그냥 모든 게 없었다면 훨씬 더 논리적일지 몰라요. 그런데 우주도 존재하려면 정말 힘이 들었을 거예요. 이 모든 에너지와 은하와 온갖 복잡한 현상을 생각해 보세요. 그런데도 없었다면 훨씬 더 논리적일지 모른다고요? 정말 논리적이지 않네요. 과학자들은 우주가 논리적일 필요는 없다고 생각해요. 그냥 원래 그런 거예요. 그거야말로 무척이나 기이한 일이에요. 우리가 뭘 어쩔 수 있겠어요.

창조주는 남성일까, 아니면 여성일까?

이 질문에 대해 아주 확실한 답이 있다고 믿는 사람도 수십억 명이나 돼요. 세상이 굴러가도록 만든 건 신이 틀림없다는 거예요. 딱 하나 문제가 있다면 그게 어떤 신이었는지, 또 그걸 어떻게 했는지에 대한 의견이 아주 다르다는 거랍니다. 신이라는 단어를 들으면 많은 사람들은 이슬람교의 알라나 유대교의 야훼와 비슷한 점이 아주 많은 기독교의 신을 떠올려요. 물론 이 세상에 종교는 훨씬 더 많아요. 그러니까 신이라는 단어보다는 창조주라고 하는 게 더 나을 거예요. 그럼 어떤 종교도 빠뜨리지 않을 테니까요.

창조주는 무조건 남성일까요? 여성일 수도 있잖아요. 지금까지는 창조주가 남성일 거라고 믿는 사람이 많았어요. 여기 지구만 보더라도 불행과 죽음과 파멸이 너무나 많아요. 창조주가 여성이라면 분명 달랐을 거라고 주장하는 사람도 있어요. 여러 기록에 등장하는 신은 대개 폭력을 자주 사용하고 인간의 목숨을 하찮게 다루는데, 이런 성향은 주로 남성의 특성이라고 여기는 거예요. 남성 혹은 수컷의 주요 호르몬 '테스토스테론이 우리 행동에 미치는 영향'을 인터넷에서 찾아보세요. 당연히, 이런 주장들이 그저 많은 사람들을 불편하게 만드는 논쟁거리로 이어지는 건 바람직하지 않아요.

- 5부 -

혹이 세 개 달린 낙타

과학에서 힘든 점은 어떤 가설을 증명해야 한다는 것이에요. 외계 생명체가 지구에 존재한 적이 없다는 사실을 어떻게 증명할까요? 지구에 외계인이 돌아다녔을 가능성은 거의 없지만 그래도 그런 적이 한 번도 없었다는 것을요. 아니면 낙타는 언제나 혹이 두 개라는 사실을 어떻게 증명할까요? 어쩌면 히말라야의 외딴곳에 혹이 세 개인 낙타가 있을 수도 있잖아요. 여러분도 이제 창조주의 존재를 증명하기가 얼마나 어려운지 알 수 있을 거예요. 지금껏 성공하지 못했지요.

설령 창조주의 존재를 증명한다고 해도 우주의 시초에 관한 문제는 그대로 남아 있어요. 이 창조주는 어디에서 왔을까요? 언제나 거기 있었을까요? 그런데 어떻게 언제나 거기 있을 수 있지요? 그럼 우리는 어디에서 왔을까요? 한편, 뭔가가 내내 없었다면 어떻게 아무것도 없는 것에서 창조주가 생겨날 수 있을까요? 이런 문제는 절대 풀리지 않아요. 누군가가 기독교의 성직자인 아우구스티누스한테 신이 우주와 지구를 만들기 전에는 무슨 일을 했는지 물었어요. 그는 농담처럼 이런 질문을 하는 사람들을 위해 지옥을 만들었다고 대답했지요. 많은 사람이 창조주가 있다는 사실을 증명하려고 노력했어요. 아주 똑똑하고 독실한 학자들이 많았지만 그래도 이 문제를 풀 수는 없었지요. 예전에도 그랬고 지금도 여전히 그래요.

왜 세상에 고통이 있을까?

종교인들은 신이 현명하고 이해심이 많고 선하다고 생각해요. 나쁜 일도 일어나지만 그럴 만한 이유가 있다고 생각하지요. 아픈 고양이를 동물병원에 데려가서 주사를 맞혀야 한다고 생각해 보세요. 고양이는 왜 주사를 맞는지 이해하지 못하고 무서워해요. 하지만 우리는 고양이에게 주사가 필요하다는 걸 알고 있어요. 세상의 고통도 그럴지 몰라요. 현실의 고통은 더 고귀한 목적을 위해서 어쩔 수 없이 필요하다는 거지요. 적어도 종교인들은 대개 그렇게 생각해요. 고통은 우리의 잘못에 대한 징벌이라고 생각하는 종교인들도 있어요.

철학자들은 어떨까요? 철학자들은 창조주가 언제나 선하고 완벽하다고 생각하지 않아요. 예전에 창조주가 있었지만 지금은 죽었다고 생각하는 철학자도 있어요. 어차피 상징적인 이야기지만 그럴 수도 있잖아요! 그럼 여러 가지 일들을 설명할 수 있어요. 그런 철학자들의 견해에 따르면 창조주가 언제나 우리한테 좋은 것만 해 줄 이유는 없어요. 그걸 뒷받침할 만한 근거도 충분해요. 지구에서는 인간뿐만 아니라 크든 작든, 수많은 동물도 매 순간 고통을 겪고 있잖아요. 그렇게 해서 뭘 어쩌자는 걸까요? 동물들이 대체 무슨 잘못을 했다고요. 꼭 자비로울 필요 없는 창조주를 믿는 철학자들 중에는 악의적인 창조주가 있다고 믿는 이도 있지요. 다행히도 이 창조주는 자기 목적을 80%밖에 이루지 못했대요.

선한 창조주를 믿지 않을 이유

많은 철학자가 창조주가 선하고 완벽하다는 견해에 다음과 같은 이유로 반대해요. 만약 이 창조주가……

……불행을 막을 수 없거나 그러길 원하지 않으면 나쁜 창조주예요.
……나쁜 일을 원치 않는데 나쁜 일이 일어난다면 창조주는 그렇게 완벽하지 않아요.
……불행을 막을 수 있는데 막지 않는다면 선한 창조주가 아니에요.
……나쁜 일을 막을 수 있고 막기를 원한다면 우리는 나쁜 일을 전혀 겪지 않을 거예요.

다 맞는 말이라고 생각하겠지요. 하지만 실제로는 좀 더 복잡해요. 위에 적은 네 가지 경우만 있는 게 결코 아니거든요. 우리가 겪는 나쁜 일이 뭔가 다른 것을 위해 좋을 수도 있어요. 우리한테는 나쁜 일이 세상을 위해서는 꼭 나쁜 일이 아닐 수도 있고요. 게다가 좋은 일도 아주 많은데 그에 대해선 입도 벙긋하지 않았어요.

- 5부 -

강아지와 깃털들

창조주를 믿지 않을 근거는 충분해요. 가장 중요한 것은 물론 양자 요동 이야기로 미루어 보아 창조주가 전혀 필요하지 않다는 거예요. 또 하나 중요한 근거는 이 창조주가 전혀 눈에 띈 적이 없고, 몸소 텔레비전에 나와 모든 게 어떻게 연관되어 있는지 간명하게 설명한 적이 없다는 거지요. 그랬다면 얼마나 좋았을까요. 결국 오늘날 서로 반목하는 온갖 종교의 광신도들 때문에 전쟁을 비롯한 크고 작은 불행한 일들이 일어났잖아요. 또 우주와 인간이 태어난 과정에도 몇 가지 의문점이 있어요. 우주와 인간의 탄생까지 거의 140억 년이나 걸렸는데 좀 더 간단하고 빠르게 진행할 수는 없었을까요? 지구에 수십억 년 동안 나타났다 그냥 사라진 생명체들은 뭐 그리 중요하지 않았다는 건가요? 게다가 우주 전역에서는 지금도 무슨 일인가가 끊임없이 일어나고 있어요. 창조주에게는 뭔가 더 중요한 일이 남아 있기라도 한 걸까요?

우리는 아는 게 너무 적어서 이런 의문에 뭔가 의미 있는 얘기를 할 수 없어요. 한편, 인간이 탄생할 때까지 얼마나 오래 걸렸는지는 아무 상관없어요. 렘브란트가 그림 한 점을 그리는 데, 바흐가 교향곡 한 곡을 작곡하는 데 얼마나 오래 걸렸는지 그게 뭐 중요한가요? 그 결과가 중요하지요. 창조주를 믿을 만한 이유 또한 아주 많아요.

모든 것에는 이유가 있다!

그중 하나는 모든 것에는 원인이 있다는 사실이에요. 아무 이유 없이 그냥 불쑥 생겨난 게 있나요? 여러분은 조상님 덕분에 존재해요. 조상님들은 먼 옛날 지구의 첫 생명체로부터 진화했어요. 그 생명체는 DNA나 단백질 같은 복잡한 분자 덕분에 생겨났지요. 이 분자는 좀 더 단순한 다른 분자에서 나왔고요. 또 그 단순한 분자는 지구나 다른 행성에서 화학 반응으로 만들어졌어요. 행성을 이루는 물질은 폭발하는 별에서 나왔지요. 그렇게 계속 이어져요. 존재하는 것은 모두 원인이 있고 뭔가 다른 것에서 나왔어요. 맨 처음 기원에 거슬러 올라갈 때까지 모든 것이 그래요. 그러니 우주의 바로 그 첫 시작도 당연히 원인이 있어야 해요. 그 시점에 우리는 결국 창조주에 이를 수밖에 없어요. 물론 이 창조주도 원인이 있어야 하니까 또 어려움이 생기긴 해요. 종교인들은 창조주가 스스로 자기 자신의 원인이라고 주장해요. 종교인들의 견해에 따르면 우리 인간이 이해할 수 없을 뿐, 창조주는 늘 존재했어요.

가장 간단한 답이 대부분 옳다

창조주를 믿는 또 다른 이유는 단순함이에요. 강아지를 혼자 두고 잠깐 나갔다 왔더니 방 안이 깃털투성이예요. 소파 위에 있던 쿠션은 갈기갈기 찢어져 있고 강아지 주둥이에는 깃털 몇 개가 덕지덕지 붙어 있어요. 어떤 일이 일어났을까요? 이웃집 고양이가 쿠션을 다 물어뜯고 강아지 잘못인 양 입가에 깃털을 붙여 놓았을까요? 아니면 못된 외계인들이 탄 소형 우주선이 날아와서 쿠션 위에 착륙했을지도 모르지요. 강아지는 외계인을 쫓아내려고 쿠션을 물고 흔들었을 뿐이고요. 그게 아니라면…… 처음 짐작이 맞을까요? 대개 가장 간단한 답이 옳아요. 과학에서도 마찬가지예요. 어떤 문제에 대한 가장 간단하면서도 논리적인 설명이 거의 언제나 옳아요.

왜 그냥 아무것도 없지 않고 뭔가 존재할까?

우주를 만들어 낸 창조주가 있다는 생각은 아주 간단해요. 모든 과학 이론보다 훨씬 간단하게 지구의 탄생을 설명하지요. 양자 요동만 해도 그렇잖아요. 왜 양자 요동이 있을까요? 어디에서 왔을까요? 왜 그냥 아무것도 없지 않을까요? 작디작은 요동에서 어떻게 별것들이 가득한 전체 우주가 생겨날 수 있을까요? 의문이 꼬리에 꼬리를 물고 이어질 때 누군가가 이 모든 것을 만들어 냈다는 생각은 훨씬 간단하기에 더 나은 해결책인지도 몰라요.

하지만 가장 간단한 해결책이 언제나 가장 좋은 건 아니에요. 옛날에는 신이 번개를 던질 때 뇌우가 일어난다고 생각했어요. 오늘날 우리는 전하 분리와 이온화로 생긴 전위 차 때문에 뇌우가 일어난다는 사실을 알고 있어요. 무척 어렵게 들리지요? 맞아요. 정확하게 이해하려면 훨씬 더 어려우니까 여기선 그냥 넘어갈게요. 어쨌든 번개를 던지는 신의 이야기가 훨씬 더 쉽고 간단해요. 그렇지만 이 경우에는 어려운 이야기가 옳아요.

– 5부 –

아인슈타인에 맞선 작가 100명

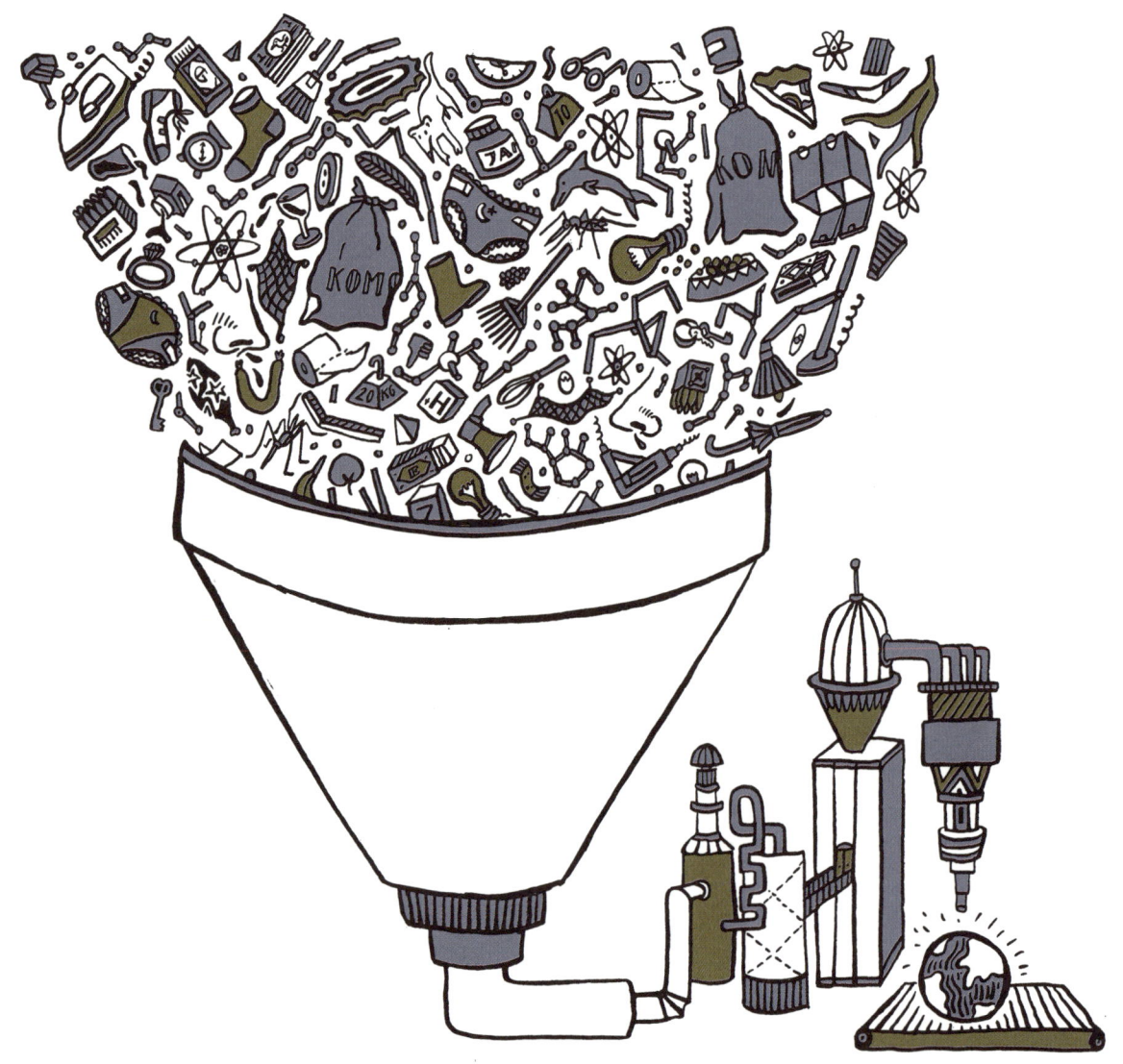

앞에서 설명한 주장들을 다 들었어도 창조주의 존재를 확신하기 힘들 거예요. 하지만 창조주가 있어야 할 이유는 더 많아요. 예를 들어 빅뱅 후 원자의 혼돈 상태에서 완전한 행성들이 나타났다는 게 얼마나 특별한가요. 그 행성 가운데 적어도 하나에 생명체가 나타났다는 건 더욱 그렇고요. 그것도 그냥 생명체가 아니라 인간이라니 말이에요. 어떤 사람은 눈물이 날 만큼 가슴 저미는 음악을 만들고, 어떤 사람은 소름 돋을 만큼 멋진 이야기를 써요. 더 아름다운 세상을 꿈꾸며 수많은 사람들의 심금을 울리는 위대한 사상을 펼치는 사람도 있어요. 이런 인간이 그냥 우연히 생겨났을까요? 많은 사람이 그렇지 않다고 믿어요. 아름다운 음악을 듣거나 뭔가 특별한 경험을 하면 나도 그래요.

어쩌면 우주는 우리 인간 같은 존재를 만들어 내려고 작동한 것일지도 몰라요. 수십억 년이 걸리고 에너지가 아주 많이 들었지만 그럴 만한 가치가 있었지요.

창조주의 기적?

창조주를 직접 보거나 그 목소리를 들었다고 생각해서 창조주를 믿는 사람들도 있어요. 아니면 놀라운 일을 경험했을 수도 있고요. 예를 들어 기도 후에 불치병이 나았다는 기적 같은 거 말이에요. 그런 일을 겪었다면 신을 믿지 않는 게 오히려 힘들겠지요. 게다가 창조주를 믿는 데 언제나 이유가 필요하지는 않아요. 특별한 일을 겪은 적 없어도 창조주를 굳게 믿는 사람이 많거든요. 그런 사람들은 대부분 어릴 때부터 신도로 길러졌기 때문에 그리 놀랄 만한 일도 아니에요. 여러분도 평생 창조주 이야기를 듣고 살았다면 그렇다고 믿었을걸요. 그래서 이슬람 국가에는 이슬람교도, 인도나 그 이웃 나라에는 힌두교도, 서구에는 기독교도가 그토록 많은 거예요. 하지만 종교와 관계없이 자랐어도 신도가 되는 사람이 있어요. 물론 거꾸로 신도였다가 비신도가 되는 경우도 있지요.

나쁜 이유 100개보다는 좋은 이유 하나

창조주를 믿을 근거는 수없이 많아요. 하지만 근거의 양이 중요한 게 아니라 질이 중요해요. 1931년에 아인슈타인에게 동의하지 않는 작가들 100명이 책을 하나 펴냈어요. 제목도 '아인슈타인에 맞서는 작가 100명'이었지요. 위대한 과학자 아인슈타인은 그에 대해 느긋하면서도 유쾌하게 반응했어요. "내가 틀렸다면 작가 한 명으로도 충분했을 겁니다." 아인슈타인이라고 해서 늘 옳은 건 아니지만 100명의 작가들이 죄다 틀릴 수도 있어요.

정말 중요한 건 많은 사람들이 어떻게 생각하는지가 아니라 높은 지식과 뛰어난 통찰력을 가진 사람이 어떻게 생각하는지예요. 그러니 아인슈타인의 생각을 알아보는 것도 꽤 흥미롭겠지요. 아인슈타인은 무엇을 믿어야 할지 몰랐어요. 아인슈타인은 신적인 것이 존재할 수도 있지만 우리는 평생 그게 뭔지 알 수 없다고 생각했어요. 아인슈타인은 기존 종교는 믿지 않았어요. 오히려 신은 우주의 모든 것과 모든 구성원으로 이루어진 것일 수도 있다고 생각했지요. 고귀한 사고와 사상과 감정을 가진 우리는 우주의 모든 것과 더불어 신을 이룰 수 있다고요. 그렇더라도 어쨌든 우리의 이성이 너무 빈약해서 실체를 알아낼 수 없다고 생각했지요. 아인슈타인도 이 문제의 해결에 큰 도움을 주지는 못했어요. 하지만…… 우리는 아직 이야기를 다 끝내지 못했어요. 가장 중요한 게 비로소 나와요.

모기는 더 적고 미어캣이 더 많다면

예술 작품을 보면 작가를 알 수도 있듯이 창조물을 보면 창조주를 알 수 있을지 몰라요. 만약 창조주가 있다면 진드기와 이와 구더기를 아주 좋아한 게 틀림없어요. 지구에는 그런 게 많다 못해 넘치잖아요. 게다가 딱정벌레 종류는 만 가지가 넘고요. 진창이나 모기나 보슬비……, 한동안 이렇게 줄줄이 늘어놓을 수 있어요. 우리라면 좀 다른 세상을 만들었을 거예요. 우리가 지구를 만들 수 있었다면 화창한 날이 훨씬 많았을 거예요. 만 가지 딱정벌레 대신 미어캣이나 너구리를 더 많이 세상에 내놓았을 테고요. 모기와 이와 초파리는 그냥 넘어갔을 거예요. 그리고 사람들이 화장실에 가지 않고도 살 수 있게끔 만들었을 거예요. 더 좋은 세상을 만드는 방법은 참 많기도 해요!

그래도 미어캣이 모기만큼 많은 건 여러분도 원하지 않겠지요! 갖가지 딱정벌레는 자기 일을 아주 잘하고 있고요. 어쩌면 우주는 우리가 생각하는 것보다 더 잘 만들어져 있는지도 몰라요. 우주가 더할 나위 없이 완벽하다는 바로 그 사실이 창조주를 믿는 가장 그럴듯한 이유 아닐까요?

- 5부 -

증조부모 여덟, 고조부모 열여섯, 현조부모 서른둘……

다른 사람이 아닌 바로 여러분이 이 세상에 존재하는 게 얼마나 대단한 일인지 생각해 본 적 있나요? 엄마와 아빠가 서로 만나지 못했다면 여러분은 아예 없었어요. 할머니와 할아버지가 서로 만나지 못했다면 엄마와 아빠도 없었을 테고요. 할아버지와 할머니 네 분도 증조할머니와 증조할아버지 여덟 분 덕분에 세상에 태어났어요. 그 앞의 고조할머니와 고조할아버지 열여섯 분, 또 그 앞의 서른두 분……. 여러분의 조상들은 이렇듯 아주 길게 이어져요. 생각해 보세요. 이 기나긴 사슬에서 방해물이 딱 하나만 있었더라도 여러분은 세상에 존재하지 않았어요. 여러분은 상상할 수 없을 만큼 많은 우연의 결과물이에요.

이런 우연이 없었다고 해도 비극은 아니에요. 그 많은 할아버지 가운데 한 사람이 존재하지 않았다고 해도 할머니는 다른 남자랑 결혼해서 아이를 낳았을 거예요. 물론 여러분은 세상에 태어나지 않았겠지요. 그 대신 지금 세상에 없는 영희나 철수가 존재할지도 몰라요. 그럼 그 애들은 자기가, 다른 사람이 아닌 바로 자기가 세상에 존재하는 게 굉장한 일이라고 생각하겠지요.

만약에 달이 없었다면

지구의 생명체도 우연의 결과물이에요. 달이 없었다고 상상해 보세요. 그렇다면 지구에는 아주 다른 생물이 살았을 거예요. 밤은 지금보다 훨씬 어두웠겠지요. 그럼 박쥐처럼 초음파로 주변을 보는 생물이 더 많았을 거예요. 지구에서 태양이 더 멀리 떨어져 있었다면 어땠을까요? 그럼 지구가 훨씬 더 추웠을 테고 햇볕에 몸을 데워야 돌아다닐 수 있는 파충류는 거의 살지 못했을 거예요. 파충류 대신 털북숭이 동물들이 더 많았겠지요. 그건 그렇고 달이 없거나 태양이 더 멀었다면 아마 우리 인간도 없었을 거예요. 어쩌면 우리보다 훨씬 더 똑똑한 존재가 지구에 살았을지도 몰라요. 힘들이지 않고 침대보를 갈고, 남김없이 케첩을 잘 짜낼 수 있는 기술을 가진 그런 존재 말이에요. 혹시 그런 존재라면 우리 우주가 어떻게 생겨났는지 우리한테 확실하게 말해 줄 수 있지 않을까요?

얼음은 왜 물 위에 뜰까?

자연 법칙이 완전히 다르게 작동하면 어떨까요? 물을 예로 들어 볼까요. 거의 모든 물질이 차가워지면 부피가 줄어들어요. 그런데 물은 4℃ 이하에서는 거꾸로 부피가 늘어나요. 그렇지 않았다면 지구에는 생명체가 살 수 없었을 거예요. 물이 얼면 부피가 늘어나니까 얼음은 같은 부피의 물보다 가벼워요. 부피가 같을 때 얼음 속 분자의 개수는 물속 분자의 개수보다 적다는 거지요. 따라서 물 속에 얼음을 던지면 얼음은 둥둥 떠요. 만약 얼음이 물보다 무거워서 가라앉는다면 북극이나 남극처럼 추운 지역의 바닥에는 두꺼운 얼음층이 쌓일 거예요. 바닷물은 추위가 심한 위층부터 어는데, 그 위층의 얼음이 가라앉을 테니까요. 이런 식으로 바다에 얼음이 점점 더 많이 쌓이다 보면 극지방은 순식간에 거대한 얼음덩어리로 바뀔 거예요. 그럼 바다는 더 차가워져서 더 빨리 얼 테고, 결국 지구 전체는 커다란 얼음 공이 되겠지요. 그런데 어쩌면 '가라앉는 얼음'이 다른 행성에서는 생명체를 만들어 낼지도 몰라요. 그럴 가능성도 있어요.

세상이 아예 없다면

물이 수증기로 증발하지 않는다면 비가 내리지 않을 거예요. 나무 같은 식물이 산소를 만들어 내지 않는다면 완전히 다른 동물들이 살아가고 있겠지요. 따뜻한 공기가 위로 올라가지 않는다면 우리는 더위에 숨이 턱턱 막힐 거예요. 이런 현상은 그 밖에도 아주 많아요. 우리는 지구에서 통하는 자연 법칙 덕분에 지금 여기에서 살아갈 수 있어요. 자연 법칙이 달랐다면 우리는 없었을 거예요. 그 대신 아주 다른 동식물이 나타났겠죠. 아니면 생명체가 아예 없었을 수도 있어요. 지구 생물의 존재는 모두 우연에 달려 있어요.

우리 우주를 만든 우연은 좀 섬뜩해요. 나 대신에 다른 사람이 태어나거나 지구의 생명체가 달라지는 정도가 아니거든요. 아주 작은 변화만 있었더라도 우주는 아예 존재하지 않았을 거예요.

입자 10억 개와 반입자 9억 9999만 9999개

입자가 반입자보다 아주 조금이나마 더 많이 생긴다는 사실, 아직 기억해요? 입자 10억 개가 생기는 동안 반입자는 9억 9999만 9999개쯤 생겨요. 그렇지 않았다면 별도 행성도 없었을 거예요. 별을 만들기에 입자가 너무 많았거나 너무 적었겠지요. 양자 요동도 마찬가지예요. 양자 요동이 아주 조금이나마 다른 방식으로 일어났다면 별이 생기지 않았을 거예요. 빅뱅이 일어날 때 입자가 조금이라도 더 빨리 또는 더 늦게 튀어 나갔다면 텅 빈 우주가 생겼거나 벌써 오래전에 모든 게 다시 한 점으로 모여 찌부러졌을 거예요. 암흑 물질이 조금만 더 가볍거나 무거웠다면 은하가 없었을 테고 별이나 행성도 훨씬 더 적었을 거예요. 힉스장이 조금만 더 세게 끌어당겼거나 더 약하게 끌어당겼다면 원자도 없었을 거예요. 쿼크를 원자핵 안에 묶어 두는 힘이 조금만 더 강했거나 약했더라도 마찬가지예요.

창조주가 있다는 가장 강력한 근거

우주의 운명을 좌우하는 이런 조건의 예를 찾는 건 어렵지도 않아요. 수없이 많거든요. 이런 수많은 조건 가운데 단 하나가 조금이라도 달랐다면 생명이 전혀 없는 우주가 생겨났을 거예요. 우주가 아예 생기지 않았을 수도 있고요. 지금 같은 우주가 존재하려면 모든 게 딱딱 들어맞아야 했어요. 여러분이 존재하려면 여러분 조상이 있어야만 했던 것처럼 말이에요.

이 모든 조건 하나하나가 현재의 조건과 우연히 딱딱 맞을 확률은 말할 수 없을 만큼 작아요. 얼마나 작냐고요? 토끼 한 마리가 컴퓨터 키보드 위에서 깡충깡충 뛰다가 우연히 당근 케이크 만드는 법을 입력하고, 우연히 여러분 메일 프로그램을 열어서, 우연히 그 조리법을 가장 가까운 제과점에 보낼 확률보다 작아요. 가능성이 이만큼 희박한 일이라면 많은 사람들은 우연이라고 생각하지 않을 거예요. 그 뒤에 창조주가 숨어 있다고 믿을 테지요. 창조주가 이 모든 자연 법칙을 생각해 낸 장본인인 셈이에요. 그 생각은 그리 엉뚱하지 않아요. 오히려 논리적으로 들린다니까요.

고철 더미에서 만든 비행기

그렇다고 해도 여전히 이게 창조주가 있다는 결정적인 증거는 될 수 없어요. 얼마 전에 어떤 천문학자는 지구에서 생명체가 절대 스스로 탄생할 수 없다고 주장했어요. 분자가 자연적으로 나타나 첫 생명체를 이룰 확률은 너무 작아서 사실일 리가 없다는 거예요. 그럴 가능성은 토네이도가 고철 더미를 휩쓸고 지나갈 때, 모든 부속품이 멋대로 날아다니다가 제자리에 꽂혀 우연히 보잉 747기가 조립될 만큼 작다나요.

하지만 우리는 이제 생명이 어떻게 생겨났는지, 또 생명 탄생 확률이 터무니없이 작지만은 않다는 사실을 좀 더 잘 알게 되었어요. 우리 우주가 완벽한 건 그저 우연이 아니라 그 뒤에 어떤 논리적인 근거가 숨어 있다는 거예요. 어쨌든 그 근거가 무엇인지는 아직 확실하게 설명하지 못해요. 그게 바로 창조주가 존재한다는 주장의 강력한 근거이기도 해요. 하지만 창조주를 믿지 않는 과학자들은 우리 우주의 모든 것이 이렇듯 완벽하다는 걸 어떻게 설명할까요?

– 5부 –

로또에 1000번 당첨되기

우리 우주는 거의 완벽해요. 그게 우연일 수 없어요. 아니, 혹시 그럴 수도 있을까요? 과학자들은 어떻게 설명할까요? 글쎄요, 어떤 이들은 그건 완전히 우연이라고 해요. 우연이란 게 있긴 있잖아요. 로또에 두 번 당첨되는 행운아도 있어요. 물론 확률은 아주 작지만 그런 일이 생기기도 하죠. 그런데 우주가 이렇듯 딱딱 잘 맞을 확률은 로또에서 1000번쯤 당첨될 확률이랑 비슷하대요. 그건 '너무' 심한 우연이지요. 그래서 다른 이들은 우리 우주가 이렇게 구성된 건 다른 수가 없기 때문이라고 해요. 안 그럼 우리가 존재하지 않았을 테니까요. 또는 우리가 여기 존재하기에 우주도 존재한다고 하지요. 하지만 이것도 반박의 여지가 없는 건 아니에요. 과학자들한테 더 나은 설명이 떠오르지 않는 걸까요? 글쎄, 다른 설명이 있기는 해요. 그런데 그 설명은 앞에 나온 해명들보다 더 황당하답니다. 어쩌면 우주가 딱 하나만 있는 게 아니라 여러 개 있다는 거예요. 두어 개가 아니고 백만 개나 천만 개도 아니에요. 말할 수 없을 만큼 많은 우주, 한없이 많은 우주가 있을 수도 있대요.

중학교 물리 실험실의 우주

한없이 많은 우주라니 정말 황당하네요! 그렇지만 이 설명은 나름 여전히 논리적이에요. 양자 요동은 어디서나 일어나니까요. 당연히 기이한 일들이 끊임없이 나타날 수 있어요. 우리 우주가 이런 양자 요동 가운데 하나에서 생겨났다는 건 이와 비슷한 일이 끊임없이 일어날 수 있다는 뜻이에요. 다시 말해 빅뱅이 잇달아 일어난다면 모든 빅뱅이 다 완벽할 필요가 없다는 거지요. 빅뱅으로 잠깐 우주가 태어났더라도 그 우주의 자연 법칙이 불완전했다면 완전한 우주로 성장하는 데 실패하겠지요. 어쩌면 빅뱅까지 이르지 못했을 수도 있고요. 하지만 상상할 수도 없을 만큼 많은 우주가 생겨난다면 분명 그중 몇 개는 한동안 버텨 낼 거예요. 또 그중에는 우리 우주처럼 모든 걸 다 갖춘 완벽한 우주도 생겼을 거고요. 그런 완벽한

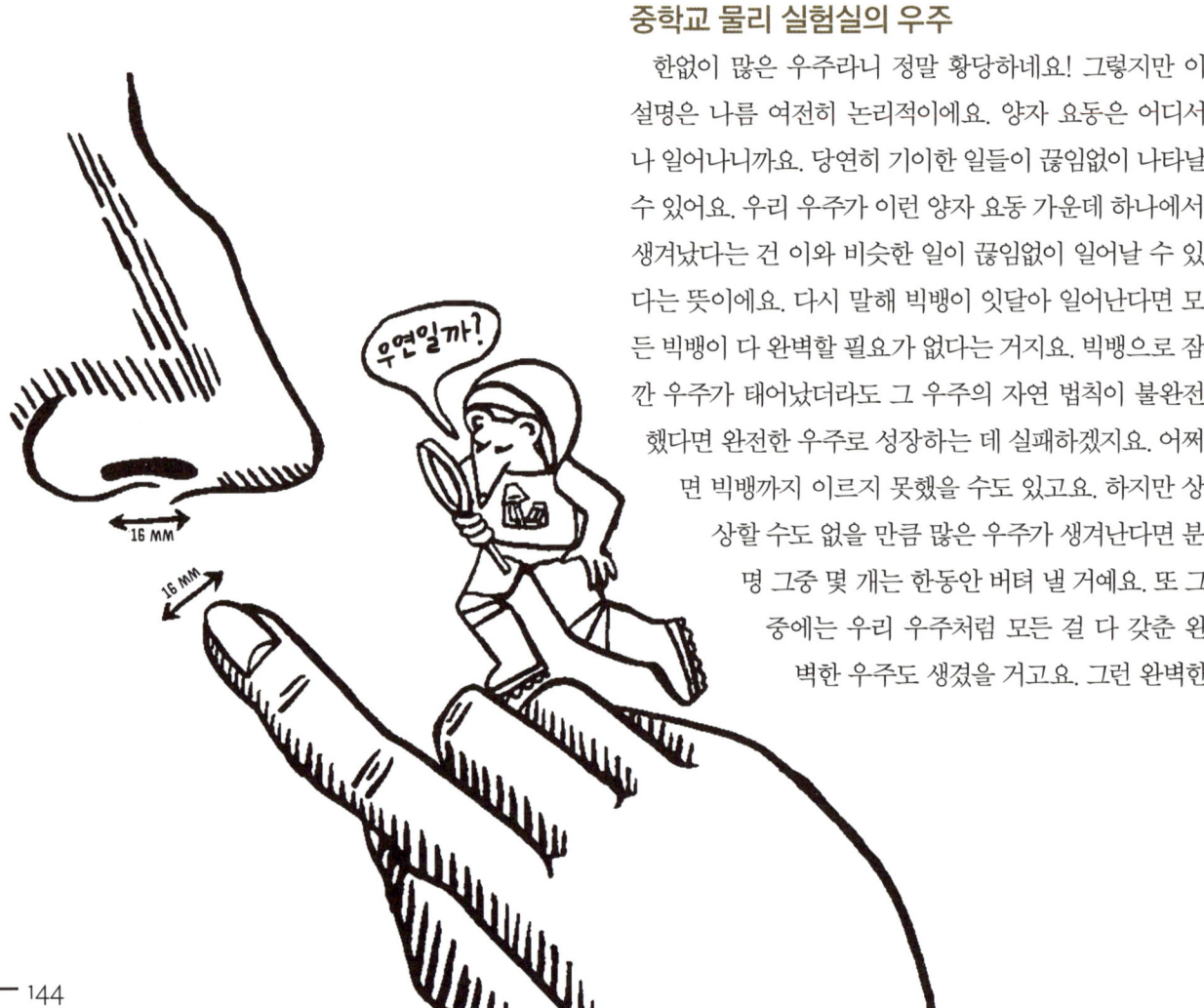

우주가 우리 우주 하나뿐이라는 보장도 없어요. 수많은 서로 다른 우주, 즉 **다중 우주**가 있을 가능성이 충분하답니다.

우주가 정말 그렇게 쉽게 생겨날 수 있을까요? 어쩌면 그럴지도 몰라요. 먼 미래에는 우리가 우주를 직접 만들 수도 있을 거라고 생각하는 과학자도 있어요. 상상해 보세요. 언젠가 우리 인간이 아주 똑똑해져서 고등학교 물리 시간에 우주를 만드는 실험을 한다고요! 어쩌면 중학생도 그런 실험을 할지 몰라요! 그럼 많은 의문들을 설명할 수 있을 거예요. 그런데 우주를 만들 때 어마어마한 폭발이 일어나지 않나요? 아니에요. 실험실 우주는 그 안에서만 팽창할 거예요. 공간이 어찌나 심하게 구부러져 있는지 실험자 입장에서 보면 아주 작은 입자로 남아 있을 거라고 해요.(네, 나도 이건 이해를 못하겠어요. 도저히 믿을 수 없는 허튼소리처럼 들려요. 하지만 수구 팀 선수 전체보다 더 똑똑한 사람이 생각해 낸 거니까 일단 믿고 진지하게 받아들이려고요.)

우리 우주를 벗어날 수 있을까?

다중 우주라는 개념이 아주 비논리적이지는 않아요. 특히 다중 우주가 물거품처럼 잠시 부풀다 금세 터지는 게 아니라 오랫동안 무한히 커질 수 있다고 생각하면 말이에요. 하지만 이런 주장에도 어려움이 있어요. 가장 결정적인 건 이게 맞는지 증명할 수 없다는 거예요. 우리 우주를 벗어나 저 바깥이 어떤지 둘러볼 수 없잖아요. 우리 우주를 벗어나는 것은 매우 어려워요! 우리은하를 벗어나는 것조차 불가능하니까요. 게다가 우리 우주의 가장자리도 모르잖아요. 도대체 어디에서 빠져나가야 할까요? 아무리 계산을 하고 공식을 만들어 봐도 다중 우주가 있는지 확인할 수 없어요.

다중 우주를 얼마나 진지하게 받아들여야 할까?

아무리 이리저리 따져 봐도 다중 우주는 참 이상해요. 하지만 요즘엔 다중 우주가 정말 존재한다고 믿는 위대한 천재들도 많아요. 몇 년 전 어떤 학회에서 그런 천재들 가운데 세 사람이 질문을 받았어요. "다중 우주가 있다는 데 무엇을 걸겠습니까? 당신의 금붕어, 강아지, 아니면 자녀들?" 세 사람 가운데 둘은 자기 강아지를 내기에 걸 정도로 다중 우주를 확신한다고 했어요. 세 번째 과학자는 자기 목숨까지 걸겠다고 했지요. 나중에 다른 과학자한테 똑같은 질문을 던졌어요. 그는 두 과학자의 강아지와 세 번째 과학자의 목숨을 걸겠다고 했대요.

물론 이건 농담이지만, 다중 우주가 가장 논리적인 해명이라고 생각하는 물리학자와 천문학자들이 점점 늘고 있어요. 아주 많은 전문가가 이 이론을 믿지요. 그런데 다중 우주 가설은 창조주를 배제하지 않아요. 창조주가 우리 우주를 만들 수 있었다면 다중 우주도 만들 수 있을 테니까요.

– 5부 –

무한히 많은 콧물

무한히 많은 우주가 있다면 별일도 참 많이 일어날 거예요. 무한하다면 상당히 많다는 것쯤이야 벌써 짐작했을 테지요. 사실 우리는 무한이 얼마나 많은 건지 거의 이해할 수 없어요. 어쨌든 가상의 빙고 장치로 시도라도 해 볼게요. 잇달아 공을 떨어뜨리는 빙고 장치가 있어요. 이 장치 안에는 1에서 4까지 숫자가 적힌 공 네 개가 들어 있어요. 이 공들이 1에서 4까지 순서대로 나올 확률은 얼마나 될까요? 그리 크지는 않아요.

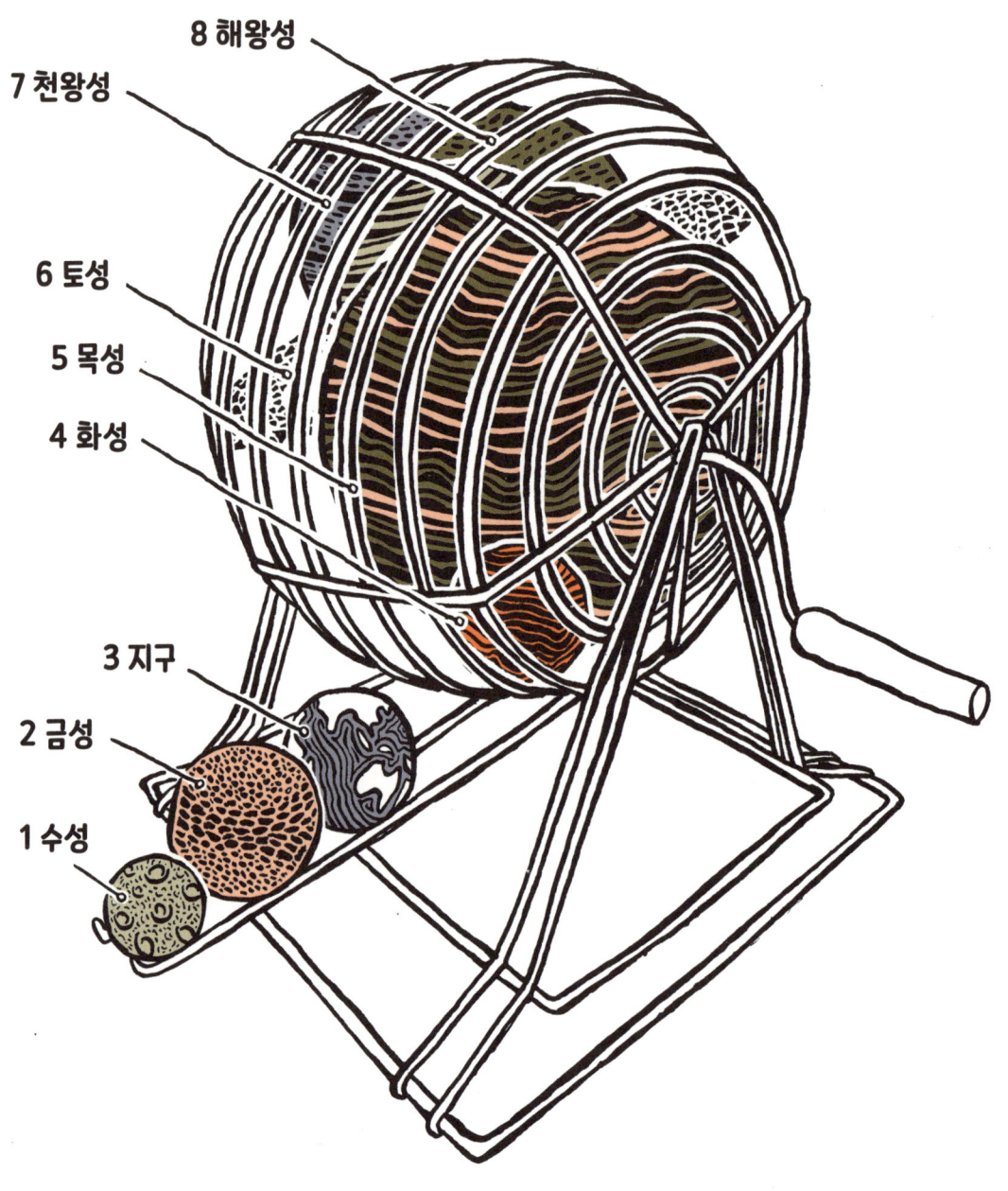

8 해왕성
7 천왕성
6 토성
5 목성
4 화성
3 지구
2 금성
1 수성

영원한 빙고

첫 번째 공부터 1이 딱 나와야 하는데 그 확률은 4분의 1이에요. 평균 네 번 추첨을 할 때마다 숫자 1의 공이 한 번 나온다는 뜻이지요. 하지만 이제 겨우 시작이랍니다. 두 번째 공도 딱 맞는 숫자, 즉 2가 나와야 해요. 공이 세 개 남았으니까 확률은 3분의 1로 조금 더 커져요. 그 다음 추첨을 할 때는 공이 두 개만 남아 있으니 확률은 2분의 1로 올라가요. 마지막 공을 추첨할 땐 잘못 나올 수가 없어요. 다른 세 개가 딱 맞았다면 이제는 4가 적힌 공이 나올 수밖에 없잖아요. 전체 확률을 계산하면 4분의 1과 3분의 1과 2분의 1을 곱한 값, 즉 24분의 1이에요. 그러니까 평균 스물네 번 추첨을 할 때마다 딱 한 번, 1에서 4까지 순서대로 공이 나오는 셈이지요. 처음부터 끝까지 추첨하는 데 한 시간이면 충분할 거예요.

공이 다섯 개라도 하루면 충분해요. 그때는 24분의 1을 다시 5로 나누어야 하지요. 그럼 120번 추첨을 할 때 한 번, 1에서 5까지 순서대로 공이 나와요. 공이 열 개로 늘어나면 당연히 훨씬 더 어려워져요. 그래도 1에서 10까지 순서대로 공이 나오는 게 그리 특별한 것은 아니에요. 충분히 오래 버틴다면 그냥 그 순서대로 공이 나와요. 만약 공이 백만 개라면 그만큼의 숫자가 순서대로 나올 확률은 정말 작아요. 아마 거의 영원히 추첨을 해야 할걸요. 다만…… 무한은 그냥 영원이에요. 그러니까 영원히 추첨하면 가능하긴 하겠지요!

모래 속 아리아나 그란데

예를 하나 더 들어 볼까요. 뚜껑을 돌려서 여닫는 큰 유리병이 있어요. 검은 모래로 반을 채운 다음 그 위에 하얀 모래를 덮어요. 유리병 속에는 모래로 이루어진 층이 두 개 생겼어요. 아래층은 어둡고 위층은 하얘요. 뚜껑을 닫고 잘 흔들어 보세요. 어떤 일이 일어날까요? 두 층이 서로 섞여요. 오래 흔들수록 더 잘 섞이지요. 이 병을 계속 흔들어서 처음이랑 똑같이 아래엔 검은 모래, 위엔 하얀 모래가 놓일 확률은 얼마나 될까요? 믿을 수 없을 만큼 작겠지요. 하지만 무한히 계속 흔들다 보면 결국 저절로 그렇게 된답니다. 얼마나 자주요? 무한히 자주요! 그 사이 모래에서는 예쁜 바둑판무늬며 미국 가수인 아리아나 그란데의 얼굴이며 아마 이 책의 표지까지 무한히 자주 보일 거예요. 그런 일이 일어날 수도 있으니 일어나는 거예요. 시간만 충분하다면요. 시간만 무한한 건 아니에요. 무한히 많은 것도 있고 무한히 큰 것도 있지요.

하나가 아닌 여러분

이제 아주 흥미로운 이야기를 할게요. 다중 우주가 무한히 크고 무한히 오래되어서 무한히 많은 우주가 있다면 똑같은 우주가 아주 많아야 해요. 우리 우주를 이루는 원자의 개수는 무한하지 않으니까요! 우리 우주의 크기도 무한하지 않아요. 마치 빙고 장치 안의 공이랑 유리병 속 모래알이 무한하지 않은 것처럼요. 그러니까 무한히 많은 우주가 있다면 그중에는 우리 우주랑 똑같아 보이는 우주도 있다는 뜻이에요. 얼마나 있냐고요? 여러분도 이미 알 거예요. 무한히 많이 있어요. 그건 다중 우주 전체에는 지구와 똑같은 행성도 무한히 많다는 뜻이에요. 지구의 동식물과 똑같은 동식물도, 우리와 똑같은 인간도, 그러니까 여러분과 나도 무한히 많다는 뜻이지요. 당연히 피자도 무한히 많고, 100유로 지폐도 무한히 많으며, 콧물도 무한히 많아요.

– 5부 –

3.3333333333333333……

다중 우주 이론 말고도 수많은 우주가 있다고 가정하는 과학 이론이 하나 더 있어요. 양자 역학이랑 아주 밀접한 관련이 있는 평행 우주 이론이에요. 광자는 파동과 입자의 성질을 동시에 가지고 있어요. 누군가 그걸 관측하거나 측정하는 순간 파동인지 입자인지가 결정된답니다. 어떤 과학자들은 이런 결정이 내려질 때마다 새로운 평행 우주가 생겨난다고 믿어요. 똑같은 광자가 우리 세계에서는 입자로 관측되지만 평행 우주에서는 파동을 유지한다는 거예요.* 광자 같은 작은 입자가 상상할 수 없을 만큼 많기 때문에 새로운 평행 우주도 믿을 수 없을 만큼 많이 나타나지요.

*평행 우주 이론은 두 가지 상대되는 성질을 동시에 갖는 현상이 우리의 직관과 위배되는 걸 해결하기 위해 나온 이론이다.

평행 우주 이론은 아주 기이한 이론이에요. 하지만 이 이론이 옳다고 생각할 뿐 아니라 언젠가는 그걸 증명할 수 있을 거라고 확신하는 과학자들도 많아요.

열아홉 걸음 속의 무한

무한은 참 이상해요. 쉽게 상상할 수도 없고 뭔가 비현실적이지요. 실제로 존재하지 않는 것 같기도 해요. 한편 무한은 어쩌면 여러분이 생각하는 것만큼 크지 않을 수도 있어요. 나는 내 컴퓨터랑 냉장고 사이의 거리를 무한히 많은 구간으로 나눌 수 있어요. 이 거리를 반으로 나누면 절반이 두 개가 되지요. 넷으로 나누면 4분의 1이 네 개가 되고요. 이렇게 10분의 1이 10개, 100분의 1이 100개로 나눌 수 있어요. 100만분의 1이 100만 개, 1000조분의 1이 1000조 개……. 무한히 나눈 것이 무한히 나올 때까지 계속할 수 있어요. 컴퓨터 앞에서 일어나 냉장고까지 가려면 무한히 많은 구간을 지나야 한다는 뜻이에요! 뭐, 비록 구간은 아주 작지만 그래도 무한히 많아요. 그렇지만 나는 열아홉 걸음 만에 냉장고에 닿을 수 있어요. 이미 여러 번 해 봤어요.

당황스러운 무한

우리 뇌는 무한을 꺼려요. 그렇지만 무한이 없는 건 아니에요. 수학에서는 무한이 아주 자연스러워요. 10을 3으로 나누면 3.33333333333333……이에요. 3이 무한히 이어져요. 절대 그치지 않으니까 나중에 시간 날 때 계산해 보세요! 다중 우주란 것이 우리 우주가 생겨나기 전의 과거로 무한히 거슬러 올라간다고 가정해 봐요. 그건 이 3.3333333333333 뒤에 있는 모든 3을 다 읊고 난 다음에야 비로소 우리 우주가 시작할 수 있다는 뜻이에요! 하지만 무한은 그렇게 작동하지 않아요. 컴퓨터와 냉장고 사이의 무한 구간을 기억해 봐요.

무한의 종류도 여러 개예요. 0에서 무한까지 세는 건 무한의 가장 작은 모습일 뿐이에요. 그때 여러분이 셀 수 있는 수는 자연수뿐이에요. 하지만 믿거나 말거나, 0에서 1 사이에 있는 모든 수(예를 들어 0.0000001이나 0.4535475나 0.999999999999999234)는 자연수만 셀 때 나오는 무한한 수보다 훨씬 더 많아요.

우리가 이해하지 못하면 그 뒤에 신이 있다

무한, 다중 우주, 창조주……, 현재로서는 우리 우주가 어디에서 왔는지 알 수 없어요. 모든 문제를 피하는 가장 좋은 답은 아직 알지 못한다는 거예요. 그럴 때마다 사람들은 그 뒤에 신이 있다고 섣불리 믿어 버려요. 태양이 왜 뜨고 지는지 모르던 옛날 사람들은 태양이 신이라고 믿었어요. 지진 같은 자연 재해의 정체를 몰랐기 때문에 신이 내린 벌이라고 생각했지요. 신이 땅을 향해 던졌다는 번개도 마찬가지예요. 우리는 뭔가 이해할 수 없을 때 모든 걸 신에게 떠넘겨요. 전혀 그렇지 않은 경우에도요. 한편 예전에는 이런 자연 법칙들이 믿을 수 없을 만큼 서로 잘 들어맞는다는 사실을 몰랐어요. 때로는 과학이 창조주를 믿는 사람들에게 논거를 제공하기도 해요.

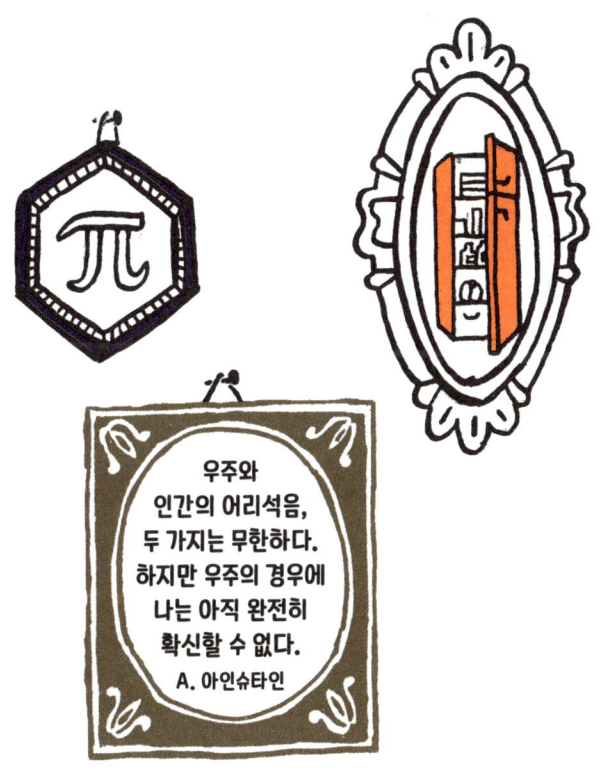

> 우주와 인간의 어리석음, 두 가지는 무한하다. 하지만 우주의 경우에 나는 아직 완전히 확신할 수 없다.
> A. 아인슈타인

- 5부 -

남은 생애 세 시간

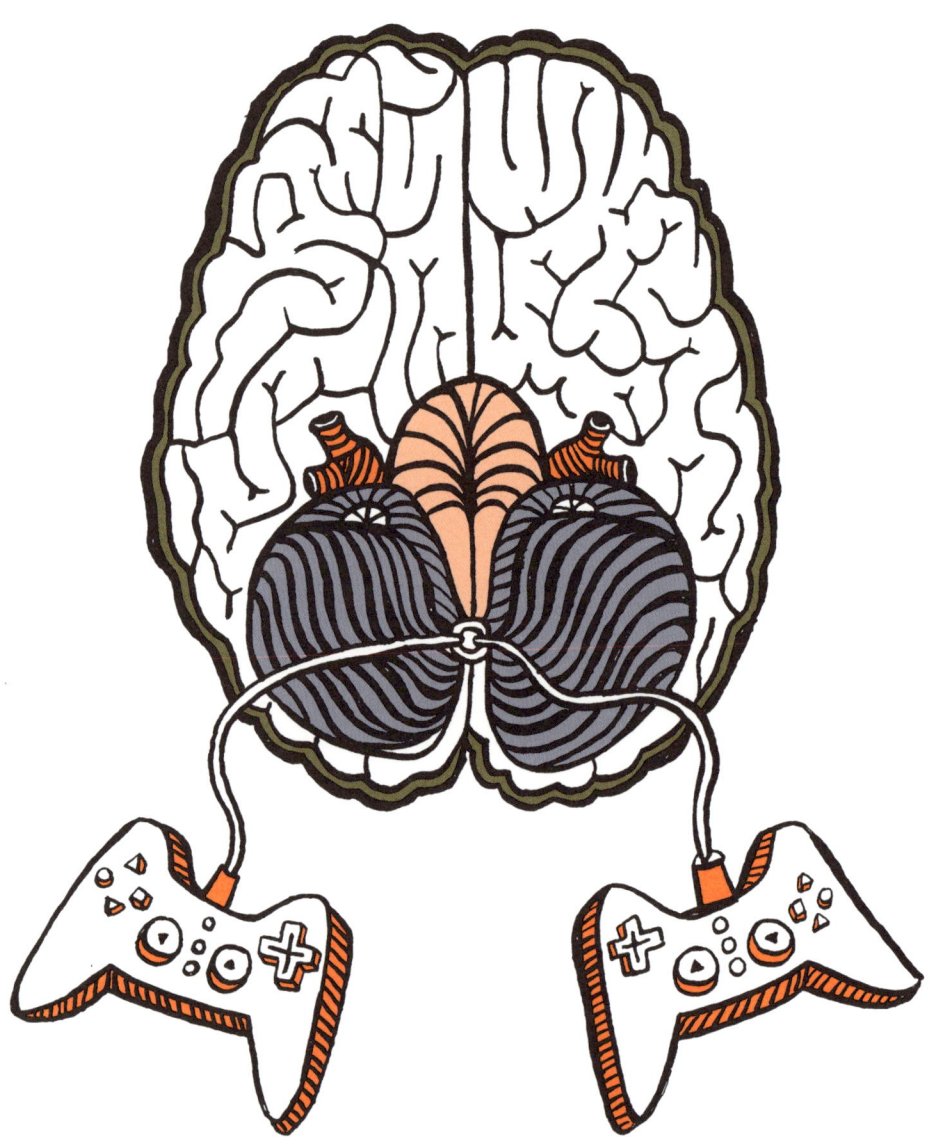

이제 엉뚱한 생각들은 다 훑어봤나요? 천만에요, 아직도 많이 남았어요! 그중 하나는 여기서 알아 두는 게 좋을 거예요. 지금 바로 이 순간 여러분이 깨어 있다는 게 얼마나 확실한가요? 어쩌면 이 책을 읽는 꿈을 꾸는 것일 수도 있잖아요. 꿈속에서는 사실 잠을 잔다는 걸 전혀 의식하지 못해요. 잠에서 깨어났을 때야 비로소 내내 잠자고 있었다는 사실을 깨닫지요. 많은 사람이 자기가 정말 깨어 있는지 확인하기 위해서 자기 팔을 꼬집기도 해요. 팔이 아프면 꿈을 꾸는 게 아니라 깨어 있다는 거지요. 물론 이것도 허튼소리예요. 지금 팔이 아프다고 꿈을 꿀 수도 있으니까요.

간단히 말해서 여러분은 지금 꿈을 꾸고 있는지, 깨어 있는지 절대 알 수 없어요. 꿈으로 확실하게 알 수 있는 건 아주 적어요. 꿈은 대개 별 의미가 없어요. 확신할 수 있는 건 우리가 존재한다는 사실뿐이에요. 꿈을 꾸려면 당연히 우리가 있어야 하니까요.

인생은 컴퓨터 게임일까?

또 다른 가능성도 있어요. 여러분은 지금 컴퓨터에 연결되어 있고 여러분이 경험하는 건 모두 뇌 속에 이미 프로그래밍이 되어 있을지도 몰라요. 그렇다면 인생은 일종의 컴퓨터 게임이고 우리는 그 속에서 모든 것을 경험하는 셈이에요. 여러분이 주연을 맡은 영화라고 생각할 수도 있겠지요. 컴퓨터가 아니라면 뭔가 다른 방식으로 바보 취급을 받고 있는지도 모르고요. 이런 생각은 그리 새로운 게 아니에요. 몇몇 철학자들, 더 나아가 거의 모든 종교는 세상이 우리 생각과 완전히 다르게 이루어져 있을 수도 있다고 믿어요. 이런 생각은 이미 기원전, 그러니까 예수가 태어나기 수백 년 전부터 있었어요.

꿈 이론이나 컴퓨터 게임 이론에서 어떤 점이 논리적일까요? 첫째, 그런 세계도 가능해요. 우리가 가상 세계에서 사는지 아닌지 확인할 방법은 없어요. 둘째, 세계가 반드시 우리 우주처럼 거대하거나 만드는 데 오래 걸려야 하는 건 아니에요. 어쩌면 훨씬 더 단순한 세계가 존재할 수도 있어요. 셋째, 그런 세계에서는 많은 고통이 사라져요. 전쟁이나 기근, 재앙 같은 참사가 정말 일어날 필요가 없어요. 왜 '꿈'에서 그런 참사를 경험하는 걸까요? 글쎄요, 어쩌면 더 현명한 사람이 되려는 것일까요? 늘 아름다운 일만 겪는다면 좌절의 고통이 어떤 건지 절대 알 수 없으니까요. 우여곡절이 없는 영화는 지루해요. 우리는 좀 조마조마하다가 행복하게 끝나는 영화를 좋아하지요. 딱 하나의 문제는 모든 생명체가 나쁜 결말을 맞이하는 거예요. 모든 생명체가 죽는 거요. 어쩌면 그때 환상이 끝나고 진짜 세상에서 깨어나는 걸까요? 어떻게 만들었는지, 또 누가 만들었는지(또는 그걸 만들지 않은 사람은 누군지) 당장 분명해지는 그런 세상 말이에요.

보는 것이 다는 아니라고?

앞의 생각들이 나한테는 그리 대단해 보이지 않아요. 하지만 그 안에는 아주 중요한 가르침이 숨어 있어요. 여러분은 자신의 감각 기관을 결코 완전히 믿을 수 없다는 거지요. 지구는 평평한 것처럼 보이고 태양은 지구 주위를 도는 것처럼 보여요. 밤하늘의 별자리 모양 하나하나는 변하지 않는 것처럼 보이지요. 하지만 이런 겉모습은 속임수예요. 실제로는 모든 게 달라요. 우리는 많은 것을 잘못 인지할 수 있어요. 아니면 모든 것을 올바로 이해하기엔 감각 기관이 너무 부실할지도 몰라요.

하루살이라는 곤충을 알아요? 하루살이 애벌레는 물속에서 몇 년을 살아요. 애벌레의 삶이 끝나면 마침내 어른벌레가 되어 물 위의 세상을 볼 수 있어요. 물 밖에서 사는 기간은 고작 몇 시간이에요. 길어야 며칠이지요.

하루살이 한 마리가 맑은 날 모습을 드러냈어요. 그 하루살이는 비 같은 게 있는지 절대 모를 거예요. 숲으로 날아간 하루살이는 넓은 들판이 있다는 걸 절대 알지 못해요. 물 밖으로 나오자마자 잡아먹힌 하루살이는 사는 동안 본 게 거의 없어요. 모두 세상의 아주 작은 부분만 알아차릴 뿐이지요. 그것도 아주 짧은 시간 동안만요. 하루살이는 지구에 대해서는 아무것도 알지 못해요. 지구 내부에서 어떤 일이 일어나는지 몰라요. 은하랑 초신성이 뭔지도 모르지요. 갤럭시폰이 새로 나온 것도 모른다니까요.

하루살이는 아는 게 거의 없어요. 하지만 여기에서 중요한 건 하루살이가 아니라 우리예요. 우리도 하루살이랑 다를 게 없어요. 무한한 우주의 아주 작은 부분만 볼 수 있고, 그중에서도 아주 작디작은 부분만 이해하잖아요. 그렇지만 우리는 하루살이랑 달리 지식을 사랑하고 모든 것을 더 이해하려고 노력해요. 게다가 이미 상당한 지식을 갖춘 조상과 동료로부터 배울 수도 있답니다.

― 5부 ―

긴급 조언: 기분을 망치지 않으려면 이 내용은 읽지 마세요……

이 책 앞에서 나온 연금술사들은 필요한 건 뭐든지 만들어 낼 수 있다는 현자의 돌뿐만 아니라 영원한 생명도 열심히 찾아다녔어요. 연금술사들은 젊음을 영원히 유지하는 비법을 간절히 원했어요. 중세의 연금술사들은 많은 암호와 기호를 사용했는데, 그중에서 영생의 상징으로 중요하게 생각한 게 있었어요. 바로 자기 꼬리를 먹고 있는 뱀, 우로보로스예요. 우로보로스는 머리부터 꼬리까지 이어져 닫힌 원을 이루고 있어요.* 우로보로스는 굶주리지는 않았겠지만 분명히 무척 아팠을 거예요! 아무리 오래 살 수 있다고 해도 너무 심했어요.

*연금술사에게 우로보로스는 처음과 끝을 동시에 가진 존재, 모든 것, 세계, 완전, 변화 같은 의미를 가졌다고 한다.

오늘날에도 죽지 않으려고 아주 심한 방법까지 쓰는 사람들이 있어요. 그러니까 불치병에 걸려서는 자기 머리를 남의 몸에 이식하려는 사람들이요. 언제가 해동되리라는 희망을 품고서 아주 많은 돈을 내고 자신을 냉동시키는 사람들도 있고요. 물론 그 병을 치료할 수 있고 냉동 인간을 다시 살려 낼 수 있게 된 다음에야 비로소 해동해야겠지요. 다만 그렇게 다시 살아난 그들에게 나쁜 소식이 있다면 다들 언젠가는 결국 죽는다는 거예요.

모든 것에는 끝이 있어요. 우리 지구에도 끝이 있지요. 어느 정도 차이는 있겠지만 말이에요. 이제 눈길을 돌려 우리 지구의 미래를 살펴보기로 해요.

아주 불편한 우주

우리가 이미 아는 게 있어요. 예를 들어 우리 우주가 암흑 에너지 때문에 점점 더 커진다는 것이요. 결국 다른 은하는 아무리 애써도 더 이상 볼 수 없을 거예요. 우리 은하는 휑뎅그렇한 우주의 대양 속에 남은 딱 하나뿐인 은하가 되겠지요. 무척이나 불편하게 들리겠지만 우리는 여태껏 다른 은하랑 거의 접촉한 적이 없어요. 그러니까 이 '외로움'도 그리 낯선 건 아니에요. 더구나 맨눈으로 볼 수 있는 유일한 은하인 안드로메다은하는 어쨌든 (여러분도 알다시피) 우리 시야에서 벗어나지 않을 거예요. 안드로메다은하는 곧장 우리에게 다가오고 있거든요!

우리은하와 안드로메다은하가 만나면 수천억 개의 별과 수천억 개의 별이 충돌해요. 사실 충돌이란 말은 너무 극적인 표현이에요. 별들은 서로 멀리 떨어져 있어서 사실 충돌하는 게 더 어렵거든요. 별이나 행성 몇 개가 우연히 충돌할 수도 있겠지만 숫자가 그리 많지 않을 거예요. 약 30억~40억 년이 지나면 우리은하와 안드로메다은하가 서로 만날 거예요. 다시 시간이 그만큼 더 흐르면 두 은하가 하나로 합쳐지고, 모든 별은 새로운 거대 은하에 자리를 잡겠지요. 이 새로운 거대 은하에는 벌써 밀코메다*라는 이름이 붙었답니다.

거대한 찢어 내기

안드로메다은하랑 충돌한 다음에도 위험은 아직 남아 있어요. 암흑 에너지가 너무 강한 나머지 우주가 빠른 속도로 찢어지거든요. 우리은하의 별들도 결국 사정없이 흩어질 거예요. 나중에는 별 주위를 돌던 행성들도 떨어져 나가고요. 마지막으로 원자들도 산산이 흩어져요. 이런 생각이 어찌나 불편한지 천문학자들은 무슨 수를 써서라도 이런 결과를 쓰레기통에라도 던져 버리고 싶어 해요. 그 마음을 여러분도 이해하겠지요? 그런 천문학자들의 마음이 통한 것 같아요. 우주가 찢어질 가능성은 아주 낮거든요. 더구나 이런 엄청난 파국이 일어날 때까지 아직 수십억 년이 남았어요. 대비할 시간은 충분하답니다. 어쩌면 초강력 접착제나 초강력 테이프로…….

충분히 오랜 시간이 지나면 우주의 모든 것은 사라져요. 우리은하의 모든 별들도 빛을 잃고 꺼져요. 모든 행성들은 별이나 블랙홀에 잡아먹혀요. 마지막으로 블랙홀도 햇볕에 눈 녹듯 사라져 버릴 거예요. 맨 마지막 순간에는 원자도 붕괴하고 길 잃은 전자와 중성미자와 광자 몇 개만 차갑고 어둡고 텅 빈 공간을 떠다니겠지요. 물론 그때까지는 시간이 아직 많아요. 그런 일이 일어나는 연도를 적으려면 0이 백 개도 넘게 필요할 거예요. 그러니까 너무 걱정하지 마세요. 어쨌든 우리는 이런 멸망의 과정을 겪지 못해요. 그런 일이 일어나기 훨씬 전에 태양이 이미 지구를 파괴했을 테니까요. 아마 그 전에 커다란 운석이 떨어져 지구의 생물을 거의 다 휩쓸어 버렸겠지요.

새로운 공룡 시대

벌써 소름 끼치게 싫은가요? 여러분도 연금술사처럼 영원히 살고 싶나요? 너무 겁내지 마세요, 뭔가 방법이 있을 테니까요. 모든 것을 파괴할 만큼 커다란 운석이 충돌할 가능성은 현재로서는 아주 희박해요. 내가 여러분이라면 미리 걱정하지 않을 거예요. 더구나 과학자들은 우리가 언젠가 우주, 그러니까 다른 행성이나 거대한 우주 정거장에서 살아갈 방안을 이미 연구하고 있어요. 과학자들의 이런 노력이 헛된 것만은 아니에요. 그럼 우리는 지구 없이도 한동안 버틸 수 있어요!

그동안 우리는 슈퍼 컴퓨터 덕분에 점점 더 똑똑해질 거예요. 그러니까 여러분이 생명의 알약을 먹고 젊음을 유지한 채 수백만 년을 살 수 있다면, 분명 다른 우주로 이주할 수도 있답니다. 아니면 정말 아늑한 다른 차원으로 옮겨 가거나요!

미래의 어느 날 타임머신을 만들어 낼 수도 있어요. 그럼 여러분은 그냥 살기 좋았던 시대의 지구로 되돌아가기만 하면 돼요. 거기에서 공룡들 사이를 거닐며 행복하게 살면 그만이지요.

*우리은하 Milky Way와 안드로메다은하 Andromeda를 합쳐서 나온 이름이다.

- 5부 -

마지막 조언: 언제나 계속 의심하세요

좋아요, 우리가 배운 걸 정리해 볼까요.

처음에는 아무것도 없었어요. 우주도 없고, 물질도 없고, 시간조차 없었어요. 하지만 아무것도 없는 진공이라고 해서 정말 아무것도 없는 건 아니에요. 진공에는 양자 요동이 있거든요. 이 양자 요동은 순식간에 나타났다 사라지는 작은 에너지장이에요. 너무 짧고 작은 나머지 일반적인 자연 법칙이랑 아무 상관도 없어요. 그래서 양자 요동 주위에 밀어내는 중력이 생겨날 수 있었답니다. 양자 요동은 아주 짧은 시간 동안 빛보다 더 빨리 퍼졌어요.

진공 속 어딘가에는 '진공 에너지'가 있어요. 그건 아마 우리 우주를 순식간에 부풀리는 암흑 에너지와 같은 에너지일 거예요. 이 암흑 에너지는 빅뱅의 동력원이기도 해요. 빅뱅은 양자 요동이 아주 짧은 시간에 팽창하여 우리 우주가 되는 순간이에요. 우리 우주는 암흑 에너지 때문에 처음부터 계속 팽창해 왔어요.

에너지장에서는 입자와 반입자도 생겨나요. 비록 아주 조금이지만 입자가 반입자보다 더 많았어요. 그 덕에 우리 우주는 금세 입자로 이루어진 첫 물질을 얻었지요. 이 입자들이 원자를 이뤘고 오랜 시간이 지난 후에 첫 별을 이뤘어요. 또 이 별에서 다시 새로운 물질이 만들어졌어요. 특히 별이 초신성 폭발을 일으킬 때 그랬지요. 그리고 초신성이 폭발하면서 흩뿌린 물질에서 다시 태양 같은 별이랑 지구 같은 행성도 만들어졌어요. 여러분과 나와 철수와 영희가 사는.

아마 이게 우주의 역사일 거예요. 여기부터는 나도 더 도와줄 수가 없어요. 내가 아는 건 이게 다거든요. 축하해요. 여러분은 이 책을 다 끝냈어요!

물론 우리 우주의 기원을 찾으려는 노력은 계속 이어져요. 다행히 과학은 여전히 놀라운 사실들을 발견하고 있어요. 여러분은 앞으로도 계속 우주의 기원을 밝혀 줄 수많은 발견과 새로운 이론을 마주할 수 있을 거예요.

과학은 절대 멈추지 않아요. 1906년 조지프 존 톰슨은 새로운 입자인 전자를 발견해서 노벨상을 받았어요. 1937년 그의 아들 조지 패짓 톰슨은 전자가 입자가 아니라는 전자의 파동성을 발견하여 똑같은 상을 받았죠.

우주가 어디에서 왔냐고요? 나는 그 질문에 확실하게 답해 줄 수가 없어요. 하지만 여러분은 이미 아주 많은 것을 알고 있어요! 이제 충분히 자신의 의견을 내세울 수 있을 거예요. 과학이 얼마나 아름다운지 이해할 수 있으면 좋겠어요. 가장 작고 가장 크고 가장 기이한 것을 연구하는 게 얼마나 흥미로운가요? 시간 여행과 평행 우주, 또는 창조주의 존재 같은 생각에 푹 빠지는 게 얼마나 짜릿한가요?

생각의 시작은 의심이에요. 어쩌면 이런 비밀들을 영원히 해명하지 못하는 게 더 바람직할지도 몰라요. 우리가 의심하는 한 우리는 끊임없이 생각하고 연구하잖아요. 그 결과 수없이 많은 새로운 사실을 발견하고 새로운 장치를 발명할 수 있어요. 그 덕분에 더 아름답고 더 흥미롭고 더 쾌적한 삶을 누릴 수 있답니다.

나는 맛난 칵테일을 만들고 알록달록한 모형 종이우산을 꽂을 거예요. 열대의 섬 대신 그냥 우리 집에서……. 건배!

― 누가 우리 우주를 만들었을까요? ―

아, 잠깐만요! 아주 중요한 일이니까! 잠깐만······

다시 짚어 볼 게 있어요. 이 책을 쓴 직후 스티븐 호킹이 죽었어요. 호킹은 물리학자로서는 아마도 20세기 후반에서 21세기 초에 살았던 가장 위대한 천재일 거예요. 이 책의 중요한 내용 가운데 많은 부분은 호킹의 업적에서 가져왔어요. 그런데 호킹은 죽기 직전에 우주에 대한 새로운 논문을 하나 썼어요.

여기서 굳이 전체 내용을 다 얘기하지는 않을게요. 간단히 말하자면 이런 이야기였어요. 우리는 우리 우주와 같은 우주가 아주 많이 있는 다중 우주에서 살아요. 그러니까 호킹의 견해에 따르면 우주가 아주 많지만 무한히 많지는 않아요. 만약 그의 주장이 옳다면 다중 우주에는 콧물이 아주 많지만 무한히 많지는 않겠지요. 이로 인해 생길 수 있는 오해에 대해서 여러분이 이해해 주길 바랍니다.

정말 고마워요!

어떤 주제에 대해서 탐구하는 게 이토록 재미있던 적이 없었어요. 천문학과 우리 우주의 기원을 다룬 훌륭한 책들이 어찌나 많은지! 인터넷에서도 흥미진진한 논의를 아주 많이 찾을 수 있었어요. 그래도 이것은 어려운 주제고 앞으로도 그럴 테지요. 몇몇 전문가들이 도와주지 않았다면 이 주제를 충분히 이해할 수 없었을 거예요.

그래서 호버르트 스힐링이 도와준 게 무척 기쁩답니다. 저서와 웹사이트도 도움이 많이 되었지만, 직접 이 책을 만드는 데 참여해 준 것은 굉장한 일이었어요.

마찬가지로 마르크 클레인 볼트도 대단히 소중한 도움을 주었어요. 원고를 아주 세심하게 읽고 특히 자신의 전문 분야인 천문학에 관해서 많은 조언을 해 주었죠.

케이스 데커르는 종교에 대한 장을 도와주었어요. 물론 직접 글을 썼다면 나와는 아주 다르게 썼겠지요. 케이스는 종교와 학문을 잘 조화시킬 수 있다는 좋은 예를 보여 줬어요.

비비 뒤몬 탁 덕분에 이 책은 훨씬 더 좋고 이해하기 쉬워졌어요. 나는 비비가 운전대를 잡고 있을 때 이 책의 일부분을 소리 내어 읽어 주었어요. 안트베르펜 주위의 원형 도로에서 어떤 문장을 설명해 주는 그림이 없어도 딱 이해할 수 있을 때, 그 문장은 비로소 아주 좋다고 할 수 있지요.

마를레인 라우터르와 스티븐 리더르도 이 책의 완성도를 더 높여 주었어요. 그들에게 플로르도 분명 감사의 마음을 전할 거예요.

얀 파울

가장 먼저 천문학도인 내 동생한테 감사해요. 스티븐이 이 분야에 대해서 폭넓게 알지 못했더라면 나는 어리석은 실수를 했을 거예요. 게다가 스티븐은 이 책을 읽을 독자랑 나이가 비슷해서 깐깐한 독자의 역할도 맡아 줄 수 있었어요. 너무나도 다른 우리의 전문 분야가 마침내 서로 맞닿았다니, 정말 멋진 일이죠.

부모님께도 감사해요. 부모님은 미지에 대한 관심이 잠보다 더 중요하다고 생각해서, 유성우가 내리거나 월식이 일어나는 날이면 언제나 우리를 침대에서 불러냈어요.

할아버지께도 감사해요. 할아버지는 내가 이 책을 시작할 수 있는 용기를 불어넣어 주셨죠.(게다가 인플레이션 시대의 독일 우표가 할아버지의 수집품 속에 아직도 남아 있었다니까요!)

가장 뛰어난 편집자인 쉬자너 나위스에게도 감사해요. 시간이 아주 빠듯했는데도 쉬자너는 늘 고요하고 침착했어요. 좋은 태도는 다른 사람에게도 쉽게 옮겨지지요. 쉬자너와 함께 여러 문제를 멋지게 해결할 수 있었답니다!

그리고 당연히 나의 지원군 하나와 니나(그리고 배 속의 아벨)에게 감사해요. 그 아이들이 없었다면 결코 해낼 수 없었을 거예요.

카이사, 마를레인, 빈센트, 도릿, 베스…… 미안하고 또 고마워!

플로르

논장출판사는 바르고 정확한 번역에 애써 준 이유림 선생님과 전문적인 조언과 감수를 해 준 정창훈 선생님께 감사드립니다.

감수의 말

우리는 어디에서 왔는가?
우리는 무엇인가? 우리는 어디로 가는가?

1897년, 프랑스의 유명한 화가 고갱은 남태평양의 타히티섬에서 생애 최고의 명작을 남겼습니다. 그 명작의 제목은 〈우리는 어디에서 왔는가? 우리는 무엇인가? 우리는 어디로 가는가?〉입니다.

이 제목은 미술사뿐만 아니라 인류의 모든 지적 활동이 추구하는 목적을 가장 잘 드러낸 궁극의 질문이기도 합니다. 지난 수천 년 동안 이 질문의 답을 가장 적극적으로 추구한 사람들은 종교인과 철학자였습니다. 그들은 인간의 한계를 벗어나지 못하고 이 질문을 신에게 넘겼습니다. 신에게 넘겨졌던 그 궁극의 질문을 다시 가져온 사람은 철학자의 후예인 과학자입니다.

17세기 영국의 과학자 뉴턴은 '운동의 법칙'과 '중력의 법칙'을 발견했습니다. 뉴턴의 업적 덕분에 우리는 시간과 공간이라는 거대한 무대에서 펼쳐지는 우주의 장엄한 연극을 이해할 수 있었습니다. 20세기 초에는 뉴턴의 업적을 뛰어넘는 두 가지 위대한 이론이 등장했습니다. 아인슈타인의 상대성 이론과 다수의 천재 과학자들이 이룩한 양자 역학입니다. 상대성 이론에 따르면 시간과 공간이 하나의 시공간을 이루며 물질이 시공간에 영향을 줍니다. 또 우주는 약 140억 년 전 하나의 점에서 엄청난 폭발과 함께 탄생했습니다. 양자 역학은 상대성 이론의 틈새를 메워 주는 중요한 이론입니다. 우주를 탄생시킨 그 하나의 점이 어떤 것인지 상세히 알려 주기 때문입니다.

지금 과학자들은 궁극의 질문에 답할 수 있는 궁극의 이론을 찾고 있습니다. 그건 바로 상대성 이론과 양자 역학을 통합한 통일 이론입니다. 초끈 이론이나 양자 중력 이론이 그런 통일 이론의 후보들입니다. 물론 통일 이론은 아직 등장하지 않았지만 과학자들은 이미 고갱의 간절한 질문에 어느 정도 답하고 있습니다.

궁극의 질문이 간단한 만큼 그 답도 간단할 것입니다. 하지만 그 간단한 답에 이르는 과정은 어느 한 사람의 머리에 담기에는 지나치게 방대하고 난해합니다. 더구나 그걸 다른 사람의 머리에 담는 것은 말할 필요도 없이 어려울 것입니다. 이 책의 작가 얀 파울 스휘턴은 마치 무에서 유를 만들어 내는 연금술사처럼 그걸 해냈습니다.

이 책은 어렵습니다. 이 책에서 다루는 지식의 범위와 개념의 난이도는 수십 년을 과학 대중화에 몸담았던 저의 능력을 모두 뛰어넘습니다. 하지만 독자들은 재기 발랄한 비유를 통한 작가의 섬세한 해설 덕분에 낯선 지식에 대한 두려움을 충분히 떨쳐 버릴 수 있을 것입니다.

아무것도 없다고 여겨지던 진공에는 엄청난 에너지가 담겨 있습니다. 우리 우주는 그 진공의 작은 영역에서 탄생했습니다. 우리는 별의 중심에서 만들어진 원소들로 이루어진 존재입니다. 우리 우주는 끝없이 팽창하고 결국 텅 빈 진공으로 돌아갑니다.

미국의 종교 철학자인 프란시스 쉐퍼는 자신의 저서에서 고갱의 질문에 이렇게 답합니다. "온 곳도 없고, 아무것도 아니며, 갈 곳도 없다." 순전히 제 생각이지만, 작가는 이 책을 통해 독자들에게 다음과 같이 말합니다. "우리는 '무'에서 왔으며 '무'로 돌아간다." '우리는 무엇인가?'에 대한 답이 빠졌다고요? 이런 답은 어떨까요? "우리는 '무'에서 나타난 기적이다." 그러니까 아무것도 '없음'에서 뭔가 '생겨남'의 기적입니다. 이 책을 읽고 부디 이런 말의 뜻을 충분히 음미할 수 있기를 바랍니다.

정창훈(과학 전문 작가)

찾아보기

1차원 35, 94
2차원 94, 97, 115
3차원 35, 94-95, 97
4차원 35, 94, 97, 115, 121, 122
CERN(세른, 유럽입자물리 연구소) 110-111, 112, 127, 132
E=mc² 31, 76-79, 81, 121
ESA(유럽우주기구) 51
IRAS 20324 23, 24
LIGO(라이고, 레이저간섭계중력파관측소) 125, 126-127, 132

ㄱ

가속 55, 90-91, 92, 111
가시광선 60-61, 124
강한 핵력 52-53, 68, 112
광년 21, 23, 24, 43, 44, 69, 97, 108, 124
광속 62, 77, 78-79, 81, 85, 86-87, 88, 97, 98, 109, 111, 116, 123, 133
광자 31, 33, 59, 68-69, 77, 85, 105, 106-109, 113, 121, 130, 148, 153
구부러진 우주 92, 115
그리스 사람 27
글루온 31, 33
금 20, 32, 34-35
금성 21, 22, 24, 38, 40, 42, 79, 146
기본 입자 31, 112-113
기체 22, 25, 29, 31, 42-43, 44

ㄴ

네온 22
뇌 29, 61, 94, 149, 151

ㄷ

다중 우주 145, 147, 148-149, 155
달 21, 29, 39, 41, 42-43, 48, 51, 54, 69, 79, 83, 92, 109, 141
당 분자 29

ㄹ

라디오 61
라디오파 60-61
뢴트겐선 61
리튬 30, 35

ㅁ

마이크로파 60-61, 62
망원경 21, 23, 24, 31, 60-61, 62, 124, 133
명왕성 42-43
목성 22, 38, 41, 42-43, 54, 79, 146
무한 12, 35, 113, 114, 145, 146-147, 149, 151, 155
물질 13, 25, 26-27, 29, 30, 34-35, 42-43, 48, 50-51, 53, 57, 59, 64-65, 67, 81, 117, 137, 141, 154
뮤온 112

ㅂ

반물질 67
반입자 67, 68-69, 118, 142, 154
반전자 67
방사선 25
방출 59
방패자리 UY 42
백색 왜성 43, 44
별똥별 42
별자리 21, 23, 42, 131, 151
보손 31, 33, 112
분자 27, 28-31, 33, 65, 99, 107, 110, 118, 137, 141, 143
블랙홀 13, 25, 35, 43, 44-45, 48, 62, 91, 93, 98-99, 124, 126-127, 153
빅뱅 65, 66-67, 69, 81, 97, 114, 117, 120, 124, 138, 142, 144-145, 154
빛 21, 22-25, 34-35, 38, 42-43, 44, 46-47, 51, 57, 58-65, 68-69, 76-77, 79, 81, 84-87, 93, 97, 98-99, 105, 107, 109, 112, 116, 153, 154

ㅅ

산소 20, 22, 26-29, 34-35, 42, 49, 141
상대성 이론 83, 123
생각 실험 53, 76, 82, 85, 88, 98,
설탕 21, 27, 47
소리 21, 62, 77, 95, 98, 105, 126-127
소용돌이은하 46
속도 21, 24-25, 43, 46-47, 49, 50-51, 54-55, 62, 65, 67, 76-77, 79, 81, 82-85, 87, 88-93, 95, 97, 98, 109, 111, 116, 121, 127, 153
솜브레로은하 46
수성 22, 39, 42, 79, 146
수소 22, 26-27, 30, 33, 34-35, 42, 59, 63, 65, 69, 70, 81, 118
시간 여행 13, 19, 20-21, 23, 24-25, 31, 34-35, 41, 63, 77, 83, 93, 95, 97, 98-99, 154
시공간 89, 93, 94-95, 99, 124

ㅇ

아인슈타인, 알베르트 31, 74-79, 81, 82-83, 93, 94, 98, 103, 105, 109, 123, 124, 138-139, 149
안드로메다은하 46, 153
암흑 물질 13, 51, 52-53, 56-57, 142
암흑 에너지 57, 104, 110, 119, 152-153, 154
약한 핵력 52-53, 68, 112
양성자 30-35, 52-53, 69, 105, 111, 112-113
양자 13, 70, 104-105, 106, 108-109, 110, 113, 114, 119, 120-121, 123, 132, 136-137, 142, 144, 148, 154
양자 얽힘 108
양자 역학 104-105, 106, 109, 114, 123, 148

양자 요동 119, 120, 136-137, 142, 144, 154
양자 중력 123
양자 컴퓨터 109, 132
양자장 113
양전자 67
에너지 53, 57, 59, 60-63, 64, 67, 68-69, 70, 78-79, 81, 104-105, 110, 112-113, 114, 117, 118-121, 123, 133, 139, 152-153, 154
에너지 보존 법칙 81
에너지장 113, 114, 154
오가네손 30
오리온자리 21, 43, 131
왜행성 42-43
우로보로스 152
우주 공간 23, 25, 31, 43, 47, 49, 51, 62, 64-65, 69, 79, 83, 89, 90-91, 93, 97, 114-115, 118
운석 21, 153
원자 26-27, 29, 30-35, 52-53, 59, 67, 69, 81, 89, 107, 109, 110, 113, 118, 138, 142, 147, 153, 154
원자력 79, 81, 89
웜홀 99
은하 21, 24, 38, 43, 44-49, 50, 55, 56-57, 62, 69, 83, 97, 99, 109, 115, 119, 121, 127, 133, 142, 145, 151, 152-153
은하수 45
이산화 탄소 28-29, 117
입자 가속기 110-111, 123, 127

ㅈ

자기장 52, 113
적색 거성 42-43
적외선 60-61, 124
전자 30-35, 52-53, 59, 67, 69, 105, 107, 109, 110, 112-113, 114, 121, 153, 154
전자기력 52-53, 67, 68, 112, 117
전자기파 59, 60-61, 62, 105
전파 망원경 61, 124
전하 52-53, 112, 137
종교 132-137, 139, 151

중력 35, 42, 46, 48-49, 50, 52-55, 65, 68, 79, 89, 90-93, 99, 117, 121, 154
중력파 124-127
중성미자 31, 32, 51, 69, 112, 153
중성자 30-31, 32, 53, 69, 70, 112-113
중성자별 25, 33, 35, 43, 45, 91
지구 12-13, 20-25, 29, 31, 32-33, 34, 39, 40, 42-43, 44, 46, 48-49, 51, 53, 54-55, 57, 59, 65, 69, 79, 81, 83, 87, 88-89, 91, 92, 97, 99, 109, 114-115, 117, 127, 130, 133, 134-137, 139, 141, 143, 146-147, 151, 152-153, 154
진공 85, 86, 118-119, 120, 130, 154
진공 에너지 118-119, 154
진동 105, 121, 124-125, 127
질량 25, 31, 35, 43, 49, 77, 78-81, 93, 99, 110, 112-113, 114, 121
질량 보존의 법칙 80-81
질소 22, 27

ㅊ

차원 35, 94-95, 97, 115, 120-123, 153
창조주 12, 133, 134-139, 143, 145, 149, 154
천문학자 43, 44, 50-51, 55, 57, 59, 62, 115, 127, 132, 143, 145, 153
철 27, 28-29, 34-35, 59
초끈 이론 121, 123
초신성 25, 29, 34-35, 42-43, 45, 62, 151, 154

ㅋ

컴퓨터 게임 이론 151
쿼크 31, 32-33, 67, 69, 110, 112-113, 121, 142
퀘이사 44-45
클러스터 44

ㅌ

타우 입자 112
탄소 26-29, 34-35, 59
태양 12, 20-25, 26, 31, 35, 40, 42-43, 44, 46, 48-49, 54, 61, 62, 69, 80-81, 83, 91, 112, 117, 127, 141, 149, 151, 153, 154
태양계 23, 38, 42, 71, 83
토성 22-23, 39, 41, 42-43, 79, 146
톰슨, 조지 패짓 154
톰슨, 조지프 존 154

ㅍ

파동 59, 62, 105, 106-107, 109, 110, 114, 124, 148, 154
펄서 43, 45
평평한 우주 92, 116
평행 우주 148-149, 154
폭발 22, 24-25, 29, 34-35, 43, 53, 65, 67, 81, 126, 137, 145, 154
프록시마 21
필레 51

ㅎ

항성 21, 43
항성계 44-45
행성 22-25, 26, 34, 38, 42-43, 45, 46, 48-49, 50, 53, 59, 62, 65, 81, 92-93, 97, 121, 137, 138, 141, 142, 147, 153, 154
헬륨 22, 30, 34-35, 63, 65, 69, 70, 81
현자의 돌 34-35, 152
혜성 42, 51
호킹, 스티븐 155
화성 21, 22, 24, 34, 39, 40, 42, 79, 81, 146
황 27, 35
흑색 왜성 43
힉스 보손 112-113
힉스 입자 113
힉스장 113, 142